国家出版基金项目
NATIONAL PUBLICATION FOUNDATION

国家重大出版工程项目
"十二五"国家重点图书

中国古建筑丛书

◎李群 主编

青海古建筑

中国建筑工业出版社

审图号：GS（2015）2780号

图书在版编目（CIP）数据

青海古建筑／李群主编. 北京：中国建筑工业
出版社，2015.12
（中国古建筑丛书）
ISBN 978-7-112-18367-8

Ⅰ.①青… Ⅱ.①李… Ⅲ.①古建筑－介绍－青海省
Ⅳ.①K928.71

中国版本图书馆CIP数据核字（2015）第187219号

责任编辑：唐 旭 李东禧 杨 晓 吴 绫
书籍设计：康 羽
责任校对：姜小莲 党 蕾

中国古建筑丛书
青海古建筑
李群 主编
*
中国建筑工业出版社出版、发行（北京西郊百万庄）
各地新华书店、建筑书店经销
北京锋尚制版有限公司制版
北京顺诚彩色印刷有限公司印刷
*
开本：880×1230毫米 1/16 印张：20¾ 字数：545千字
2015年12月第一版 2015年12月第一次印刷
定价：328.00元
ISBN 978 - 7 - 112 - 18367 - 8
（25832）

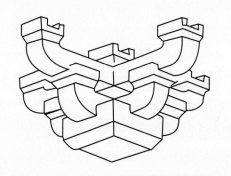

《青海古建筑》

编委会主任：徐福顺
编委会副主任：张建民
编委会顾问：

蒲文成　鲍义志　曹文虎　匡　湧　贾应忠　曹　萍　郭　红

任晓燕　王发昌　王　涛　马成贵　白宗科　李　青　衣　敏

丁彩霞　廖　坤　吴志成　王富贵　刘康宁　张绍龙　张文君

主　　编：李　群

副主编：谢　佐

特邀编审：蒲文成

成　　员：

蔡　征　孙鸣生　军镁扎西　张君奇　徐惠文　王俊英　孙　强

贾鸿键　泉海章

支持单位

青海省政府参事室

青海省住房城乡建设厅

青海省文化新闻出版厅

青海省文物管理局

青海省文物考古研究所

青海省房地产业协会

青海省摄影家协会

青海省建筑职业技术学院

赞助单位

青海省房地产业协会

青海恒建投资集团有限公司

审　稿　人：蒲文成　谢　佐

总　序

中国历史悠久，地大物博，人口众多，是一个多民族的国家，文化遗产极为丰富。中国古建筑是世界建筑史上的四大体系之一，五千年来，光辉灿烂，独特发展，一脉相传，自成体系。在建筑历史发展过程中，从来都没有中断过，因而，积累了大量的极为丰富的优秀建筑文化遗产。中国古代建筑的实践经验、创作理论、工艺技术和艺术精华值得总结、传承和发扬。

中国古代建筑具有强大的生命力，首先是独特的地理环境。中国位于亚洲东方，北部有长白山、乌苏里江高山河流阻挡，西有天山、喀喇昆仑山脉和沙漠横贯，西南有喜马拉雅山脉，东南则沿海，形成封闭与外界隔绝的地域，加上地处热带、温带和寒带，宽阔的地理和悬殊的气候，促进建筑与环境的巧妙和谐结合。

其次，独特的民族性格。中国是以汉族为主的多民族所组成。以中原文化为主的汉族人民团结、凝聚着居住和生活在各地的少数民族。由于各民族的历史、文化、宗教信仰、生活习俗与审美爱好的不同，以及他们所处地区的自然条件和地理环境的差异，长期的劳动实践，形成了各民族独特的性格和绚丽灿烂的建筑风貌。

其三，文化的独特体系。中国文化是以黄河流域中原文化为中心，周围有燕赵文化、晋文化、齐鲁文化、吴越文化、楚文化、秦文化和巴蜀文化所烘托，具有历史渊源长久、人类智慧集中、思想资源丰富的特点。中国传统文化思想的集中表现是以儒学、道学为代表，其后，佛教的传入与中国传统文化的结合，形成以儒学为主的儒、道、释三者合一的中国传统文化思想。归纳起来，就是天人合一的宇宙观念，以人为本、和为贵的人文思想，整体直觉的思维方式，真善美相结合的美学观念。

封闭而独特的地理环境，团结凝聚而又富于创造的民族性格，以儒学为主的文化独特体系，创造了中华民族的雄伟壮丽的建筑工程。长期的经验积累，独树一帜，虽经战争的炮火，民族之间的斗争与融合，外来文化之传入及本土化，但中华民族建筑始终一脉相传，傲然生存下来，顽强发展，独树一帜而不倒，在世界建筑史发展中是罕见的、独有的。

中国古代建筑发展经历了原始社会、奴隶社会和封建社会三个历史阶段。

旧石器时代，原始人群利用天然崖洞作为居住场所。南方湿热多雨，虫害兽多，出现巢居。1973年，在浙江余姚河姆渡村发现大约建于6000～7000多年前的、长约23米、进深约8米的木构架建筑遗址，推测是一座长方形、体量相当大的干阑式建筑，这是我国最早采用榫卯技术构筑房屋的一个实例。

原始社会晚期，黄河流域有广阔而丰厚的黄土层，土质均匀，含有石灰质。黄河中游的氏族部落，在利用黄土层作为壁体的土穴上，用木架和草泥建造简单的穴居，逐步发展到浅穴居，再到地面上的房屋，形成聚落。

奴隶社会，夯土技术逐步成熟，宫室建于高大的夯土台上，木构建筑逐步成为中国古代建筑的主要结构方式。等级制度出现。工程管理有了专职的"司空"，以后各朝代沿袭发展成为中国特有的工官制度。

封建社会初期，高台建筑盛行，修建了长城、驰道和水利工程。东汉时代，建筑中已大量使用成组的斗栱，木构楼阁增多，城市和建筑类型扩充，中国古代独特的木构建筑体系基本形成。

两晋南北朝是我国历史上充满着民族斗争和民族融合的时期，佛教的传入，宗教建筑大量兴建，高大的寺庙、壮丽的塔幢，石窟中精美的雕塑和壁画，这是我国古建筑吸收外来文化使之本土化的创造时期。

隋、唐统一全国，开凿贯通南北的大运河，促进了我国南北物资和文化的交流和发展。唐代的长安、洛阳成为世界上最大的城市。木构建筑的宫殿、楼阁和石窟、塔、桥，无论布局或造型都具有较高艺术和技术水平，唐代建筑已发展到成熟的阶段。

宋、辽、金时期，南方在经济和文化方面居于先进地位。由于手工业分工更加细致，国内商业和国际贸易活跃，城市逐渐开放，改变了汉以来历代都城采用的封闭式里坊制度，形成沿街设店的方式。建筑的设计和施工达到一定程度的规格化、制度化，公元12世纪初在总结经验的基础上编写了《营造法式》这一部重要文献。

元代大都建立，喇嘛教和伊斯兰教建筑影响到各地。明、清时期官式建筑已经达到完全程式化、定型化阶段。明代后期出现资本主义萌芽，清代在城市规划上、建筑群体布局和建筑艺术形象上有所发展，例如北京城、故宫、天坛等。民居、园林和民族建筑遍布各地，呈现一片繁荣景象。

中国古建筑有明显的特征。在城市规划上，严谨规整、对称宏伟，表现出庄重威武的中华民族性格。单体建筑中，雄伟的飞檐屋宇、大红的排列柱廊、高大的汉白玉台基，呈现出崇高壮丽又稳定的形象。黄河流域盛产的木材资源，形成了中国古建筑木构架体系的特色。室外装饰的富丽堂皇、金碧辉煌，室内陈设装修的华丽多样、细腻雕饰，体现了中国古建筑绚丽多彩的民族风格。

聚居建筑方面，包含民居、祠堂、家庙、书院等遍布全国各地，它们与人民生活息息相关。各地各族人民根据自己的生活习俗、生产需要、经济能力、民族爱好和审美观念，结合本地的自然条件和材料，因地制宜、因材致用地进行设计与营造。他们既是设计者，又是营建者、使用者，可以说设计、施工、使用三位一体，因而，这种建造方式所形成的民宅民间建筑，既实用简朴，又经久美观，并富有民族风格和地方特色。

中国古园林的特征。以自然山水即中国山水画为蓝本，并以景区、景物和建筑、山水、花木为构件，由景生情，产生意境联想，达到艺术感受。皇家园林因其规模大、范围广，其园林布局自秦、汉时期的一池三岛，到唐、宋以山水画为蓝本，明、清仍沿袭池中置岛古制，但采用人工造山置水的方法。

明、清私家园林因属民间，士大夫文人常在宅后设园休闲宴客，吟诗享乐，其特点是以最小的场所造成无限的景色为目的。因其规模小，常以叠石或池水为主，峰峦洞壑、峭壁危径或曲径通幽取胜。在情景中则采用巧于因借、精在体宜的手法。

我国是一个人口众多的多民族国家。相传秦汉以前，中华大地上主要生存着华夏、东夷、苗蛮三大文化集团，经过连年不断的战争，最终华夏集团取得了胜利，上古三大文化集团基本融为一体，历史上称为华夏族。春秋、战国时期，东南地区古老的部族称为"越"，逐渐为华夏族所兼并而融入华夏族之中。秦统一各国后，到汉代都用汉人、汉民这个称呼，直到隋、唐，汉族这个名称才固定下来。

由于各民族的历史文化、宗教信仰、生活生产、习俗性格的不同，又由于各族人民所处地区的自然条件和环境的不同，导致他们各自产生了富有特色的建筑和民宅，如宏伟壮丽的藏族布达拉宫，遍布各族聚居地的寺院庙宇、寨堡围村、楼阁宅居，反映了绮丽多彩的民族风貌。

中国传统文化渗透了中国古建筑，中国古建筑深刻地体现了中国文化。

新中国成立后，作为全国性有领导有组织地编写中国古代建筑史，第一次是1959年，由原建筑科学研究院组织"编写三史"开始。当时集中了全国高等院校、科研部门分工编写，1962年由中国工业出版社出版《中国建筑简史》第一册（古代部分）。随后，又组织有关院校、文化、历史、考古等单位对古代建筑史有研究的人员，经多次修改，由刘敦桢教授执笔主编的《中国古代建筑史》，于1966年完成。由于"文化大革命"，未能出版，1980年才由中国建筑工业出版社正式出版。作为高等院校的中国建筑史教材则由全国高校教师编写，参考了上述专著，由中国建筑工业出版社1982年出版。

作为系统的、全面的、编写中国古建筑丛书是从1984年开始，当时作为《中国美术全集》中的一个门类——建筑艺术，称为《中国美术全集·建筑艺术编》，共6辑，包含宫殿、坛庙、陵墓、宗教建筑、民居、园林，1988年完成出版。

第二次编写从1992年开始，编写的原因是《中国美术全集·建筑艺术编》6辑出版后，各界反映良好，但感到篇幅不够，它与我国极为丰富的建筑文化遗产大国不相适应。于是，再次组织编写《中国建筑艺术全集》丛书30辑，其中古建筑24辑，近现代建筑6辑。古建筑部分仍按类型编写。该丛书中的24辑于1999年5月出版。

由于这两次丛书都是全国性编写，按类型写，又着重在艺术，因此，一些地方特色和民族特色的、中型的优秀古建筑就难于入选。为了弘扬和传承优秀传统建筑文化体系，总结经验和规律，保护我国优秀传统建筑文化遗产，因此，全面地、系统地、按省（区）来编写古建筑丛书是非常必要的、合时宜的。

本丛书编写的主要特点是：其一，强调本省（区）古建筑的民族特色和地方特色；其二，编写不限于建筑艺术，而是对本省（区）古建筑的全面叙述，着重在成就、价值、特色、技术和经验、规律等各个方面，这是我国民族和地区的资料比较全面和丰富的传统建筑文化丛书。

陆元鼎

2015年1月10日

前 言

　　一直以来，没有一本从建筑历史文化到建筑技艺方面全面、系统研究青海古建筑的图书，因此有人焦虑地呼吁，再不动作，这些古建筑就将在没有被完整记录的情况下消失殆尽了。这次借中国建筑工业出版社组织出版《中国古建筑丛书》的机会，我们参编《青海古建筑》一书，虽然工程浩大、任务繁重，但面对这样一项具有抢救性质的文化工程，深感意义、责任重大，令人不敢有丝毫的懈怠。

　　或许青海过于偏远，过去来青海研究古建筑的人很少，我知道的仅有吴良镛、罗哲文等几位大家来过青海考察，刘致平先生在他的《中国伊斯兰教建筑》中列举了青海西宁东关清真大寺、平安洪水泉清真寺、循化撒拉族街子清真大寺三个实例。其他的研究主要是青海地方专家写的一些专著，比如陈梅鹤先生编著的《塔尔寺》，蒲文成先生编写的《甘青藏传佛教寺院》，谢佐先生编写的《瞿昙寺》，杨森林先生编写的《青海古建筑》画册，等等。1987~1989年间，我作为《中国民族建筑》青海部分的分主编，曾与同事一道对青海古建筑进行了初步的研究，但由于受编写时间、研究深度和成书篇幅所限，成果挂一漏万，一直留有遗憾。

　　这次参编《中国古建筑丛书》，力求补上过去的遗憾，但实际工作开始后，发现青海古建筑方面的资料特别零散，尤其在图纸和建筑分析方面，不得不一地一地地去补课，一个一个项目进行资料整理、甄别和筛选工作。好在丛书编辑部多次召开会议进行指导，地方文保部门给予了大力支持，各方面的专家悉心指点，为本书成稿起到了关键性的作用。

　　《青海古建筑》共分九章，除第一章绪论全面介绍了青海和青海古建筑的发展概况外，其余章节均专章介绍一类古建筑。根据青海古建筑遗存的情况，在具体章节设置中对内容较多的藏传佛教寺院采用了多分节的办法以便阅读，对内容较少但亦属重要的建筑类别，采取了合并章节的办法加以解决。编写期间，国务院公布了第七批全国重点文物保护单位名单，青海新增了26个国保单位，为此，全书进行了大量增补工作。

　　通过本书的编写，使我们对青海古建筑的全貌有了一个新的了解和认识，也为进一步分析和总结青海古建筑的特点提供了可能。本书附有大量古建筑的测绘图纸和照片，全面介绍了青海古建筑的由来和类型特点，对浏览全书或希望进一步开展研究的读者都将有所帮助。记得2010年"4·14"玉树地震后进行重建工作时，大批规划设计单位赶来援建，但大家都在什么是青海传统建筑的特色问题上感到困惑。《青海古建筑》一书对此或能拾遗补阙，或能让读者通过这扇门，开始了解神秘的青海古建筑，并开启充满趣味的探索之路。

李群

2015年6月6日

目　录

青海古建筑

青海古建筑

第一章 绪论

青藏高原是世界上平均海拔最高的地区。雄踞在青藏高原东、中、北部的青海，境内山峦起伏，冰峰雪山林立，孕育出长江、黄河、澜沧江等大江大河，绿草如茵的草原簇拥着明珠一般的青海湖，湛蓝色的天空、清新如洗的空气、诗画般的风景、亦幻亦真的神话传说、绚丽多姿的民族文化，充盈在神奇的大美之邦，成为青海古建筑产生、发展的生态文化本底。

青海古建筑简单、拙朴，就像高原的景色一样，初识时很难给人留下太多深刻的印象，细细观察后发现，青海古建筑分布广、类型多，地处高原和民族文化交融之地，其建筑的地方、民族特点十分鲜明，有的类型已自成一统，甚至可以列入经典供现代建筑学习。从青海古建筑中我们看到了先民的智慧，看到了在生态环境恶劣、生活条件艰苦、建筑材料匮乏的条件下，人们是如何与困难抗争、与自然和谐相处，在特殊的高原环境下创造出宜居的生活居所，嬗变出独具特色的生态型青海地方建筑风格。

青海数万年前就有人类活动的遗迹，从黄河上游的贵南尕马台，至西部柴达木盆地和三江源地区，均有旧石器时期的文物出土。新石器时代的大通上孙家寨、民和阳洼坡遗址、乐都柳湾墓地，以及青铜时代的西宁出土的沈那遗址、民和官亭镇出土的喇家遗址和以湟中卡约村命名的卡约遗址，均可清晰地看到人们居住的住房结构，其基本形制已与中原地区无异，与中华大地上的建筑同根同源、一脉相传。地处黄土高原西段的青海东部地区，河湟文化源远流长，建筑发展深受汉族传统建筑规制和中国北方建筑的影响，在青藏高原的三江源地区，明显有西藏、川西等地民居建筑的烙印，由此形成了影响青海古建筑发展的两大建筑系统：庄廓和碉楼，并由此催生出众多具有不同特点的建筑类型。青海高原缺氧、气候冷凉，古建筑总体上具有厚重、质朴的地域特点和因地制宜、因材适用的突出特征。同一类建筑，不同地区不同型，建筑形制的选择首先关注的是如何适应严苛的自然环境和便

于就地取材。民族建筑中，虽然公共类的民族建筑比较强调民族特色，但同一个地区的民居，各个民族其建筑形制却是基本相同的。由此又构成了青海古建筑的两大类别和两大特点：一类是寺院，尤以藏传佛教寺院和伊斯兰教寺院为代表，其建筑精美艳丽，民族特色突出；另一类是民居，特别是以庄廓（窠）、碉楼为代表的住宅类建筑，简洁朴实，色彩纯厚，与当地的黄土或山石浑然一色，建筑形制和构造上注意节地、节材、节水、节能，成为青海本土建筑的典范、传统节能建筑的代表和寺院建筑生发演化的母本。

青海古建筑与中国其他地区古建筑美美与共，各有其美，它就像一部厚厚的书，记录了地方古建筑的发展历程，见证了青海历史的变迁、地方民族文化的繁荣。

第一节 自然环境与历史沿革

一、自然地理环境

1. 地理气候

青海地理环境独特，处北纬31°39′~39°12′、东经89°24′~103°04′之间，覆青藏高原之上，形如一只面向东方的玉兔，兔子的眼珠处一汪清水，为湛蓝色的青海湖，并由此得名。青海省土地面积72.23万平方公里，其中平地、丘陵和山地的比例大致为3∶2∶5，湖泊水域面积在1.2万平方公里以上。地形南北高、中间低，南部平均海拔4000米以上，东部最低，海拔2000米左右（图1-1-1）。

青海是青藏高原的重要组成部分，青海南部高原处于青藏高原隆起的中部地域，素有"三江之源"、"西域之冲"之称。由于地理交通原因，自古青海又是进入青藏高原腹地、联系祖国内地的主要通道，为天河锁钥、海藏咽喉、唐蕃古道。相对西藏来说，青海也是人们勘察、认知青藏高原和选为居住地较早的地区。

青海地理最大的特点是海拔高，由此对气候、生态环境乃至建筑产生了一系列的影响。境内海拔

图1-1-1　青海省地形图

3000米以上的地区占全境的73.3%，4000米以上的地区占全境的40%，5000米以上的地区占全境的5%，低于3000米的地区仅为26.7%。人们的生产生活活动主要集中在海拔2000～3000米左右的河谷地带，3000～5000多米的青海南部是三江源形成和汇出地区。随着海拔的增高，区域气候在相似的地理环境中，海拔每升高1000米气温下降6℃左右。换言之，在青海中部海拔3000米的地区，平均气温比我国东部平原地区低18℃左右；在青海南部海拔5000米的地区，平均气温比东部平原低30℃左右。青海年平均气温为-5.7℃～8.5℃，其中最热月平均5.3℃～20℃，最冷月平均-17℃～-5℃。高海拔地理环境一方面形成青海冷凉的气候，一方面使空气中含氧量急剧下降，随着海拔的增高，3000米地区的含氧量不到海平面的73%，5000米地区的含氧量不到海平面的59%。气候冷凉、高原缺氧（也称

低氧），构成了青海特有的生态环境。随海拔增高出现的低气压和空气稀薄现象，白天日照强烈，夜晚温度散失很快，昼夜温差常在20℃上下。青海晴天时数多，空气洁净度高，年平均有效日照时数在2500小时以上，德令哈地区年日照时数超过6000小时，具有高原太阳能资源丰富的特点。东部黄土高原，海拔低、气温高，土地适宜农业种植，成为青海人口聚集、古建筑发展最快的地区。

青海有一个特殊的"三个地理气候板块加青海湖湿地"的"3+1"地理气候系统。一是占全省面积不到5%的青海东部湟水流域地区，属黄土高原末端，降水受太平洋季风控制，由于海拔在1650～2800米，虽然在全省是海拔最低的地方，但年平均降水仅在400毫米以下，山多地少，是青海传统旱作农业地区（图1-1-2）；二是面积32万平方公里，处于青海南部的高山草甸和高山峡谷的三

图1-1-2　青海湟水流域地区

图1-1-3　三江源经幡世界

图1-1-4　青海柴达木盆地

江源地区（图1-1-3），海拔在3000～6000米，气候寒冷，受印度洋、太平洋季风和高原季风的共同影响，年平均降水500～600毫米，年降水最多的地区超过1000毫米，是青海三江源地区和高原牧场；三是海拔介于2600～3500米之间、地处青海西部的柴达木盆地（图1-1-4），受塔里木沙漠气候影响，干旱少雨，年平均降水在十几毫米至200毫米之间，该地人烟稀少，盐湖、戈壁众多，是典型的荒漠地区。在上述三个地理单元交会处是著名的青海湖湿地（图1-1-5）。

图1-1-5　青海湖湿地

青海湖，是中国最大的内陆咸水湖，湖水面积4500平方公里，湖盆面积9000余平方公里，流域面积超过2万平方公里，湖区年降水300毫米以上，湖水平均深度20米，湖平面海拔3260米（图1-1-6～图1-1-8）。

青海气候总的来说属于受地形地貌约束、高海拔影响和不同季风气流控制的大陆性高原气候，雨热同期，干旱少雨，冬冷夏凉，冬长夏短，且有日温差大、年温差小的特点，对建筑形制的选择产生了深远的影响。

2. 山川风貌

青海处于青藏高原自南向北隆起的第二个大褶皱和第三个大褶皱之间的阶地上。在青海的西南界、青藏高原中央，5000～7000米高而雄浑的昆仑山和唐古拉山横亘于青海、新疆和西藏之间。从平均海拔1000米左右的河西走廊向西南方的青海北界望去，是连绵上千公里、海拔在3000～5000米的祁连山脉和阿尔金山（图1-1-9）。横断山脉和秦岭的余脉划出青海的东界，具有典型荒漠特征的柴达木盆地位于青海中部西缘。

图1-1-6　俯瞰青海湖

图1-1-7　青海湖鸬鹚岛

图1-1-8　水天一色的青海湖

图1-1-9　祁连山

青海名山大川众多，中国西北地区15座名山中有9座处于青海境内或边缘地区，这里是中国神话传说的摇篮，道教的发源地。西南方向矗立的昆仑山，有"万山之宗"、"冰山之父"之称（图1-1-10）。昆仑山东延，青海中南部有藏族视为"祖山"的巴

图1-1-10　昆仑山

图1-1-11　格拉丹东——长江源

图1-1-12　阿尼玛卿雪山

颜喀拉山，该山是长江与黄河源流区的分水岭，西北麓的约古宗列渠是黄河的源头所在，南麓是长江的北源，山口有唐蕃古道通过。地处青海与西藏边境、昆仑山南侧的唐古拉山，是长江与怒江的分水岭，主峰格拉丹东为长江源沱沱河的发源地（图1-1-11）。海拔5231米的唐古拉山垭口，青藏公路由此穿过，是世界公路海拔的最高点，山南则是美丽的羌塘草原。东昆仑山支尾段、黄河上游第一个大拐弯处的阿尼玛卿雪山（又称玛积雪山、大积石山），是藏族的四大神山之一，有"黄河流经的大雪山爷爷"和"财神"之意（图1-1-12）。青海东北部的祁连山，历史上也称昆仑山，冰峰千仞，融水长长，滋润着河西走廊和青海大地。还有一座处在我国自然地理上江河外流区与内流区、季风区与非季风区、黄土高原与青藏高原、青海农区与牧区分界线上的山——日月山，古称赤岭。当年文成公主从山顶垭口穿过的古道至今依然清晰可辨。古人敬山，青海许多山峰都有转山之路，山口多有用石块堆成的"拉则"（藏语），又称"俄博"（蒙语）（图1-1-13）。

3．江河湖泊

青海是中国三大江河的发源地。在青藏高原中部、青海南部的雪域冰峰中，孕育出长江、黄河、澜沧江的源头。长江水量的25%、黄河水量的49%、澜沧江水量的15%盖出于此，被誉为"中华水塔"。该区河流密集，湖泊、沼泽众多，雪山冰川广布，海拔3335～6564米，源区流域面积达到36万平方公里，是中国面积最大、海拔最高的天然湿地和生物多样性分布区之一，是我国重要的水源地和生态安全区（图1-1-14）。

黄河在青海境内先缓后急，由清渐浊，冲切出众多的谷地、峡口，河长1693公里，落差2915米，蜿蜒流经青海东部的黄南、果洛、海南、海东地区（图1-1-15）。长江源头的通天河横贯青南高原，流经青海玉树地区，流长1200多公里，域内山川壮美，牧场肥沃，人杰地灵。澜沧江上源扎曲源于青海玉树杂多县吉福山，玉树囊谦县出境，经西

图1-1-13 "拉则"

藏、云南，缅甸、老挝、泰国、越南流入南海（图1-1-16）。青海还有许多重要河流，如黄河上游最主要的支流湟水河，东西横贯青海东部地区，在甘青交界处并入黄河，孕育了青海的河湟文化，滋养着青海最重要的人口聚集区，在青海东部有"母亲河"之称（图1-1-17）；源于青海祁连山北麓的黑河，经甘肃流入内蒙古居延海，为干旱的河西走廊提供了宝贵的水资源，是我国第二大内流河。另外，青海东部的大通河，柴达木盆地的格尔木河和德令哈的巴音河，青海湖畔的倒淌河、布哈河，均为省内重要的区域性河流。全省流量在每秒0.5立方米以上的干支流共有217条，总长约1.9万公里。河川谷地是孕育人类发展的首选之地，其中河湟流域、通天河流域出土的大量历史文化遗存，证明了河与人类文明进步的关系，河源文化是催生民族文化发展的源泉与动力（图1-1-18）。

青海曾是千湖之地，在昆仑山和祁连山之间广袤的土地上曾有大大小小三四千个古湖泊，特别在

图1-1-14 长江

图1-1-15　黄河

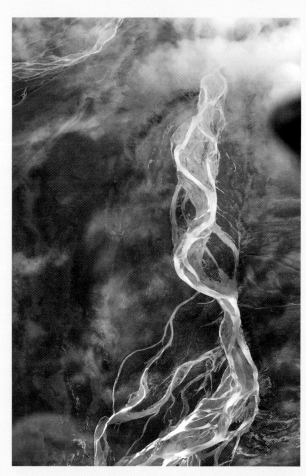

图1-1-16　澜沧江

图1-1-17　湟水河

图1-1-18　黄河三江源风情

三江源地区，降水充沛，小湖、子湖星罗棋布。随着青藏高原海拔的抬升和塔里木沙漠的影响，柴达木盆地逐步荒漠化，大部分湖泊干涸或变成盐泽，现有面积1平方公里以上的湖泊420个。著名的青海湖，藏语称"错温波"，蒙语称"库库淖尔"，均意为青色的海。与东海对应，古称"西海"。青海湖水面浩瀚，周围水草丰美、河流众多。夏季湖里湟鱼穿梭，产卵时挤于入湖的淡水河口，翻腾跳跃，湖上鸟儿翻飞，湖边绿草如茵，油菜花黄，牛羊成群，骏马驰骋。冬天湖面千里冰封，银装素裹，各入湖河口处又成了大天鹅越冬的家乡。春季冰裂湖开时，自清代以来人们便每年在湖边举行祭海活动。查尔汗盐湖，位于柴达木盆地南部，由达布逊湖、霍布逊湖等组合而成，面积5856平方公里，湖面为一层厚厚的盐壳，上面沾满了沙土，远望就像一片没有植被的戈壁，盐壳下是厚达数米的盐卤，内富含钾、镁等矿藏。茶卡盐湖，位于柴达木盆地东缘，与青海湖一山之隔，面积154平方公里，湖面海拔3059米，冰清玉洁，是一个天然的结晶盐湖，盐粒晶大味醇，氯化钠含量高达94%。扎陵湖与鄂陵湖，位于果洛州玛多县，是黄河源头的姊妹湖，面积分别为526平方公里和628平方公里。黄河从源头

出来后，经星宿海先注入扎陵湖，再注入鄂陵湖，两个湖就像一个宝葫芦，湖水一白一蓝，湖中鱼儿肥，湖上鸟儿飞，一派天地融合、自然和谐的高原美景。

青海野生动植物资源丰富。现有植物113科、600属、3032种，藻类1科、1属、2种，真菌类32科、77属、162种，冬虫夏草远近闻名。野生动物466种，其中鸟类292种、兽类103种、两栖爬行类16种、鱼类55种。青海湖畔的普氏原羚，现存数量不足300只，珍稀程度堪比大熊猫，但历史上青海是野生动物的王国，青海湖畔在20世纪五六十年代还可以看见成千上万只野驴、黄羊在那栖息，由此可以推想出古人与天境青海的关系。

矿产资源现已发现的有125种以上，大型矿床119处，中型矿床144处，6种矿产的储量居全国首位。青海西北部油气资源丰富，其中一个有名的湖泊被称为"尕斯库勒"。

自然地理气候环境深刻影响了古建筑的发展，特别是水（降水、河流分布）、地（土壤、海拔高度）条件，决定了青海人口的分布和古建筑的不同特点（图1-1-19）。在处于黄土高原末端的河湟谷地，该区域海拔较低，气候相对温润，适宜农业种

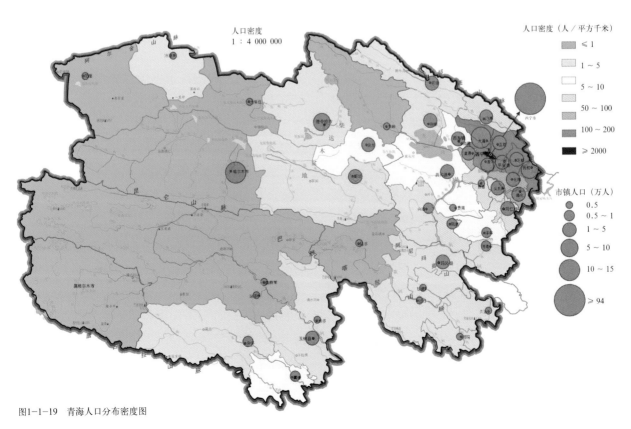

图1-1-19 青海人口分布密度图

植，青海各民族兄弟在此聚居共存，孕育出地方特点突出、民族特色交融的河湟建筑；在青藏高原的三江源地区，该区域是藏族群众生活的传统牧业区，逐水草而居的游牧生活和生产方式，形成了"冬窝夏帐"的居住模式和特色鲜明的民族建筑，其中在长江、澜沧江河谷地带以及青南林区谷地，适宜高原农业种植，形成半农半牧的生产格局，孕育出其独有的、因地制宜的地方建筑。青海西部柴达木盆地气候环境相对恶劣，人口较为稀少，定居建筑较少，只是近代因矿产资源的开发，形成格尔木、德令哈等城镇。

二、历史沿革

1. 考古情况

据考古发现，早在3万年前旧石器时代晚期，青藏高原腹地、青海柴达木盆地就有古人类的存在。那时盆地气候温润，人们在疏林草原上以狩猎为生，兼采集、捕鱼，其石器工具已具有同时期华北两大系统之一——周口店峙峪系的特色。5000年前的新石器时代，青海东部繁荣起来，人们磨石为具，烧陶为器，在渔猎、放牧的同时，通过农作并不断改进农耕方法提高了生产效率，改变了社会生活方式。从已处在马家窑文化时期（公元前3800年～公元前2000年）的青海民和转导乡阳洼坡遗址的第3号房址看，人们那时大都按氏族为单位过着定居生活，其房址可复原成方形四坡顶的房屋。这种在半地穴之上构筑的土木房屋，可谓最早时期中国建筑的典型。另从青海大通、同德、乐都等地出土的马家窑文化时期的彩陶看，其纹样之美、器型之美，堪为中国该时期最精美、最具代表性的文物（图1-1-20）。青铜器时代，在青海贵南县尕马台25号墓出土了迄今为止我国已知最早的一面青铜质铜镜。该时期齐家文化（公元前2000年～公元前1600年）的住房多为半地下矩形房屋，房屋地面和四壁抹有白灰防潮，坚实、平整、美观，为建筑史上重要的技术进步。进入青铜时代青海土著文化的遗存卡约文化时期（公元前1600年～公元前740

图1-1-20　马家窑时期彩陶

年），其房屋类型已有地上构筑的形式，地面常铺一层红胶泥。柴达木盆地的诺木洪文化（约公元前887年前后），搭里他里哈遗址发现的住房有圆形和方形两种，房屋用木架支撑，木构架榫卯连接，土坯筑墙，草泥抹面。屋外有的建有土坯围墙和土坯窖，有的有饲养牲畜的围栏和残木车毂。以上考古发现表明，在中国西部广泛分布、青海境内的古羌文化，与华夏文化同期、同型。青海作为当时古羌人聚居的中心地区，在新石器时代曾经十分繁荣，在中华民族发展史上具有重要历史地位，在中国建筑技术发展史上也有重要成就。

2. 历史沿革

据昆仑神话传说记载，古羌人在母权氏族社会时期（约在旧石器时代中、晚期）的大首领西王母，原居于湟水源头，仙海（鲜海、咸海，即今青海湖）之滨。青海湖古藏语称"赤雪甲姆"，即"万帐王母"之意。《说文·羊部》云："羌，西戎牧羊人也。从人，从羊；羊亦声。"羌人的族源《后汉书·西羌传》称，"徙之三危，河关之西南，羌地是也。滨于赐支，至乎河首，绵延千里"。其中"河关"在今甘肃临夏，其西南正是青海河湟地区；"赐支"河，秦汉时改称析支河，古河名，指今黄河上游青海海南、黄南、海东和甘肃甘南一带的黄河河曲；"河首"即黄河源头，今青海果洛、玉树地区。据专家研究，上古夏人黄帝和炎帝族的主要发祥地也在今青海湟水和甘肃渭水之间。炎帝姓姜，在上古与羌为同一个字，"姜"是羌人中最早转向农业生产的一支，并由于人口增长、生产发展的需要不断由中国西部向用地更宽阔、农作条件更好的东部转移，而后逐渐形成了华夏族的主体，即后来汉族的核心。

春秋战国时期，留居青海地区的羌人"河湟间，少五谷，多禽兽，以射猎为是"，仍处于半农半牧、以狩猎为生的原始社会末期，经济社会发展开始明显落后于中原地区，并逐渐分化成先零、烧当、发羌、党项等部。南下的发羌、唐羌成为藏族先民的一个组成部分，北上新疆的成为婼羌，至四川一带的转为武都羌、广汉羌。秦修长城以界西羌。汉时中央王朝在青海湖北置临羌县、西海郡（三角城），移民戍边屯田，发展农业。东汉置西平郡，领西都（今西宁）等四县，开通羌中道（亦称青海道），成为丝绸之路的组成部分。南北朝时期，鲜卑族吐谷浑在今青海东、中、西部长期活动，在青海湖西建王城伏俟城（今铁卜加古城）。隋设西海、河源（积石镇）二郡。唐代袭隋初制设鄯、廓二州，只辖河湟一隅，与吐蕃长期茶马互市形成唐蕃古道。宋时为吐蕃属地，青唐城（今西宁）一时繁盛。元代青海东部设西宁、贵德二州，属甘肃行省，西北部属甘肃沙州路辖，其余为吐蕃、朵甘思等处宣慰使司。明在青海东部设西宁卫，下辖6千户所，改贵德州为归德守御千户所，其余地区另设羁縻卫所。清代改设西宁府、大通卫，另设钦差办理青海蒙古事务，由理藩院直辖。民国时期于1929年10月成立青海省，定西宁为省会，青海版图范围由此大致确定。

第二节　民族宗教文化

一、民族与人口

青海是一个多民族聚合之地，2004年统计，全国56个民族中青海现有55个民族成分，其中少数民族人口2010年达到264.3万，占全省人口的46.98%，比例之高在全国各省份中独有。青海历史上曾为西羌之地，原居民有古戎人、古羌人、氐人、鲜卑、小月氏、鞑靼、吐谷浑、吐蕃等，后转化、承接，元、明、清后逐渐形成以汉、藏、回、土、撒拉、蒙古六个世居民族为主体的人口架构。现五大少数民族人口占全省人口的比例分别为：藏族24.44%，回族14.83%，土族3.63%，撒拉族1.90%，蒙古族1.77%，其他少数民族0.40%。

汉族。自西汉赵充国移民屯田始，汉族成批迁入青海两千年而不绝。现汉族人口298.4万，分布在全省各地。

藏族（图1-2-1）。自称"博"、"博巴"，且分地区又有不同称谓。阿里地区自称"兑巴"，日喀则地区自称"藏巴"，拉萨和山南地区自称"卫巴"，西藏昌都、四川石渠、青海玉树的自称"康巴"，甘南、四川阿坝、青海果洛、黄南等地的藏族自称"安多哇"（"哇、巴"在藏语中是人称代词）。藏族最早起源于雅鲁藏布江流域，《后汉书·西

图1-2-1　藏族

图1-2-2 土族妇女

图1-2-3 撒拉族

《羌传》中称"发羌"。青海藏族的分布同高原牧场和唐蕃古道有紧密联系，主要居住在青南（青海黄河以南）的玉树、果洛、海南、黄南及海北地区。

回族。盛唐时期，大批阿拉伯人和波斯人来华经商，河西走廊战乱时，沿丝绸之路青海道去内地，部分商人留居青海，与当地人融合形成青海的回族。元末，部分信仰穆斯林的蒙古亲兵"回回军"在"随地入社"的要求下散落青海，增加了回族的族群。青海回族人口的分布与丝绸之路南线（青海道）高度重合，主要分布在门源、大通、西宁、化隆、民和一带。

土族（图1-2-2）。民族形成与曾长期统治青海的吐谷浑和蒙古诸族有渊源关系，土族自称"蒙古勒"、"蒙古尔孔"（意为蒙古人）、"土昆"（吐浑音转），藏族称之为"霍尔"。土族语言属阿尔泰语系蒙古语族，没有文字。土族主要居住在青海互助、民和、大通、乐都等地，生活习惯基本同汉族，信仰藏传佛教。

撒拉族（图1-2-3）。主要分布在青海循化县，为全国独有的少数民族。据传，元末从中亚撒马尔罕迁来，与周围的藏、回、蒙古族长期相处融合，逐渐发展而成。撒拉族语言属阿尔泰语系突厥语族，信仰伊斯兰教。

蒙古族。青海蒙古族始于元代，明末清初又有一部分来到青海，大都居住在青海湖以西的柴达木盆地，青海黄南藏族自治州河南县也有部分蒙古族留居。青海蒙古族生活习惯与内蒙古的蒙古族无异，信奉藏传佛教。

二、宗教文化

青海地区民族宗教主要分为藏传佛教、伊斯兰教，藏族、土族、蒙古族等少数民族信仰藏传佛教，部分信奉苯教，回族、撒拉族信仰伊斯兰教，另有部分汉族群众信仰佛教、道教、基督教等等。

藏传佛教，又称喇嘛教。公元7世纪，西藏始传佛教，建桑耶寺，佛教渐在藏区流行，青海各地区已有僧人活动（图1-2-4）。9世纪西藏朗达玛灭佛，唐武宗会昌法难，吐蕃一些高僧从西藏经新疆逃到吐蕃与大唐交界处的青海河湟地区，在化隆修丹斗寺，传法招徒，使青海成为藏传佛教的后弘地之一。10世纪末藏传佛教僧人由青海回到西藏，建寺弘法，藏传佛教在整个藏区逐渐得以恢复和兴盛起来。史称此段历史为"下路弘法"、"下路复兴"。青海藏传佛教有宁玛派、噶举派、萨迦派、觉囊派、噶当派、格鲁派等教派，均传自西藏。其中宁玛派、噶举派传入较早，属旧教；萨迦派，又称花教，元朝时玉树名僧胆巴继八思巴受封为大元帝师，青海藏区寺院迅速增加；格鲁派又称黄教，出现最晚，由在青海出生的宗喀巴大师创立，并次第传入漠南、漠北、漠西蒙古，形成后来蒙古族等民族普遍信奉格鲁派的格局。青海藏传佛教的旧教以密宗为主，黄教等是显、密并修，更注重讲经研法。青海湟中塔尔寺因为是宗喀巴大师的诞生地而香火旺盛，成为我国藏区格鲁派六大著名寺院之一（图1-2-5）。

伊斯兰教传入青海约有700年历史，大部分穆斯林信奉伊斯兰教逊尼派的哈乃裴派，属"格底目"老教，后陆续传入新教、新兴教、崭新新教。其中伊赫瓦尼新教（又称新兴教）曾得到西北行政长官马麒的支持，使该教派名噪一时，风行西北，逐步发展成为青海一大教派，其教派的主寺西宁东关清真大寺也因此久负盛名（图1-2-6）。青海穆斯林曾涌现一批著名宗教学者，其中努尔阿訇于明万历十年（1592年）率800教徒前往新疆传教，后在哈密去世，被当地信徒誉为"穆罕默德圣者的优越后代，在世界上建树伟大伊斯兰事业的努尔阿訇"。

图1-2-4 藏传佛教寺院1

图1-2-5　藏传佛教寺院2

图1-2-6　西宁东关清真寺

苯教（也写作本教），青藏高原上一种原始的土生土长的宗教，藏语称"温布"，俗称"黑教"，一度在吐蕃盛行，9世纪后逐渐衰落。青海藏区现存苯教寺院11座，教徒约400人，散落在青海海南、黄南和海东的化隆、循化等地（图1-2-7）。

汉传佛教，传布于青海东部。始于北魏时期有"中国第二大悬空寺"之称的西宁北山寺（图1-2-8）和两座人工雕琢的露天金刚（又称"闪佛"），见证了1500年前佛教在青海丝绸之路上的兴盛。目前在民和能仁寺等寺院可以见到在吟唱"目连戏"。

道教，魏晋时期河湟地区已有"鹤衣羽裳"、隐居修道的方士出现，希望在最高女神西王母的居所、名山大川中修道成仙，羌人以为鬼神，称为"唐述"。明清时期在青海东部建有宫观，同时出现了一些知名人物。道家的二郎神被土族认可，并尊为"总神"，也称战神。

基督教，1891年由英国人胡立理牧师夫妇最早传入，在西宁创办"内地会"，而后在贵德、化隆等地设福音堂，至20世纪50年代青海有教徒400余人。

三、文化传承

青海汉族传统文化的主流是昆仑文化和河湟文化。以昆仑神话、西王母为主线的昆仑文化，包含了古人对天地之间大山大河的崇敬，对远古时期先人的礼赞，是中国文化宝库中的瑰宝。河湟文化是中华民族母亲河黄河文化的重要组成部分。河湟泛指青海和甘肃黄河上游地区、湟水流域、大通河流域一带，古称"三河间"。河湟文化与黄河中下游地区的河套文化、中原文化、齐鲁文化比肩齐眉，共同构成了完整的黄河文化。其内容草原游牧文化和河湟农耕文化兼而有之，柳湾彩陶为其代表（图1-2-9）。

20世纪70~80年代，人们在青海乐都县高庙镇东面两公里处的柳湾村的山坡上，陆续发现近2000座墓葬和近4万件文物，其中彩陶2万余件，最多的一个墓葬竟出土了91件陶器。这是迄今中国发现的最大、保存最好、彩陶最丰的一个原始氏族公社

图1-2-7　黄南旺家苯教旺加寺

图1-2-8　西宁北山寺

图1-2-9　柳湾遗址出土的跳舞人样的彩陶盆

公共墓地，其中包括马家窑文化（半山、马厂类型）、齐家文化、辛店文化、卡约文化遗存。这一发现震惊了当时的世界考古界，有专家甚至认为它

可以与古埃及的金字塔相媲美。在今天看来，在如此偏远且海拔近3000米的地方，远古的先民竟然在那里创造出如此灿烂的文化，不能不让人赞叹。

图1-2-10 柳湾"卍"字纹彩陶

图1-2-11 藏传佛教寺院3

在众多出土的文物中，最引起专家们兴趣的是彩陶上的图案和符号。这些距今4000年左右的彩陶，上面有一个个神秘的"卍"字纹符号，绘有"卍"字纹符号的柳湾彩陶一共有26件。这也是目前世界上发现最早的"卍"字纹符号，它打破了传统学术界认为的"卍"字纹是公元4世纪自印度传入中国的观点。"卍"字纹有顺时针和逆时针两个方向，非常像太阳图案的简化和变形，逆时针的"卍"字后来成为苯教等多种宗教的一个吉祥符号（图1-2-10）。

青海传统文化最显著的特征是具有鲜明的地域性和人文性。昆仑文化和河湟文化是在歌颂"世界最大的山"，话说中华民族的起源，在吟唱母亲的河，细数黄河上游人民的历史功绩；是似神话写意远古时代，用民俗绘制历史的画卷。在民族众多、宗教盛行的青海，民族文化和宗教文化的发展深受这两种地域文化的影响。

青海传统文化另一个显著的特点是民族性，比如藏族的格萨尔王传，是世界上最长、目前尚被传唱的中国三大史诗之一；回族对先知的笃信和《歌唱英雄白彦虎》；土族的"花儿"和叙事长诗《拉仁布与且门索》；撒拉族对祖先的追思、对骆驼泉的纪念和民族的整体意识；蒙古族祭山、祭海活动和那达慕大会等等，无不透露出各个民族的历史观、文化观和民族性格，由此对传统建筑的发展演进带来深刻的民族文化印记（图1-2-11、图1-2-12）。

第三节 青海古建筑的概况

一、建筑演进

从出土文物看青海早期建筑，柳湾辛店文化的聚落遗址多位于河谷两岸的台地上，房屋形制统一，多为长方形半地穴式建筑，门道设在西边，呈斜坡状，在住房中间有一圆形土灶。

有"东方庞贝"之称的民和喇家遗址，距柳湾遗址东百余公里，地处黄河左岸，是距今4000年左右齐家文化的一个大型聚落（图1-3-1）。这里发现的聚落遗址面积达25万平方米，遗址中心区为广

图1-2-12 尖扎地区藏俗的神箭仪式

场，外有一条壕沟，沟宽10米，深3～4米，环绕成长600米、宽200米的长方形，内有成排的半地穴式房址。已发掘的三座房址，正中为一圆形灶坑，地面和四壁已采用白灰抹面，不仅坚固美观，而且起着防潮、防虫的作用，这种"白灰面房址"是早期先民在建筑上的一个创举。后期发掘又发现有许多土墙相隔的院落，连而不通，自成单元，与该遗址东区环绕崖壁窑洞式的建筑格局迥然不同，使我们对先人的建筑技能又有了一个全新的认知。遗址中还发现了玉刀、石磬，有专家认为，该聚落遗址或为夏朝活动的核心地带、齐家文化时期的社会交往中心。

宗日遗址是目前黄河上游发现时代最早、地理位置最西、内涵最为丰富的新石器时期文化遗址。20世纪末在青海海南同德县境内的发掘中，出土了一件绘有双人抬物纹样的彩陶盆（图1-3-2）。其中所抬之物，专家认为是夯土用的石杵，意味着5000年前（据测为5300年～4050年前）青海高原的古代先民已能够用夯土技术来夯筑住房。遗址中还

图1-3-1 喇家遗址第八区域房址

图1-3-2 双人抬物纹彩陶盆——文化宗日（同德县宗日出土）

发现不少柱洞，部分柱洞底部留有柱基石，个别柱洞内有朽木痕迹，说明先民们已用土木建造房屋。出土的棺木有做工精巧、构造合理的榫卯结构，想必在房屋木构中也有应用。

青海古城甚多。春秋时期为古羌人聚居地，社会发展处于"不立君长，无相长一"和以游牧为生的状态，不立城池。汉初霍去病在西宁一带建军事据点西平亭，而后陆续在湟水流域建临羌、破羌、允吾、安夷等县，开始了青海的建城史。西汉时期在青海湖边建西海郡城（今海晏三角城），辖五县，与在海晏、刚察、兴海、共和、尕海的五座汉代古城形成了"周海亭燧相望"的壮观景致。5世纪中叶，吐谷浑在柴达木盆地建城，"始邑伏罗川"，后在青海湖边建伏俟城，但"虽有城郭而不居"，"犹以毡庐百子帐为行屋"（图1-3-3）。唐代河湟地区设置了众多城堡，土筑城墙，个别为石堡城。湟源北古城5万多平方米，夯土城墙、壕沟、马面、瞭望台一应俱全。另在黄河峡口、古桥、古渡口处，有许多称为"姊妹城"的桥头堡。至元、明、清，各地大量建城，据调查小型城堡此时达到250座以上。现发掘的古城有60余座，从发掘古城使用的材料看，有土、有石、有砖瓦琉璃等，以就地取材为主。

青海玉树通天河地区的拉司通村，百年前有规划地开展村庄建设，在近4000米的海拔高度开创了高原大规模种植乔木的历史，令后人感叹。

图1-3-3　吐谷浑祭台

图1-3-4　民和塔家庄廓

二、建筑造型

气候是影响青海古建筑造型的主要因素，从现存的古建筑看，古人建房首先考虑的是如何适应高原严苛的自然环境。

——寒冷，使青海地域的古建筑喜欢采用半地下的建造形式，这种形式至今在青海西部芒崖地区还能见到。地面建筑普及后，为御寒保温、采光，大多建筑坐北朝南，建筑的墙体很厚。青海庄廓类型的传统住房（图1-3-4），外墙用版筑夯土墙，下部一般厚度在80～90厘米，先打墙后立柱，再在木柱之间用土坯砌表墙，形成内、外墙和保温空腔组合的防寒围护结构。碉楼的外墙一般厚达1.2米以上，窗洞很小，聚气、保温御寒。

——大风，使庄廓建筑形成了"墙高屋低"、院墙高耸、对外不开窗的建筑样式，并使高原上的建筑都具有厚重的外表。

——干旱，随着各地降雨量的变化，相对干旱缺水的青海东部和柴达木盆地，建筑屋顶逐渐趋于平缓，使青海连片的民宅有了"屋顶能赛跑"的说法。青南地区降水虽然较多，但大多数地方的建筑也因袭了青海主流民居建筑平坡顶的形式，以至于一些专家考察后感叹：没想到中国的传统民居也有"国际式"、"方盒子"的类型。为了利用宝贵的降水，传统庄廓建筑的缓坡屋顶均坡向内院，以利院内绿化，有的还用切成半圆的竹筒把雨水收集到储水缸里，以备不时之需（图1-3-5）。

——日照，青海高寒缺氧，但日照得天独厚，庄廓建筑用封闭的院墙和周边布置的房屋构成一个个接收太阳能的"光穴"，加上院内精心配植的绿化，明显改善了居住的环境。寺院建筑大量采用天井、高窗和气楼来解决大空间的采光、日照和通风问题。

建筑材料和能源结构是建筑造型发展的制约条件。青海三大地理单元中，青南地区由于海拔高、土层薄，地处山峦起伏的地质褶皱带，缺少成型的木材、制砖的黏土和用于生产生活的燃煤，促使青南建筑"石多土少"，碉楼或碉房的望板用灌木捆成的"栈棍"、"劈柴"、"榻子"或石板代替，普通住房户型大多采用"一间大房、一个炉灶、一家人共同起居"的建筑形式，以节约采暖能源消耗；柴达木盆地"土少砂多"、缺乏木材，老建筑很多都是"地窝子"；海东地区地处黄土高原末端，民居全都采用土打墙、土院子、土坯房、土（草泥）屋顶，建筑透着大地的色彩，生土建筑在这里得到了最充分的发展。

地理经济和社会环境对建筑形式的选择也有影响。比如在地广人稀的青南草原，牧户的围墙几乎是多余的，然而在人口稠密、民族众多、历史上战乱频发的海东地区，尽管大家房屋毗邻，但都喜欢用高墙大院予以分割。地处边远的果洛班玛、玉树囊谦和通天河谷地区，人烟稀少，民居均以石砌碉楼为主（图1-3-6），然而在青南的中心地带，形似碉堡的碉楼则演化成变化丰富、亲切宜人的碉房。

民族文化传统对古建筑的发展有着深刻的影响力。藏族建筑外素内华、外实内虚，但建筑形制自

图1-3-5　保安古城庄廓建筑

图1-3-6　解卜着村碉楼

由、奔放、不拘一格，建筑用色大胆、绚丽，即使是普通的帐房，也要用五彩的经幡来进行装饰（图1-3-7）。尤其元明清以来，随着寺院经济的发展和政治地位的提高，寺院建筑高大雄伟，金碧辉煌，体现了藏传佛教在藏区的崇高地位（图1-3-8）。汉族、土族和信仰伊斯兰教的回族、撒拉族、保安族等地区的住宅，外观十分朴素，内部大多也不施彩色；宗教祭祀建筑，老的清真寺院均"入乡随俗"，恪守当地传统建筑规矩和基本形制，反映了该民族文化中厚重的正统观，清真寺高耸的唤醒楼成为这类建筑的标志（图1-3-9）。

图1-3-7　经幡

图1-3-8　藏族寺院的殿堂内部

图1-3-9　洪水泉清真寺唤醒楼

三、建筑类型分布

古建筑类型很多，作者大致把它们分为寺院、宗观、住宅、府邸、书院、塔桥、古城古村寨几大类。其中寺院又分为藏传佛教寺院和伊斯兰教寺院两类。宗观类有道观、城隍庙、玉皇阁等等。住宅类各民族有所不同，府邸着重介绍一些遗存尚好的汉、藏建筑。书院类在青海很少，仅能举出几例。塔、古城、古村寨青海较多，择其精华。营造技艺反映一些建筑技术、建筑做法、建筑装饰的内容（图1-3-10）。

青海由于受地理经济的限制，长期处于发展滞后的状态，影响了城乡建设和古建筑的发展水平；另一方面，多年的战乱以及高原的气候影响，也使建筑遗存多受损毁。现有全国重点文物保护单位44处（含第七批新公布的26处）、省级文物保护单位380余处，同时还有许多待认识、待考证和亟待保护的古文物。这些大多与古建筑有关，涉及遗址、古城、古寺、古民居等等，是青海有物可看、有事可叙的宝贵历史遗存，分布于青海各个地区，反映了不同地区、不同民族、不同时期的历史发展状况和建筑文化发展水平，具有较高的典型性和较强的代表性（图1-3-11）。

四、古建筑的基本特点

建筑作为文化载体之一，与文化的发展传承有着千丝万缕的联系。特别是传统建筑和历史建筑，它们承载着历史的记忆，是文化传承千年的载体。总括青海古建筑的基本特点，同青海传统文化一样具有鲜明的地方特点和民族特色（图1-3-12）。

图1-3-10　青海大通老爷山寺院步道

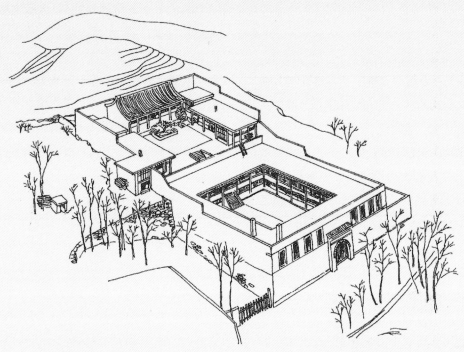

图1-3-11 青海庄廓院落——千户宅院

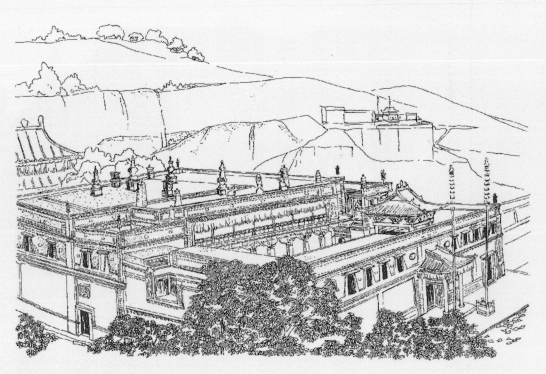

图1-3-12 塔尔寺大经堂鸟瞰

一是强烈的地域性。青海的建筑，特别是民居，不同地区不同型，一看就有别于其他地区的建筑。青海当地的地理气候、经济社会、历史沿革、民族文化乃至建筑材料等等，决定了古建筑的发展方向、建造形式和技艺水平，青海古建筑是典型的环境建筑和地方建筑。

二是鲜明的民族性。尽管在一个地区，无论民居还是公共建筑，其建筑的结构和材料选择大都是相似的，甚至像庄廊类建筑从外形看也十分相近。各个民族的公共建筑，从布局、建筑形制到建筑色彩等方面，一看就深受本民族文化的影响。民居建筑"外同内异"，从外面看，各民族建筑风貌统一协调，进到内部则可以清晰地分辨出不同民族的文化特点和建筑差别。

三是多元文化背景下的包容性。青海自古就是多民族的聚集地，古建筑既有各自民族的特色，地方特点突出，但同时又不排斥其他民族文化和传统建筑式样的存在，像青海同仁地区藏传佛教寺院隆务寺与清真寺、二郎庙和圆通寺隔街相望的情况在青海多地均可见到。在建筑技艺上相互学习、借鉴的情况也十分普遍。塔尔寺中既有汉式建筑、藏式建筑，也有汉藏结合的建筑；洪水泉清真寺大殿前的柱廊采用藏式托木梁架结构，在装饰上大量采用汉族的做法，现在看来有点奇怪，但这恰恰反映出当时当地各民族之间友好的包容关系。

四是建筑文化的艺术性。当我们看到和记录像瞿昙寺、塔尔寺、洪水泉清真寺和班玛玛可河古碉楼（图1-3-13）这样的建筑精品的时候，可以感到的不仅仅是震撼，还有震撼之后的思考。这些建筑的文化技艺传承关系是什么，是谁建造了这么多这么好的建筑？

当我们强调和争辩建筑的地方性、民族性和时代性谁主谁次、如何处理三者关系的时候，我们应当向古建筑敬礼。当我们厚此薄彼某些地区建筑文化的时候，我们首先应当看看这个地区古建筑发展的历史。

图1-3-13　班玛玛可河古碉楼——班玛碉楼

青海古建筑

青海古建筑

第二章 古城和古聚落

青海古城和古聚落分布图

① 西宁古城
② 贵德古城
③ 湟源丹噶尔古城
④ 湟源北古城
⑤ 保安古城
⑥ 同仁隆务古城
⑦ 丹阳古城
⑧ 西海郡城
⑨ 伏俟城
⑩ 峨堡古城
⑪ 明长城
⑫ 同仁郭麻日古城
⑬ 拉司通村
⑭ 班玛解卜着村
⑮ 海东索卜滩土族古村落

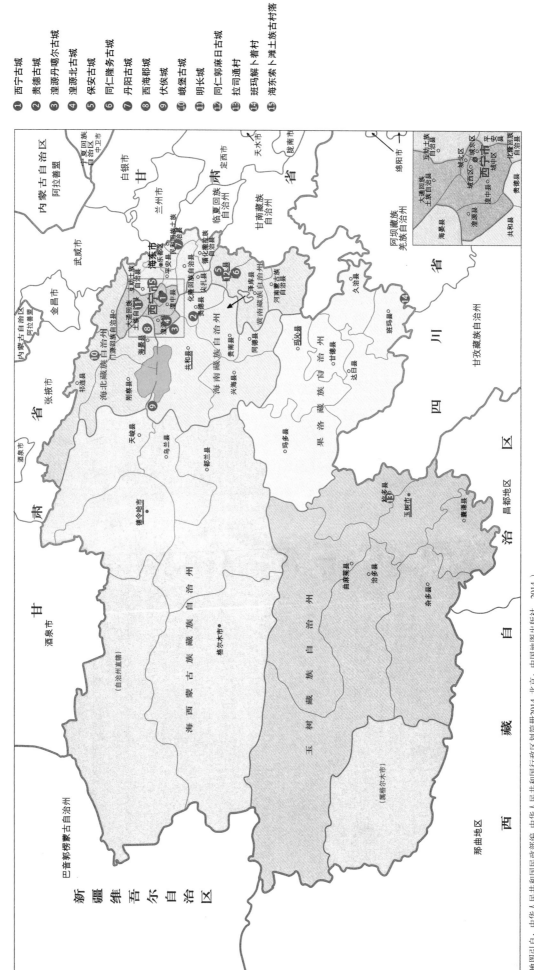

（地图引自：中华人民共和国民政部编. 中华人民共和国行政区划简册2014. 北京：中国地图出版社，2014.）

第一节 概述

约在6000年前的原始社会后期，青海大地上开始出现的聚居点，成为这一时期村落（聚落）的雏形。5000年前，房屋建筑由早期的地穴式（以圆形为主）发展到晚期的平地起建式为主，完成了从"穴居"到"筑居"的历史过渡。4000年前，江河源头和河湟地区的先民，创造了夯土、土坯和木构架技术；生活在广袤草原上的游牧民，则以牦牛毛捻线织布、搭设帐篷，形成高原独特的建筑。但这一时期青海基本上处于原始社会后期民主制阶段，私有制初具形式，因此这一时期文化遗存尚不是严格意义上的城镇，真正意义上的城镇出现在西汉时期。汉武帝元鼎六年（公元前111年）在今西宁设西平亭，奠定青海城镇的雏形。宣帝神爵元年（公元前61年）又将金城郡移至青海境内，辖允吾（民和）、破羌（乐都）、安夷（平安）、临羌（今湟中多巴镇）、令居（永登）、河关（今大河家）等13县。

西汉末年是青海城镇发展的重要奠基期。王莽政权在青海湖北的海晏县设立西海郡，郡治三角城；辖修远、兴武、临羌、罕房和顺乐等5县，建尕海古城（海晏县）、向阳古城（刚察县）、草多隆古城（共和县）和支冬加拉古城（兴海县）等5城，基本奠定了青海省城镇发展的轮廓。

东汉末年曹操在今西宁设西平郡，辖临羌（今湟源县）、西都（今西宁）、破羌、白土（今化隆甘都地区）等县，魏文帝黄初三年（222年），"凭倚西平亭，增筑南、北、西三城"为郡治，自此西宁成为西北边陲重镇。北魏太延五年（439年）拓跋氏势力进入青海，改西平郡为鄯州，领二县六郡，其中西平郡（西宁）辖西都、乐都、金城、浩门四县。西魏大统元年（535年）在循化、贵德一带设浇河郡。

前凉，青海地区有西平城、临羌城、安夷城、长宁城和白土城等5座城池，恢复允吾城，新增湟河城（黄河城）。后凉，在贵德新设浇河城，在乐都增设乐都城，其余依旧。南凉，一度将都城设在西平城和乐都城，乐都城为都城有8年。

晋末，吐谷浑国在草原上建筑都城，"始邑于伏罗川"，在鼎盛时期于今青海湖西15公里的地方重修都城——伏俟城（今共和县石乃海乡的铁卜加古城）。吐谷浑国的都城变迁频繁，"虽有城郭，而不居之，恒处穹庐，随水草畜牧"。晋末到隋初，青海东部城镇群地区有西平、临羌、安夷、乐都、允吾、白土、浇河、湟河和长宁等9座城镇；西部地区有树敦、贺真和伏俟等3座城镇，城镇分布从湟水向黄河流域拓展，并逐渐进入高原腹地。

唐高宗时期，吐蕃势力东扩到青海，至北宋时唃厮啰部基本控制了青藏高原的东北部，其宗喀政权设都于青唐城（西宁），历时100多年。元代，统治王朝的游牧文化"重牧轻农"，加之实行"羁縻制度"和政教合一的制度，使城镇出现鲜明的民族宗教文化特色，农耕区城镇数量减少，城镇职能因绢马、茶马互市开始从行政向兼具商贸方向转型（图2-1-1）。

明洪武五年（1372年）改西宁州为西宁卫，下辖西宁、碾伯、镇海、北川、南川、古鄯六千户所，并在今柴达木和海北等设安定、阿瑞、曲先、罕东四卫，归西宁卫统辖；在青海东南设积石、贵德两州，归河州（临夏）卫统辖。洪武三十年（1397年）在西宁设茶马司。万历二十四年（1596年）西宁守务按察使刘敏宽在北山（今互助五峰乡）建立铁厂，同时大通煤矿开始采煤，由此形成了以采矿为主的集镇居民点。清咸丰十一年（1861年）清政府在柴达木盆地的锡铁山设置铅锌局，采炼铅锌。近代，1890~1914年，英、美、德等国在青海西宁、湟源等城镇设立洋行，"西宁毛"远销国外，青海城镇的综合职能和城镇规模有了进一步的发展。

青海东部的西宁、贵德、乐都、循化、湟源等地都有城池，是古代大型军事工程，有着相当完备的防御功能。面积数百乃至几千亩，城墙高约

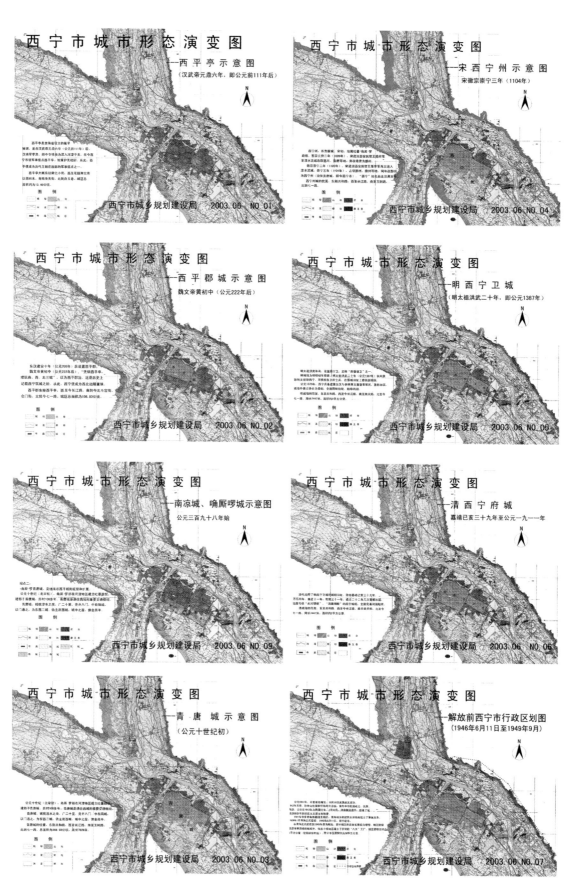

图2-1-1　历史沿革

10米，底宽9米，顶宽5米，每50米有一个突出的墩台，称马面，是弓箭的最佳射程，可三面发矢。数米深的护城河或郭墙阻止敌军直接冲至城下。坚固的城门不怕撞击和火攻。

　　总之，历史上青海省城镇体系的形成和演变，受民族、宗教、游牧文化和地理环境的综合作用，城镇发展动力的主体是中央行政建制和军事据点的设置，城镇成长的主要推进剂是农牧贸易和民族宗教文化的发展。首先，在政治、军事上，中央政府和少数民族为了拓展与防御，设郡置县直接推动了城镇的建设。其次，农、牧业产品的贸易推动了城镇向"城市"转化，茶马互市改变了城镇的性质，强化了乡村和城镇间的商业联系，逐渐形成省域城镇体系的雏形。再次，民族宗教使青海城镇具有不同的民族宗教文化特点，处于城镇中的寺院，不仅是民族集会、庆典、祭祀以及宗教活动的中心，周围也成为商贸活动的市场和人们生活的聚集地。最后，地理气候环境对城镇体系的"型铸"作用明显，自然条件较好的地区，人口多，城镇和聚落点的密度高，而海拔高、气候干旱、自然环境恶劣的地区，城镇和聚落点的数量明显减少。所以，在青海这样一个地域广袤、交通不便、高寒缺氧的地区，城镇不仅是常规意义上一个地区的政治、经济、文化的中心，而且也是该地区人民生活和社会交往的中心。

　　农牧区聚落点的形成与发展，与区域经济和城镇分布有高度的相关性。农区的村落较大、较多，且集中在海拔较低、气候较好的青海东部河湟地区。牧区村落分散，几十公里甚至上百公里一个牧业点，不便的交通环境和社会交往条件限制了牧区生产的规模和发展水平，同时也制约了城镇和村落的发展。青海农牧区的村落有两大特点：一是地域性鲜明，建造形式大致可分为河湟民居、环湖民居、青南民居和柴达木民居四类；二是深受历史文化影响，青南和环湖地区的民居藏族特色浓郁，河湟地区民居的基本形制以汉式为主，但不同民族的村落有不同的特点。回族村落以清真寺为中心围寺

图2-1-2　回族村落——洪水泉清真寺周边

图2-1-3　藏族村落——玉树麦斯村落

而居（图2-1-2），土族、藏族的村落不显山不露水，外面看与汉族村落无大差别，但民宅院内常设有经幡、煨桑炉和经堂（图2-1-3）。柴达木地区村落稀少，历史上以蒙古族、藏族的传统民居和帐房为主。

第二节　实例

一、西宁古城

　　西宁有2000多年的建城史。商周秦汉时期，河湟地区是古羌人聚居的中心地带。西汉元狩二年（公元前121年），霍去病将军在此设西平亭，是青海城镇最早的雏形（图2-2-1）。东汉建安十九年（214年），设西平郡。222年，曹操"凭倚西平亭，增筑南、北、西三城"为郡治，自此西宁成为西北边陲重镇。唐初（619年）建鄯州，西宁成为青藏高原与中原的交通中转站。11世纪初，原吐蕃赞普

图2-2-1 西宁城楼（民国时期）

图2-2-2 西宁青唐城城墙遗址

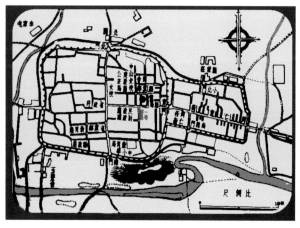

图2-2-3 民国时期西宁城市总体布局

图2-2-4 西宁青唐城遗址公园

的后裔建唃厮啰政权，入驻西宁，称青唐城，这里一时成为东西商贸交通的都会（图2-2-2）。宋崇宁三年（1104年），宋军进入青唐城，改称西宁州，取西方安宁之意，建陇右都护府，至此"西宁"一名正式出现，沿用至今。明代视西宁为西陲重地、河西巨镇，改设西宁卫，驻军万余。清雍正三年（1725年）改置西宁府。民国期间，1914年裁西宁府。设西宁道。1926年，撤销道，改为西宁行政区，设西宁行政长官。1946年西宁改县为市，成为青海省省会。1949年9月5日西宁解放，仍作省会。

西宁解放时，城区约5平方公里，有5万人口。古城北临湟水，西滨南川河，位于南北两山之间的河谷二级台地之上，呈方形，有东南西北4门（图2-2-3）。城周风光旖旎，有石峡清水、金娥晓日、文峰耸翠、凤台留云、龙池夜月、湟流春涨、五峰飞瀑、北山烟雨等8景。解放后4城门和城墙逐渐被拆除，现存北、东、南城墙部分残垣。其中南城墙一段为原青唐城遗址，长310米，底宽12米，高14米，黄土夯筑，1988年公布为省级文物保护单位（图2-2-4）。据史籍记载，青唐城周长约10公里，分东西两城，设8门。西城为王城，东城为平民居住区和商业区。宋元时期，城镇规模类同青唐城。明洪武十九年（1386年）重修西宁城，城呈正方形，周长4500米，城墙高宽各16米，城壕深约6米，设城门和角楼各4座，敌楼19座。东门外连有关厢，"商贾市肆皆集焉"（图2-2-5）；清嘉庆年间加修东稍门，于城外添月城。明万历年间（1575年）进行大规模修缮，城墙改"砖包城"，城周长5704

图2-2-5 西宁老街

图2-2-6 西宁复建北城门

米，高15.3米，底宽16.6米，顶宽10米，增置悬楼18座、敌楼13座。西宁卫城城周建有防御性边墙，最盛时长达130多公里。清代西宁基本保持明代古城规模。1993年公布为省级历史文化名城。2008年，西宁市依明清时期的城池原样恢复了古城北门（图2-2-6）。

二、贵德古城

贵德古城位于青海省海南藏族自治州贵德县河阴镇，地处黄河谷地，上有龙羊峡锁关，下有松巴峡守护，四面环山，形似金瓯。中央平川开阔，土地肥沃，气候宜人，是青藏高原上难得的一块紧邻大江大河的绿洲、盆地，也是青藏高原上大江大河边历史最悠久的古城之一，素有青海"小江南"之

称（图2-2-7）。贵德县城海拔2100米，年平均气温2.2~7.2℃，年均降水量250~559毫米，果粮兼收，农牧并重，是青海最富饶的县治之一。贵德地区出土的大量文物表明，早在4000年前的新石器时代，先民们就生息繁衍在这片土地上。1987年文物普查，贵德地区共发现古文化遗存513处，其中马家窑文化遗址19处，卡约文化遗址34处，古城遗址9座。由于黄河天堑的存在，贵德历来是军事要地。在数千年的历史长河中，贵德地区曾被羌、吐谷浑、吐蕃、蒙古和中原交替控制。汉代神爵二年（公元前60年），西汉在贵德设河关县。东晋太元十一年（386年），吕光称三河王，建立后凉，贵德置浇河郡。唐天宝十三年（754年），陇右节度使哥舒翰在贵德复设浇河郡。"安史之乱"后，贵德地区为吐蕃占领，贵德城称溪哥城。宋元祐四年（1089年），贵德为吐蕃唃厮啰政权辖地。南宋宝祐元年（1253年），蒙古灭金，元朝建立，在河州（今甘肃临夏）设置吐蕃宣慰使司都元帅府，置贵德州宣慰司，"贵德"地名首次出现。元代至元八年（1271年）正式设贵德州，筑城后废。明洪武三年（1370年），征西将军邓愈开赴其地；洪武七年，委河州左卫指挥修筑土城；洪武八年，设守御千户所，至洪武十二年土城告竣；万历十八年（1590年）增修。由此计算，贵德古城始建于2000年前，现存的古城距今已有600多年历史，且是明朝初期青海地区河湟"三卫城"之一。贵德县历史悠久，境内还有建于汉代的尕让归义城，唐代的藏盖城，清朝的亦扎石城等城池和遗址。

贵德古城占地约4公顷，东西宽192米，南北深212米，呈正方形（图2-2-8）。城墙底宽9.3米，顶宽4米，高11.7米，夯土筑成。城外有深5米，阔10.7米的护城壕沟。南北设二门，城门外皆有瓮城。南瓮城门东向，北瓮城门西向，均为明后期筑成。城内街市南北向的有南门街、北门街（后称王家街）、仓门街、北向街共4条。以今南北街为界，当时东侧有何家街（后改为兴文卷）、衙门街等（图2-2-9）。城内的明清建筑群始建于明万历年

图2-2-7　贵德古城西瞰

图2-2-8　贵德古城历史遗迹分布图

图例

❶ 武备门　　　❾ 打谷场
❷ 无量殿　　　⓴ 丁保夫宅
❸ 民众教育馆　㉑ 福神祠
❹ 城隍庙　　　㉒ 清真寺
❺ 大佛寺　　　㉓ 关帝庙
❻ 玉皇阁　　　㉔ 监狱
❼ 关岳庙　　　㉕ 县衙
❽ 文庙　　　　㉖ 兵营
❾ 文昌阁　　　㉗ 仓院
❿ 小校场　　　㉘ 点将台
⓫ 王氏祠堂　　㉙ 都司署
⓬ 赵鑑将军府　㉚ 养济院
⓭ 文昌宫　　　㉛ 回族学校
⓮ 菩萨楼　　　㉜ 马朝选邸
⓯ 韩举人邸　　㉝ 四川会馆
⓰ 许贡爷宅　　㉞ 文启门
⓱ 承公祠　　　㉟ 河阴书院(魁星阁)
⓲ 山陕会馆　　㊱ 古城墙

图2-2-9　贵德古城卫星影像图

为县级文物保护单位，1996年被列为省级文物保护单位，2001年与贵德文庙及玉皇阁古建筑群一同列为国家级文物保护单位（图2-2-12、图2-2-13）。

三、湟源丹噶尔古城

湟源丹噶尔古城位于西宁与日月山（古称赤岭）之间，从西宁出发向西行百里经湟源峡即到。古为羌地，汉置临羌县，隶金城郡，三国改隶西平郡，北魏属西都县，隋改为湟水县，隶鄯州（西平郡），唐代归鄯城县，唐安史之乱后属吐蕃辖地，宋徽宗崇宁三年（1104年）以后隶属西宁州，明隶西宁府西宁县，清设丹噶尔厅，仍隶西宁府。民国2年（1913年）改丹噶尔厅为湟源县（图2-2-14）。

丹噶尔由于地处黄土高原与青藏高原交界处，农业区与牧业区的分界线上，被誉为"海藏咽喉"、"茶马商都"。早在汉代时，内地茶、瓷、丝绸经由此地前往天竺、尼婆罗和吐蕃，而由天竺等地输入胡椒、香料等。唐朝时期，丹噶尔是与吐蕃在今日月山下设立的青藏高原上第一个茶马互市之地，成为"青海路"和"唐蕃古道"上重要的通商地。

间，又经清道光、光绪年间扩建重修，后来，古城又于清同治元年（1862年）和民国8年（1919年）、民国18年（1929年）三次维修形成今日之规模，建筑面积约3060平方米（图2-2-10）。现城楼已毁，城墙除南面破损外，东、西、北三面尚存，城内北部玉皇阁等古建筑保存尚好（图2-2-11）。1986年列

图2-2-10　贵德古城街景

图2-2-11　贵德古城玉皇阁

图2-2-12　贵德古城街景鸟瞰局部

图2-2-13　贵德古城中轴线鸟瞰

图2-2-14　湟源丹噶尔古城街景1

至民国13年（1924年），丹噶尔城内商贾云集，大小商户和手工业作坊达千余户，贸易总额达到白银500万两以上（图2-2-15）。

现存的古城始建于明洪武年间，距今有600多年历史（图2-2-16）。据《西宁府新志》记载，古城"周回长七百七十四丈，高二丈二尺，根厚二丈四尺，顶厚一丈三尺。壕宽三丈，深五尺"，城郭约540米×350米，占地约20公顷。城内设有丹噶尔厅署、镇海协营署、中军督司署、千总署、把总署、演武场以及玉皇、火祖、孔子、关帝、财神、城隍、龙王等庙宇，城楼、腰楼、角楼、东西城门，仓门街、九间街、北街、南街、庙巷子、灯山楼儿街、隍庙巷子、西城壕、大巷道、南城壕等街巷，还有义学、社仓、牌坊、祠堂等。古城布局结构严谨，街巷格局井井有条，建筑群落主次分明，城中为一条东西向、6米宽的主街，将古城分为南北两区，南区划分为4坊，以居住为主，沿主街布置商铺、作坊，其余全为民居。北区划为5坊，为公共区，县衙、城隍庙、书院（小学）、银行、商铺等全设于此。城周设有许多大车店、马厩，方便

图2-2-15 湟源丹噶尔古城街景2

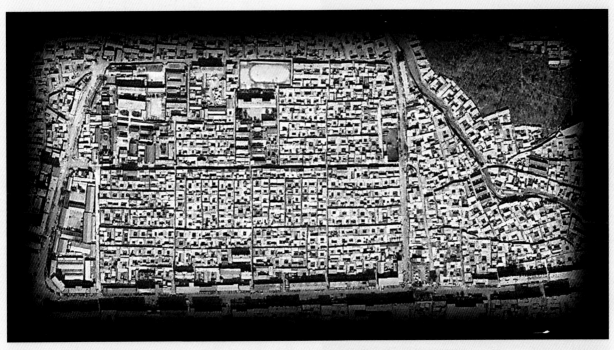

图2-2-16 湟源丹噶尔古城卫星影像图

图2-2-17　湟源丹噶尔古城街景3

图2-2-18　丹噶尔古城夜景

图2-2-19　湟源北古城卫星影像

来客。旧时古城人声鼎沸，商贸繁盛，南来北往，名声显赫。《丹噶尔厅志》中这样描述："海藏特为咽喉，湟中资为锁钥……迄今商业发达，几成巨埠，彼欧西各帮若英若俄若德，皆遣其华夥，梯航远来，群集丹地，岁输白金数十万，盛矣！"又说："番货云集"，"商客辐辏"，"丹之人以商谋生者约居其半"，"丝布，洋缎服者比比"。京、津、晋、陕、甘等地的商人、工匠纷至沓来；英、美、俄、德等国的商人纷纷开庄设行，进行商业贸易和金融业务（图2-2-17）。同时，形成了具有浓郁地域特色的从事汉藏贸易的"藏客"，他们足迹遍及西藏、新疆、甘肃、陕西、山西、河北、天津以及印度、尼泊尔等地，开辟了"藏商"之路。每当黄昏来临，城内各个店铺和洋行的门上制作的具有浓郁民族特点的灯箱式广告招牌灯火辉煌、异彩纷呈，湟源排灯由此出名（图2-2-18）。

四、湟源北古城

湟源北古城位于湟源县城关镇光华村东1000米、名为二架梁的山上（图2-2-19、图2-2-20）。该城依地形而建，平面呈不规则形，其中东墙长376米，南墙长364米，西墙长491米，北墙长134米；城周共有9个马面；墙体底宽3～6米，残高3～9米；西墙中部开门，宽10米。南墙偏东及西侧各开一门，城内东北部有一内城，平面呈梯形，南北长142米，东西宽116～140米，南墙中部开门，城内北高南低，除内城外，其余布局已不可辨。史载唐武德二年（619年），在青海东部设鄯州廓州，以鄯城（今西宁）为中心，以西一百二十里修筑绥戎城。据考，绥戎城即北古城，如若无误，北古城距今已有将近1400年的历史（图2-2-21、图2-2-22）。

五、保安古城

保安古城位于黄南藏族自治州同仁县保安镇保安城内村，地处隆务河东岸，濒保安河，在铁城山

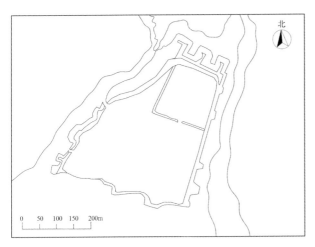

图2-2-20 湟源北古城平面图

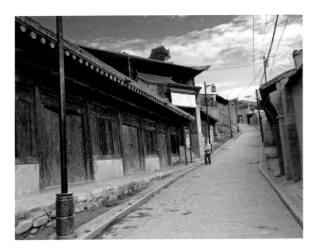

图2-2-21 湟源北古城街景

图2-2-22 湟源北古城钟楼

北麓（图2-2-23）。古城建于明洪武年间，现存于同仁县年都乎寺中刻于万历二十八年（1600年）的大明石碑，记述了当时屯首王廷仪组织修建保安城（堡）的历史，至今已有400多年的历史，并称保安城在一段时期内为黄南地区的政治经济中心。保安古城呈长方形，东西长316米，南北宽190米，占地约6公顷，设有南北两门。城墙由黄土夯筑，残高8米，墙基宽5米。北城墙中部建有马面一座，高8米，长12米，宽9米。城四角修有角楼，城内残存有都司衙门、明清兵营、药王庙、关帝庙、古民居等古老建筑，加之城外烽火台等遗存，共有40多处历史遗迹，是青海地区遗存较好的一座古城（图2-2-24～图2-2-26）。原城内的城隍庙、菩萨庙、北祖师殿、钟鼓楼、戏台、拜殿等在"文革"期间被毁。现城内居民百余户，有保安族、藏族、汉族等等，2013年6月，同仁县保安古屯田寨堡群被正式列为全国重点文物保护单位。保安古屯田寨堡群包括保安古城、年都乎城堡、郭麻日城堡和吾屯城堡。近旁的铁城山古城，在1986年公布为省级文物保护单位，历史年代待考，一说为唐代（图2-2-27）。

六、同仁隆务古城

隆务古城位于保安古城以西15公里的隆务河谷一级阶地上，背山面河，地处现在的黄南藏族自治州州府和同仁县县府所在地西侧。老城区至今已有234年的历史，1765年前后，临夏、兰州、循化、保安等地回汉商人常到隆务寺一带经商。夏日仓六世活佛为了顺应民意，动员周围群众在隆务河西岸、隆务寺前圈地百余亩，顺地势由高至低建设"Y"字形上、下街两条，南北城门各一，将散住在周围的商人80余家沿街安置，形成了称为"克哇加曲"（八十商户）的商业街。商业街以两层建筑为主，下店上宅，街上建有二郎庙、圆通寺和清真寺，与北面处于二级阶地上庄严宏大的隆务寺（图2-2-28）相映成趣、和谐相处，也为商业街增加

图2-2-23　同仁保安古城鸟瞰1

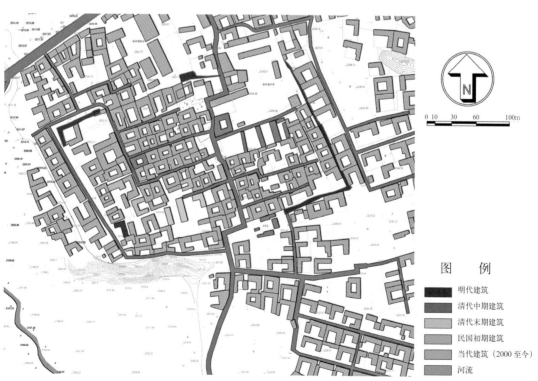

图 例

■ 明代建筑
■ 清代中期建筑
■ 清代末期建筑
■ 民国初期建筑
■ 当代建筑（2000至今）
■ 河流

图2-2-24　同仁保安古城平面图

图2-2-25　同仁保安古城鸟瞰2

图2-2-26　同仁保安古城街景

图2-2-27　同仁保安古城复原图

图2-2-28　民国时期隆务寺

了几分繁闹。1994年1月同仁隆务古城被国务院公布为第三批国家级历史文化名城。

七、丹阳古城

丹阳古城位于民和县中川乡清一村五社北面的阶地上,该城北依凤凰山,南对黄河,北距民和县城约90公里,西南距官亭镇2.3公里,东南距中川乡政府驻地2.2公里,西距川(口镇)官(亭镇)公路0.7公里,南距黄河2.45公里,城址周围均为耕地(图2-2-29)。

该城平面呈长方形,东西长404米,南北宽270米。城墙系用黄土分段夯筑而成,夯层厚0.07~0.17米。墙体底宽8米,顶宽1~2米,残高1~6米。城外有护城壕,口宽约26米,深1.5~3米。城内较为平坦,沿城门方向有一条南北向中轴

大道,其余布局不清。城南、北开有二门,北门宽17米,南门宽16米,门外均有瓮城,北瓮城仅存西墙,西面开门,南瓮城残存南墙,门向不清。古城四角有角台,其顶部略高出城墙顶部,底部12米×8米。每面城墙上各有马面4座,其顶部高出城墙顶部1~2米,底部11米×7米。

李智信先生在其《青海古城考辨》中考证该城为唃厮啰乩当城,宋代来宾城,明代设宗水监于此。

八、西海郡城

西海郡城是青海境内年代最久远的一座古城,俗称三角城,建于汉平帝元始四年(公元4年),为王莽所置,位于青海海北藏族自治州海晏县三角城镇三角城村西南角,距青海湖(古称西海)东北岸30公里,因此得名(图2-2-30)。古城濒临麻许河

图2-2-29 丹阳古城遗址局部

图2-2-30 西海郡城遗址

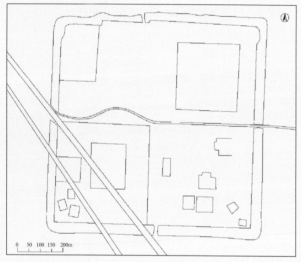

图2-2-31 西海郡城遗址平面图

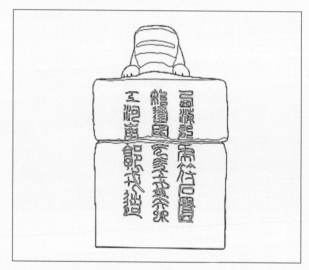

图2-2-32 虎符石匮立面图

北岸，南北山峦环抱，东西为开阔的大草原，呈正方形，东西长622米、南北宽621米，城墙夯土筑成，夯层6～8厘米，基宽8米，顶宽2～3米，残高4米左右，四面各开一门，门宽不等（图2-2-31）。城内有南北、东西两条大道，依稀可见原有的广场和院落，其中遗存大量陶片、瓦片，曾出土"五铢"钱范、"小泉直一"钱范，唐代瓦当和宋代钱币等。

最重要的出土文物是虎符石匮（图2-2-32）。该石匮由石虎、石匮两部分组成，石虎长1.32米、宽0.6米、高0.46米，由整块花岗岩雕凿而成。石匮分上下两块，在上的一块长1.37米、宽1.15米、高0.65米，正面凿有"西海郡始建国工河南"九字

（图2-2-33），下面石匮正面刻有"虎符石匮元年十月癸卯郭戎造"十三字，石匮上下相连，证实古城距今已有2000年的历史。1988年1月，西海郡城被国务院公布为全国重点文物保护单位（图2-2-34）。

九、伏俟城

地处青海湖西岸的伏俟城是一座历史上有名的吐谷浑王城，"伏俟"本为鲜卑语，意指"王者之城"，因位于青海省海南藏族自治州共和县石乃亥乡铁卜加村，故也称铁卜加古城（图2-2-35）。当地人称"切吉加夸日"，意为"汉人城"。吐谷浑为一鲜卑部落首领，在西晋末（4世纪初年）由辽东西迁至甘青南部，从376年在青海海西乌兰县莫何

图2-2-33 虎符石匮

图2-2-34 西海郡城遗址局部

图2-2-35 伏俟城遗址1

图2-2-36 伏俟城遗址2

川建立的第一个政治中心算起，到663年吐谷浑国灭亡，统治青海大部地区300年。伏俟城是吐谷浑王国在青海地区的第三个国都，统治范围从甘肃临洮至青海西部柴达木盆地中南部，方圆数千里，堪为那个时代中国西部的强国。他们在青海先后建立莫何川、伏罗川和伏俟城三个政治中心，开创了在青海草原上建造城镇的先河。

伏俟城大致建于6世纪中叶，史载，540年吐谷浑首领夸吕"自称可汗，都伏俟城"。伏俟城分城郭两层，内城南北长270米，东西宽240米，夯土城墙，基宽18米，顶宽3米，残高7～12米，夯土层厚0.15米。城面向青海湖开有东门，外有方形遮墙（瓮城）。城内东西大道两旁各有毗连的长50米、宽30米的房基，最西端有边长各70米的院落广场，广场与城墙之间有一座长15米、高9米的夯土台，台上有房址。城外有廓，外廓南北长约1400米，东西

残长700米，由砾石泥土堆积而成。该城至唐末废，运营约120年之久。1988年9月该城公布为省级文物保护单位（图2-2-36）。

十、峨堡古城

峨堡古城地处甘青交界，祁连山通衢要冲，北出扁都口连河西走廊重镇张掖，南翻大阪山接青海河湟谷地，是丝绸南路上的重要关隘和驿站，有青海北大门之称（图2-2-37）。《西宁府志·古迹》记述，"（峨堡古城）在卫治西北、永安城西140里，元时筑，今遗亘尚存。"古城位于现在的海北藏族自治州祁连县峨堡镇旁，背山面河，北高南低，平面呈长方形，南北长约300米，东西宽约200米。城墙残高6米，底宽约6米，顶宽3～5米，夯土筑成。城墙四角和北城墙中部设有马面，东西南北设四砖包城门，门宽约11米，门外原均设有瓮城，

图2-2-37　峨堡古城遗址1（来源：网络）

图2-2-38　峨堡古城遗址2

图2-2-39　峨堡古城遗址3

现残存东门瓮城。城内现是一片平地，依稀可见一些房址、墙基，北部有一高台，据说是戏台遗址（图2-2-38、图2-2-39）。

十一、明长城

　　万里长城横亘于中华大地，在青海境内有明长城保存至今，且保存相对较好（图2-2-40）。特别是西宁市大通一带的长城，是由城墙、敌楼、关堡、营城、卫所、烽火台等建筑构成的军事工程，与巍峨险峻的山岭沟壑浑然一体，其形态有"大通明长城，青海八达岭"之气势（图2-2-41）。据史

料记载，明长城始建于明代中叶，自1546年始，至1596年止，历时51年，主要为防御西海蒙古袭扰而建。长城主线大致围绕西宁卫，呈半月形，分布在湟中、大通、互助、乐都四县；辅线分布在互助、民和、化隆、贵德四县。据青海省文物考古研究所调查，中国的明长城总长8851.8公里，在青海境内约363公里，占全长4%。城墙做法因地制宜，逢川筑墙，遇梁挖壕，遇山斩墙，有夯土制成的土墙，有石块垒砌的石墙，有利用险要地形修成的山险墙，也有由墙体和壕沟（随墙壕）共同组成的防御体。土（石）墙底宽一般3.5~5.0米，顶宽

图2-2-40　明长城遗址

图2-2-41　青海明长城

图2-2-42　青海省明代长城主线走向示意图

0.8～2.4米，高7米左右。壕堑则削山成壕，堆土成垄。另有烽火台140余座、敌楼（台）10座、关堡28座（图2-2-42）。

第三节　古村落实例

一、同仁郭麻日古村堡

　　郭麻日村位于黄南藏族自治州同仁县的年都乎乡，在同仁县城北部，东部以隆务河为界，西接黄乃亥乡，南连年都乎村，北与隆务镇向阳村为邻，距同仁县城约5公里（图2-3-1）。公元前5世纪前后，湟中羌始祖无弋爰剑从西秦出逃"亡入三河间"，隆务河流域成为羌人稳定的根据地。由于这一地区土地肥沃，也是羌族部落的争夺之地。至明清时，该地区发展繁盛，隆务寺不断扩大建设规模，成为安多藏区著名的六大寺院之一。所辖郭麻日寺始建于1351年，并逐步形成了以郭麻日古寺为核心的古村堡建筑群（图2-3-2）。

　　古村堡内巷道结构总体上呈现蛛网状形态，曲折，幽深，支巷末尾均以尽端、断头路结尾。但经仔细勘察与分析，堡内巷道仍有主次之分的较清晰脉络。一条连通东西的主脉虽然有一定曲折，但走

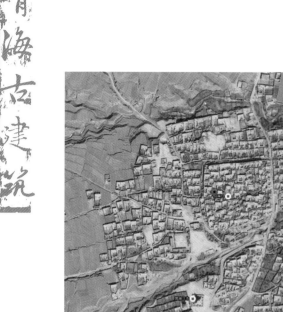

图2-3-1　郭麻日古村堡卫星影像图

图2-3-2　郭麻日古村堡鸟瞰

图2-3-3　郭麻日古村堡巷道

向清晰，尺度相对较宽，宽约2.5米，并与东西门相连。另有一条曲折连通南北的脉，与南门相连，北延伸到居住腹地形成尽端路。两条主脉在堡内近乎中心的位置交会。该处布置有全村公共的经堂和嘛呢房，成为古堡的公共核心和堡内的宗教中心（图2-3-3）。

古堡由东西、南北两条主脉大体上分为四块相对均衡的部分。之内的次要巷道、支巷道呈曲折、幽深、蛛网状结构形态，巷道末端均为尽端式。巷道宽度有2米、1.5米等几种类型。

古堡内巷道结构形态与分区特征为"二轴一心四片"的蛛网状结构形态。形成这种巷道结构形态的原因，主要是该区域历史上长期处于不稳定的状态，屯垦之需形成的屯寨经常受到各种侵扰，故把便于防卫作为屯所营建的重点。古堡内蛛网状、尽端式的巷道结构使得入侵者即使攻入堡内，也会迷失方向，难觅退路。堡内清代时以藏族、土族群众居住为主，其民居一般均为两层土木平顶结构，登上梯子便可以远望，周围厚实高大的庄廓墙，形成古堡高墙窄巷、难攻易守的格局。

郭麻日古村堡为青海境内保留最完整的古堡，被列为中国历史文化名村、全国重点文物保护单位、同仁县4A级旅游景点、热贡艺术文化村。

二、拉司通村

拉司通村地处玉树称多县拉布乡，是青海通天河畔一个天地融合、生态文化优美的古村落（图2-3-4、图2-3-5）。拉司通村依山傍水，神山夹持，汇入通天河的拉曲河穿村而过，山清水秀，树木葱茏。村北侧的岔沟学群沟口为玉树地区著名的寺院拉布寺（图2-3-6）。拉司通村围寺而建，因寺而兴。

拉布寺前身原为一萨迦派小寺院，明永乐十六年（1418年）宗喀巴弟子丹玛堪钦·元登巴改扩建成拉布寺，新建经堂1座，僧舍6间，聚僧10人，改宗格鲁派。后经多代活佛努力，拉布寺多次得到明清朝廷的赏赐，全盛时有大小殿堂24座、僧舍450

图2-3-4 拉司通村街景

图2-3-5 拉司通村总平面图

图2-3-6 拉司通村旁的拉布寺

图2-3-7 拉司通村卫星影像图

图2-3-8 拉司通村局部鸟瞰

余间、僧侣500余人、辖子寺18座，成为玉树地区名声显赫、规模最大的格鲁派寺院，同时也是玉树二十五族中著名的政教合一的寺院，由寺院活佛担任百户，管理部落民众。

清朝末年，拉布寺第十三世活佛江永洛松嘉措借数次去内地、上京城之感悟，对拉司通村的发展进行了全面规划建设。首先扩建街道、整治河床、修筑河堤，按照京城的格局重新布局民居；其次，从西宁和外地请来工匠烧制砖瓦、石灰，培训当地人才；最后，或许是最重要的，他开创了在海拔3780米的高原上大规模种植乔木的历史。

1914年，江永洛松嘉措活佛到北京等地游学，用弘扬佛法时布施所得的钱在西宁、湟中等地购买杨树苗，率众僧侣用500头牦牛驮运，风餐露宿，不远千里，日夜兼程，历经100多天，驮来2000余株树苗，创造了驮运树苗徒步穿越青藏雪线的奇

迹。为防止树苗干枯，白天用湿毡裹苗驮运，晚上让树苗浸水，并再三叮嘱驮运队："树之喜水，必逐水而运，干涸而不能求生，望众竭尽诚意代劳。"在拉布地区植树造林，首批驮来的450株树苗成活了13株，成功培育出玉树高原的"树阿妈"（树之母）。为鼓舞人心，防止人为损伤树木，江永洛松嘉措将13棵白杨一一赐名，引导民众敬仰保护。后来连续6年驮运来树种，栽植出7处白杨园林，再经当地百姓广为种植，杨树便在玉树地区逐步扎根并繁衍开来，因此人们称拉司通村的树是高原的"树之母"，是"高原的绿色摇篮"。

拉司通村主街道呈"卍"字形，在规整的棋盘式道路上用不同颜色的石材进行勾画和区别，藏语叫"雍仲"，是永恒的标志，以示其吉祥永恒、万年幸福。整个村庄经过精心规划，建筑布局合理，街道尺度宜人，巷道上铺着石板，路旁河边种着树木，还有寺前村旁精心培植的园林，让人看了真是叹为观止（图2-3-7）。

谁会想到在如此偏远、高寒的山谷之中竟会有这样一个不仅长有树木，且绿树成荫的村庄；谁会想到在一百年前竟然在青南牧区有一个在规划指导下建设的井然有序的古村落；谁又会想到这件事是由寺院住持历经数十年努力才完成的？拉司通村的出现，不仅体现了古人质朴的自然生态观和发展观，而且其精心建设、坚持不懈的精神令人赞叹，其成就被后人牢牢记忆，称誉拉司通村为高原中的"小北京"、高原树木的发祥地、玉树高原第一个园林村落，其街道被誉为"藏地京街"。

拉司通村的民居也十分有特色，整个民宅建筑依照地势，有序地坐落在山沟拉曲河的两侧。干砌法建造的平顶藏式碉楼，建筑风格融合宫廷建筑和藏式传统民居的特点，既大气又具有民族特色，与村庄周围山水环境融为一体（图2-3-8）。

拉司通村中的尕哇兰达百户古楼位于村庄白塔渡口东侧，尕哇兰达百户全名为嘎登求军百昂，300多年为拉达百户长，在他主政时期建此古楼，占地面积三亩地左右，后历经四辈人，次第建成不

同风格的四座古堡。碉楼为石木结构，外形端庄稳固，风格古朴粗犷，坚实稳固，结构严密，楼脚整齐，既利于防风避寒，又便于御敌防盗，是典型的藏族贵族居所。

三、班玛解卜着村

解卜着村，又音译为"加不着村"，位于果洛藏族自治州班玛县灯塔乡政府所在地东北面3公里的玛可河西岸第二台地上（图2-3-9）。解卜着村建于清代，距今有大约300多年的历史，占地面积12万平方米，南北长400米，东西宽300米，由21户保持尚好的藏式古碉楼组成（图2-3-10）。

藏式碉楼在玛可河流域较为常见，一是就地取材，二是便于防御，但像解卜着村这样比较集中地建在一起的比较少见。村庄选在一向阳坡上，碉楼自由布置，但有小路和排水沟相连。碉楼如同常规的平面，一层养畜、二层住人、三层布置经堂并存放粮食，个别为四层。特别之处是大多数民居都在碉楼外面用木柱支出几面像干阑式建筑的大晒台和走廊，走廊外用柳编墙作为围护结构，尽端设厕所，与厚重的石楼形成对比，与绿色的山谷、青色的河水浑然形成一道美丽的风景线（图2-3-11、图2-3-12）。

这些碉楼石墙砌筑时在墙的下部每隔50厘米左右交错放一根数米长的方木，像圈梁一样拉结墙体并抵抗基础的不均匀下沉，其构思和实际效果令人叹服，凡用这种方法建筑的碉楼，至今没有墙体裂缝的现象。

图2-3-9　仰视解卜着村

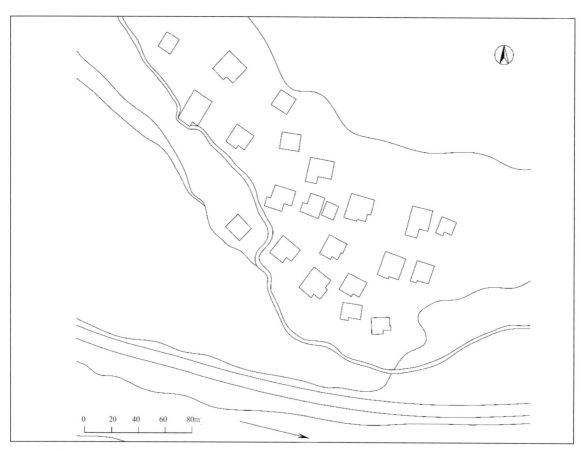

图2-3-10　解卜着村平面图

图2-3-11 解卜着村村口

图2-3-12 解卜着村民居

四、海东索卜滩土族古村落

索卜滩村位于海东互助土族自治县丹麻镇南3公里处，东为鱼儿山、龙落沟，西为西滩大坡，南北向的哈拉直沟河从村中穿过。东部鱼儿山可保财源广进，山南龙落沟相传曾有龙落入山沟而得名，隔沟为西滩大坡，坡根部有泉水，相传为5公里外的龙王山天池水的出口，天旱时节周围村民在此祈求就会降雨，所以谓之神泉。索卜滩村东、西两座山相对，阴阳和谐，环境甚好（图2-3-13）。

13世纪初成吉思汗部将"格利特"带兵到互助县一带，因病故于索卜滩村，其部下长期居住在此地，与当地"霍尔人"通婚繁衍生育，形成村落。"素呼"即蒙古，"索卜"是"素呼"的转音，索卜滩意指蒙古滩。后人在故址上修建沙什当本康。

索卜滩村是一个典型的土族传统村落，信奉藏传佛教。民居全为土木结构的庄廓建筑，坐北面南，顺沟沿河布置（图2-3-14）。庄廓建筑主房一般三间，正中为堂间，右为佛堂，当地人称为"佛爷房"，供奉有地方保护神、旦木建（护法神，当地人也称"红花爷"）或其他佛像，以保护宅院平安、家人富贵。左为客厅，设有满间大炕（可以烧火取暖的土炕），为家中老人或长辈卧室。房上梁枋间设有猫儿头，雕刻莲花、牡丹、石榴等图案，象征平安、健康、富贵。院内正中有方形小花园，花园的中心部位立嘛呢旗杆，靠主房的园墙顶部设有煨桑炉（图2-3-15）。院墙用黄土夯筑而成，外涂白土（图2-3-16）。

索卜滩村中心为索卜滩寺，建于元朝（后）至元四年（1338年），后毁。现存寺院建于清代，坐西面东，由大殿、山门、院墙组成。大殿面阔三间，进深三间，歇山顶，正脊砖雕花卉，有吻兽，五架梁，雀替雕龙凤图案，大殿檐柱为藏式装饰风格，双扇板门。寺前有两棵古杨树，直径1.6米，高30米，树龄300多年，树根裸露地面数十平方米，当地人称古树为"盘龙将军"树（图2-3-17）。

图2-3-13 索卜滩村鸟瞰

图2-3-14　索卜滩村口水磨

图2-3-15　索卜滩村民居内院

图2-3-16　索卜滩村民居入口

图2-3-17　索卜滩村古树

青海古建筑

青海古建筑

第三章　藏传佛教寺院

青海藏传佛教寺院分布图

① 塔尔寺
② 瞿昙寺
③ 佑宁寺
④ 丹斗寺
⑤ 白马寺
⑥ 广惠寺
⑦ 却藏寺
⑧ 阿琼南宗寺
⑨ 夏宗寺
⑩ 央宗寺
⑪ 赛宗寺
⑫ 文都寺
⑬ 珍珠寺
⑭ 隆务寺
⑮ 五屯寺
⑯ 德千寺
⑰ 智合寺
⑱ 文成公主庙
⑲ 结古寺
⑳ 拉布寺
㉑ 然格寺
㉒ 贡萨寺
㉓ 土登寺
㉔ 达那寺
㉕ 桑周寺
㉖ 拉加寺
㉗ 白玉寺
㉘ 智钦寺
㉙ 查朗寺
㉚ 仙米寺
㉛ 都兰寺

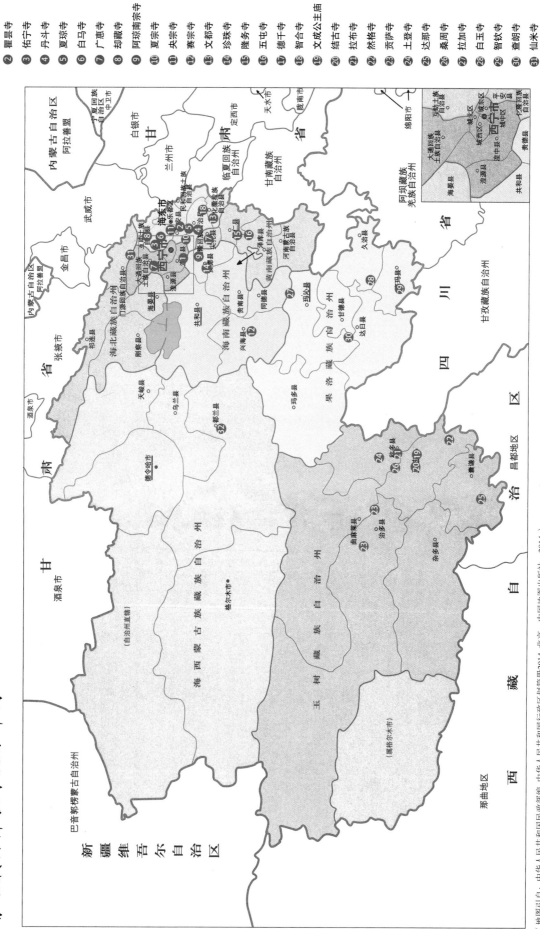

（地图引自：中华人民共和国民政部编. 中华人民共和国行政区划简册2014. 北京：中国地图出版社，2014.）

第一节　概述

一、传播与发展

青海藏传佛教寺院历史久远，类型数量众多，在藏传佛教寺院发展史和青海古建筑史中均占有重要地位。公元7世纪，佛教从印度、尼泊尔和汉地两个方向传入青藏地区，松赞干布始建大、小昭寺和布达拉宫；8世纪末赤松德赞建成西藏第一座有住寺僧人，"佛、法、僧"三宝俱全的桑耶寺，藏传佛教寺院开始在西藏兴起并逐渐传入青海。

唐代，随着文成、金城公主进藏和吐蕃势力东渐，青海藏区已有佛塔和小型佛堂寺院出现。唐贞观十五年（641年），文成公主入藏联姻，途经青海玉树巴塘贝囊沟南端，命随行工匠在向阳的石灰岩壁上雕刻了大日如来等9尊佛像，并纹刻了佛塔经文等。唐中宗景龙四年（710年），唐蕃第二次联姻，金城公主亦经此地，见所刻佛像，便于其上修盖殿堂，称"贝大日如来佛堂"（图3-1-1）。文成公主进藏时，还在玉树巴塘的扎隆沟建嘉斯佛塔，在相古河对岸的邦同滩建成格则佛塔。今青海同仁地区传说，吐蕃时期藏军来到现在的吾屯一带戍边，曾建玛贡娘哇寺，是这一带最古老的寺院。今海南藏族自治州贵德县城西北隅的乜纳塔，也叫"贵德白塔"、"弥勒塔"和"镇水塔"，亦建于唐代，历史上被誉为"安多第一塔"。

9世纪时，吐蕃末代赞普朗达玛禁佛，佛教在西藏陷于灭绝的境地。在西藏曲沃山静修的藏饶塞、肴格迥、玛尔释迦牟尼三人驮着律藏经典，经阿里、绕新疆，逃来青海，先落脚在今黄南尖扎县坎布拉林区的阿琼南宗、化隆县甘都镇东麻囊和金源乡丹斗一带，后到今互助县白马寺、乐都县央宗坪及西宁一带传教，其中丹斗寺后来成为藏传佛教后弘的发祥寺院之一。

宋代，吐蕃王裔唃厮啰建藏族政权于河湟，佛教劝善止恶、力戒杀生的教旨使佛教在长期战乱的河湟等地得到较快发展。史载唃厮啰政权崇尚佛教，当时的青唐城（今西宁市）"水西平原，建佛祠，广五六里。绕以周垣，屋至千余楹。为大像，以黄金涂其身，又为浮屠十三级以护之"，"吐蕃重僧，有大事必集僧决之，僧之法无不免者。城中之屋，佛舍居半"（李远《青唐录》）。玉树地区因毗邻西藏，传教建寺活动更为突出，先后建成20多座宁玛派和噶举派寺院。

青海藏传佛教寺院至元代以后发展更快。根据史料记载，蒙古阔端王子最早信奉藏传佛教，在他的倡导下，1240年吐蕃全境归元后，以教辅政，使喇嘛教（藏传佛教）在青藏地区广泛传播。忽必烈更是笃信喇嘛教，1260年他封藏族僧人八思巴为国师并"统天下释教"，自此，"累朝皇帝，先后受戒九次，方正大宝"，皇宫贵族普遍皈依藏传佛教，同时中央设置专管喇嘛教和吐蕃地区的总制

图3-1-1　文成公主庙贝大日如来像

院（后改称宣政院），由帝师负责，致使青藏高原"帝师之命与皇帝诏敕并行"，僧俗官员共管军务民政。西藏僧侣经青海而往来内地络绎不绝，促进了藏传佛教在青海的兴盛，玉树尕藏寺等一批寺院均建于那个时期。元至正十七年（1357年）农历十月二十五，宗喀巴大师诞生于青海宗喀地区（今湟中县鲁沙尔镇塔尔寺所在地），最初在青海夏琼寺学习佛法，后在西藏成名，终成一代宗师。他立志宗教改革，于明永乐年间创立了藏传佛教后期影响最大的格鲁派（俗称黄教）。宗喀巴创教期间，其弟子多来青海传教，曾创建循化文都寺、民和卡地喀寺、弘化寺等早期寺院。因此，人们称青海为格鲁派之源。藏传佛教经历了元末短暂的沉寂后，在明代又进入了兴盛期，曾有多次建寺活动（图3-1-2）。由明王朝拨款，于洪武二十五年（1392年）在青海

乐都建寺，翌年朱元璋赐名"瞿昙寺"。明万历六年（1578年），漠南蒙古土默特部的首领俺答汗驻牧青海湖地区，皈依黄教，在青海湖畔的仰华寺迎请三世达赖索南嘉措会盟，周围十万之众云集于此，土默特部108人出家为僧，青海的仰华寺也因此被后人称为青海蒙古第一寺，只可惜14年后被焚毁，当时的场景当今只有在内蒙古美岱召寺院珍藏的壁画中尚可领略一二。明万历二十四年（1596年）格鲁派在青海湟中宗喀巴大师的降生地建成了著名的塔尔寺（图3-1-3）。万历三十二年（1604年）俺答汗之孙四世达赖派人在今互助土族自治县威远镇以东建成郭隆寺（今佑宁寺）。三世和四世达赖喇嘛两次来青海，使格鲁派迅速地在青海传播开来，并次第传入漠南、漠北和漠西蒙古，形成后来蒙古族等民族普遍信奉格鲁派的格局。明末，和

图3-1-2　卡拉荣过寺

硕特蒙古首领固始汗率部从新疆入据青海，击败格鲁派在青康藏的对立势力，支持其在西藏取得宗教上的统治地位，建立了噶丹颇章政权。格鲁派在青海先后建成塔尔寺、佑宁寺、东科寺、广惠寺（图3-1-4）、德千寺等著名大寺，不少其他教派的寺院也顺应潮流改宗格鲁派。据统计，明代青海新建的藏传佛教寺院达130多座。

在康熙"修一庙胜用十万兵"、"兴黄教即所以安众蒙古"的思想影响下，清代尊崇藏传佛教，不仅允许各地大修喇嘛寺院，而且清廷自己或出资在京城、承德、呼和浩特和西宁周围建寺院。西宁大通县桥头镇东北的郭莽寺被毁，雍正敕赐黄金重修寺院，雍正九年（1731年）题赐"广惠寺"匾额。至1949年，青海境内藏传佛教寺院达到650多座。

新中国建立后，实行宗教信仰自由政策，青海全境藏传佛教寺院发展较快。青海南部果洛等地区的藏传佛教寺院，不少从帐房寺陆续改扩建为土、石房寺。1957年，全省各类藏传佛教寺院发展到756座（在册618座）。1958年，宗教制度民主改革，除塔尔寺等11座寺院外其余全部关闭。1961年西北民族工作会议后，开放137座。1979年后，各寺院相继恢复开放，1988年恢复到627座，1992年达到719座，2011年统计达到890余座。这些寺院，大多为土房寺、石房寺，也有个别帐房寺。此外还有专供佛像，没有僧人的拉康、嘛呢康，供僧人修行居住的日朝（静房），供闭关修行的参康（禅房）、贡扎（修行院）等等，较大寺院一般都有供活佛、僧人居住的囊欠（住宅）。

二、类型分类

青海藏传佛教寺院分属于不同教派，萨迦派（花教）寺院较早进入青海地区；宁玛派（红教）和觉囊派寺院主要分布在青海南部的果洛地区；噶举派（白教）寺院，主要在靠近西藏的玉树地区。后来兴起的格鲁派（黄教）寺院，遍布全省各地。

藏传佛教寺院历史上有主寺、子寺之分，主寺一般规模较大，殿堂、僧舍众多，子寺规模较小，一个主寺一般领属3~4个子寺，多的10~20个，有"湟北诸寺之母"之称的佑宁寺，其属寺曾多达49个（图3-1-5）。

寺院建筑一般围绕面积最大的主体建筑（经堂或佛殿）为中心进行布局，个别也有围绕两个主题展开，比如塔尔寺，大经堂和大金瓦殿（其中有纪念宗喀巴大师的大银塔）均是建筑群的中心。建筑类型分基本型、综合型两类，基本型按佛、法、僧俱全的要求布置有佛殿、经堂和僧舍等；综合型除扩大了基本型的规模和殿堂数量外，还增加了研究佛学学科的学院建筑群，藏语称为"扎仓"。比如塔尔寺有4座学院、甘南的拉卜楞寺有6座学院，为藏区之最。综合型寺院有较多的行政用房，比如塔尔寺的大吉哇等等。

图3-1-3 湟中塔尔寺鸟瞰

图3-1-4 广惠寺

图3-1-5　佑宁寺鸟瞰

图3-1-6　寺院选址

三、选址与建筑

藏传佛教寺院选址上有许多讲究。因受印度佛教文化的影响，寺院选址时首先要选利于僧人学修的寂静之地，要求离世俗村庄至少一个"江扎"（约合256尺、85.3米）之外，其次讲方位和山水形态，有"十善"之说。希望"环山抱水，朝阳避风"，山形不能狰狞，河水不能湍急，最好像"酥油一样"舒缓地流动（图3-1-6）。建筑布局要求因山就势、因地制宜、讲求风水，有许多禁忌，但又不拘一格，也有破除之法。从选址的过程和形式看，宗教仪式隆重，但许多内容应当说是有道理甚至是科学的，比如在寺院拟建位置挖填土和灌水试验，其实就是在检查寺院地基处的土壤密实度和渗水率。

藏传佛教寺院总图布局一般不见汉族常用的中轴对称形式，多是由一个个独立的单体建筑围绕核心建筑构成的自由布局。这样做，布局自由，形体构造简单，功能单一，以利加减和分期建设。特别在用地不规整、地势起伏很大的情况下，这种做法既减少了施工难度，又不影响群体建筑的丰富组合，像塔尔寺就是这种做法的典型代表。而明朝皇帝赐建的瞿昙寺，以及清乾隆赐"广济寺"匾额、许建九龙壁的却藏寺，采用中轴对称布局，这在青海仅是孤例。

在建筑类型上，青海的藏传佛教寺院有两个来源，一个是源于西藏，因为西藏佛教寺院的设立早于青海；另一个是来自民间，青藏高原民间广泛存在的碉楼，为寺院建筑的发展壮大提供了模板，如布达拉宫，初期是由一些"长碉"组成，而后不断增删添建才成为现在的规模和样式。当你研究为何藏传佛教寺院大都与碉楼十分相似，为何都是厚重的外墙、平实的屋顶、周圈以边玛墙的时候，你看到青海果洛班玛地区玛可河畔的古碉楼就会明白了，住宅是建筑设计之母，寺院在发展中继承了住宅建筑的传统，吸收了民居的精华和营养。

青海藏传佛教寺院的样式与结构是有地区之分的。特别是靠近西藏的玉树、果洛等青南地区的寺院与湟水地区的寺院有明显的区别。首先在结构上，尽管寺院的主体结构基本都是碉楼形式，但前者大殿一般采取的是现代称为"内框架"的结构形式，即寺院建筑的外墙和内柱是承重结构，内梁直接搭在外纵墙上，檩搭在横墙上；河湟地区的寺院则多采取"全框架"结构，比如塔尔寺的大经堂（闻思学院）就是这种类型，外墙里皮有嵌在中间的50根外柱（暗柱）。其次寺院的金顶，经过深入调查发现，最早的寺院一般没有"金顶"（指有举架的各类坡面屋顶），比如建于唐代的贝大日如来佛殿（也称文成公主庙），早期一直是平顶，现在见到的金顶仅是20世纪80年代加建的。青南地区寺院的金顶一般较小，架在平顶的寺院上面，外围以高墙和廊房，走近了就看不见了；到了河湟地区金顶逐渐变大，或许是因为河湟地区建筑稠密容易遮挡视线的原因，有的直接做成两三层大的重檐（图3-1-7），尽管有的没有盖住下面主体建筑的全部，但走近也可看到。而像瞿昙寺的正殿隆国殿用的庑殿顶，则是汉式建筑中最高等级的做法，大屋顶高举，成为建筑的视觉中心。

由此分类，藏传佛教寺院的结构形式有藏式、汉藏结合和汉式三种，且大致在地域上有青南寺院偏藏式、河湟寺院偏汉式的分布规律。但细分起来又有种种不同，不能一概而论，比如，寺院上的"金顶"做法一般采用的都是汉式，建筑群落的围墙和门窗，则是典型的藏式。河湟地区因受汉族影响，早期建筑大多以汉式为主，后期逐步选用藏式。比如塔尔寺早期建造的大召殿、喜金刚殿是汉式，显宗学院参尼扎仓为汉藏混合式，后重建的大

图3-1-7　塔尔寺金顶灰瓦

经堂则主要是藏式。藏式建筑最显著的特征是强烈收分的外墙和木构中托木结构的梁柱系统。

四、装饰特点

在建筑装饰上，藏传佛教寺院具有鲜明的"下简上繁"、"外朴内华"的特征。所谓"下简上繁"，即面对严苛的自然环境和困难的建筑条件，本土建筑最自然、最经济的选择就是有重点地装饰建筑的上部，在收分的土坯或夯土外墙上部，用叠涩的檐口及砖石压顶，一方面减少雨水的冲刷，一方面再现传统建筑层层木椽出挑的意境。女儿墙或顶层窗间墙用边玛、铜镜做出象征挑檐阴影的檐墙，下部除门窗外，极尽简化之能事。所谓"外朴内华"也是同样道理，玉树地区喜欢在建筑的檐下和窗楣大量使用称为"波檩尕仓"的装饰带，门和室内采用"边玛曲藻"，做工精巧，色彩律动，通过装饰把人的视点引向高处，把人心吸引到寺院的内部。

五、建筑用色

寺院的用色源于藏族对自然的崇拜和色彩寓意，如常用的黄、绿、红、白、蓝色，分别代表地（仁慈博才）、水（阴柔平和）、火（兴旺刚猛）、风（纯洁善良）、空（深邃远大）。在藏传佛教建筑中大面积的墙面常用白、红、黄三色，其中白色意指吉祥、高贵，寺院各类建筑都运用，其中僧舍为多。白色最早来源于古时"三白"（酥油、奶酪，乳脂），供"拉则"（山顶祭神垒砌的石墩上插经幡），之后用于殿堂、僧舍等建筑上；红色表示权力、威严，用于寺院殿堂（图3-1-8）。据专家研究，红色的运用最早可追溯到苯教时期盛行的杀生用热血泼洒"赞卡尔"的风俗，所以藏族人很容易将红色与"赞"联系起来，因此寺院的护法殿外墙一般都饰红色。另外，灵塔殿或主要殿堂外墙面也会饰以红色，这与藏族先祖将尊贵之人墓上涂以红色，以及显示其建筑地位有关；黄色代表繁兴、华贵，运用在寺院中一些特别尊贵的建筑上。早在吐蕃松赞干布时期，黄色就代表僧人或僧服，因此

图3-1-8　玉树唐龙寺

黄色与佛教有着紧密的联系。另外，蓝色表示神秘，与绿色用于寺院檐部斗栱的涂装。黑色表示威猛，涂在窗口外侧牛角状窗套上，以辟邪驱鬼。各教派用色又有自己的喜好，如萨迦派寺墙常用红、白、蓝三色，象征文殊、观音、金刚手，噶举派常用红、白两色，格鲁派常用黄、白两色。金色，在藏族建筑中是一种高贵的色彩，汉族以黄色琉璃瓦屋顶为贵，藏族以金顶为尊，仅用于最高等级的建筑。

图3-2-1　塔尔寺入口广场

第二节　重点实例介绍

一、塔尔寺

塔尔寺，藏语称"衮本贤巴林"，意为"十万狮子吼佛像的弥勒寺"，又名塔儿寺，意指该寺是"先塔而后寺"，即先建了纪念藏传佛教格鲁派创始人宗喀巴大师的塔，180年后才以此为中心开始构建寺院（图3-2-1）。塔尔寺是我国藏传佛教格鲁派（黄教）六大寺院之一，黄教先宗圣地，西北地区佛教活动的中心，全国重点文物保护单位。寺塔始建于明洪武十二年（1379年），寺院初建于明嘉靖三十九年至万历五年（1560～1577年），地址位于西宁以南26公里的湟中县，鲁沙尔镇西南隅的八瓣莲花山坳中，是一个因山就势，逐步建设，由众多殿堂、佛塔、僧舍组成的，藏汉艺术相结合的寺院（图3-2-2）。

20世纪90年代对寺院进行维修时统计，塔尔寺建筑占地面积达到45万平方米，各类房屋有9300余间，建设年代大致可以分为三期（图3-2-3）。早期（1379～1629年）先建有11座寺院建筑，其中大经堂于明万历三十一年始建，为汉式建筑，后改建成16根柱子的藏式平顶建筑。现存建筑形制保持明代风格的是莲聚宝塔、弥勒佛殿、释迦佛殿、依怙殿等四个殿堂。中期（1622～1827年），建大金瓦殿、小金瓦殿、达赖和班禅行宫、九间殿等14座建筑。后期（1874～1942年），重建密宗学院、显宗学院（大经堂）等六座建筑，其中四座保持了清代的格局，大经堂失火后在1915年改建成168根柱子的新殿堂。

塔尔寺面向古城西宁，背靠风景地南塑山，地处一条约略南北向的沟谷中，沟谷四面环山，沟内绿树苍翠、流水潺潺。寺院入口处为一条与之相交的北西、东南走向的叉沟，入口位于叉沟西北端的沟底，沿缓坡东行数百米，便来到金瓦红墙衬映的"八个塔"寺前广场。站在广场向南望去，但见沟谷中殿堂庭院层层叠叠，僧舍、囊欠漫山遍野，经幢、金顶金光闪烁，一个规模宏大、街巷纵横、肌理复杂、宛如圣城的建筑群落豁然映入眼帘（图3-2-4）。

塔尔寺因塔而建寺，鲁沙尔因寺而建镇，其建筑布局不仅主次分明、动静有序，恰当地处理了城镇到寺院的层层递进的过渡关系、人流集中的主体建筑与其他建筑的合理分区，而且面对数量众多、类型复杂的建筑群体，丰富而不杂乱、多样而不失统一，体现出前人高超的规划水平和驾驭复杂建筑群体的能力。

图3-2-2　塔尔寺鸟瞰

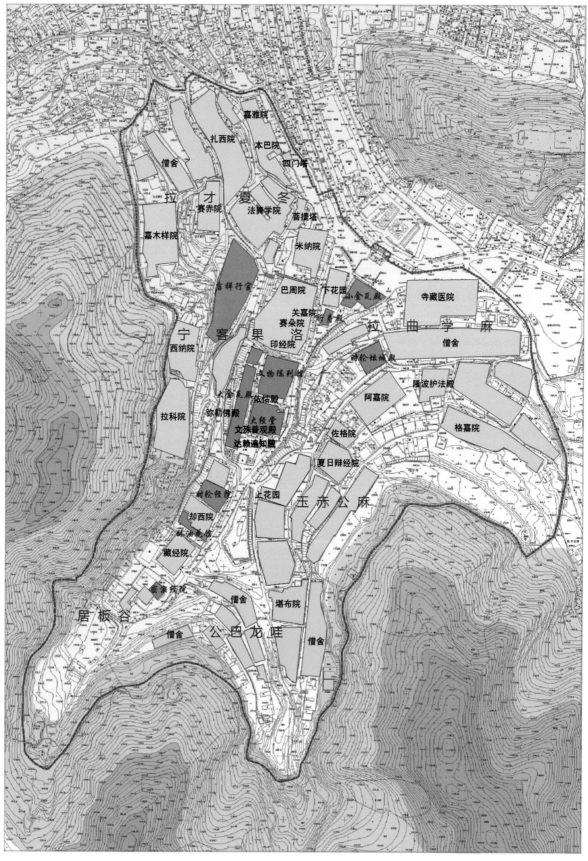

图3-2-3 塔尔寺总平面图

图3-2-4 塔尔寺建筑群

塔尔寺是河湟建筑的典型代表，其建筑艺术上的特点与重要成就罗哲文先生曾有总结，认为它表现出我国多民族建筑艺术的融合性与创造性，既有青藏高原厚墙、平顶、深窗的稳重坚实的建筑造型特征，又采用了中原汉族建筑"如鸟斯跂，如翚斯飞"的重檐歇山、悬山、攒尖等形式的坡面屋顶，使整组建筑在庄重之中又增加了灵活之感。寺内许多建筑还采用了当地汉、藏民居传统的平面布局与结构形式，显示了藏、汉等建筑艺术形式在塔尔寺建筑上的交融和创新。

细品塔尔寺的建筑，还会看到另一个突出特点，即每栋建筑均表现出了自己应有的性格，比如大金瓦殿给人的印象就是两个字——神圣、小金瓦殿——威严、大经堂——宏伟、小花寺——宁静、一般建筑——谦虚等等，通过不同的建筑样式、色

彩与装饰，将每个建筑营造得和而不同、卓尔不群，其手法的运用，耐人寻味。

1. 大金瓦殿

塔尔寺最重要的核心建筑，地处塔尔寺的中心地带，又称宗喀巴纪念塔殿，是存放和保护宗喀巴大师纪念塔的地方。纪念塔初为莲聚宝塔形，后多次变形易名，最后定为菩提塔形，因饰有银壳，又称大银塔。该殿采用歇山重檐、金瓦屋顶，故又是塔尔寺中等级最高的建筑（图3-2-5）。明洪武十二年（1379年），宗喀巴生母香萨阿切佛因思念儿子，在大师降生地建起莲聚塔。明天启二年（1622年）僧众按三世达赖遗愿，重修宝塔，并建塔殿。清康熙四十七年（1708年）青海蒙古和硕特亲王等布施，再次扩建塔殿。清康熙五十年（1711年）郡王额尔德尼济农布施，再次扩建，建成三层

图3-2-5　塔尔寺大金瓦殿

歇山顶大殿，并施以镏金铜瓦，塔殿始具现在的规模，并有塔殿。此后大金瓦殿共三层，主体以藏式风格为主，上"赛尔东钦莫"之称，意为"大金瓦殿"。此后又有施主锦上添花，增添宝顶、火焰掌，增安镏金鳌头，改建碧琉璃墙，增添装饰等，六百年来随黄教格鲁派日益兴盛而多次改建，增益宏规，添光加彩，提高建筑档次，大金瓦殿终成塔尔寺建筑群中一颗璀璨的明珠（图3-2-13）。

大金瓦殿共三层，总建筑面积456平方米。主体以藏式风格为主，上覆汉式重檐歇山金顶，面阔七间，进深六间，通阔21.32米，前门廊深2.5米。大殿三层通高15.6米，地面至宝瓶顶总高19.6米（图3-2-6～图3-2-11）。

大殿大木结构中心三间减柱，形成了中心阔三间，深三间，平面为9.6米×9.2米，高12.7米放置菩提塔（大银塔）的空间。菩提塔底座5米见方，高11.7米，塔刹距天花藻井约1米，既不拥塞，也不空荡，视觉合度舒适（图3-2-12）。二层回字形走廊，可以瞻仰塔身佛龛，柱间安寻杖栏杆。三层顺梁向内侧悬挑2米，形成三层小一圈的回字形走廊，可以近距离瞻仰塔刹。大金瓦殿三层为歇山顶七檩梁架，明间两缝七架梁跨度9.2米，上用瓜柱承接三架梁（而未用五架梁），三架梁上栽脊瓜柱，承接脊檩，脊檩上为枋形扶脊木，俗称椽花，脊檩下依次为檩垫板、随檩。三架梁两端承上金檩。因未用五架梁，也未用单步梁，所以在七架梁上安高

驼墩承接下金檩，檐部藏式柱头托木以安檐檩。其大木举架檐步为三十三举，脊步为九十五举，与官式做法有较大差异，这是甘青地区古建筑的特点，当地木工有句口诀，"脊如高山，檐如平川"，说的就是大木举架脊步像高山一样陡峻，檐步如平川一样平缓。其两侧山面的歇山收山做法也与官式做法不同，在抹角梁上安交金墩，承接踩步金，老角梁压在交金墩下，山面檩头出梢不大。总之，梁架做法为甘青地方做法，而一层、二层、三层明露的柱子均为藏式柱梁结构。大金瓦殿三层门窗装修为汉式，做工精巧，梁架上施棋盘天花，中心一间做藻井，藻井与塔刹上下相对，藻井做法不同于官式，俗称天罗伞，属地方手法。一层地面、二层及三层回廊均铺木地板。门廊木地板选用了耐磨的柏木，以延长群众磕长头被磨损时间。

大金瓦殿平面呈"凸"字形，前面伸出为五间两层门廊，门廊六根藏式方形多楞柱，硕大粗壮，柱上为常见的藏式托木结构，即柱顶承接一短一长两根雕花托木，藏语称"依堂、依让"，意为"弓木"。再上为断面呈横梁，再上为"边玛曲藻"，即"莲花叠经"平板枋，再上为"波檩尕仓"，即三层方椽叠涩悬挑，上面仍安飞椽（图3-2-14）。门廊上二层楼为五间汉式结构的小佛堂，靠墙为千佛阁，是日常诵经的地方。

大金瓦殿墙体厚1.7米，下肩用规整的花岗岩条石砌成，坚固耐久，防水隔潮。墙身用绿色琉璃砖砌内外墙面，外墙面四角做角柱，墙心和四个岔角用彩色雕刻图案琉璃砖拼砌，内容为佛传故事。碧绿的墙面上有规则地分布着镏金的交金刚杵饰件，金碧交辉，十分醒目，作用就是加固墙体的拉件。琉璃墙上部做绿琉璃瓦腰檐。既有装饰作用，也可遮雨，保持琉璃墙面清洁。二层墙体采用藏式边玛墙装饰，两侧及后面分布有11个藏式长方形檐窗。窗檐及窗剪边仍用绿色琉璃砖瓦。边玛墙上饰有16面镏金铜镜，迎面两个铜镜錾刻梵文十相自在。高耸的吉祥宝瓶、昂起的镏金鳌头、独特的火焰掌，加上碧绿的琉璃墙、镏金金刚杵、紫红色的边玛饰

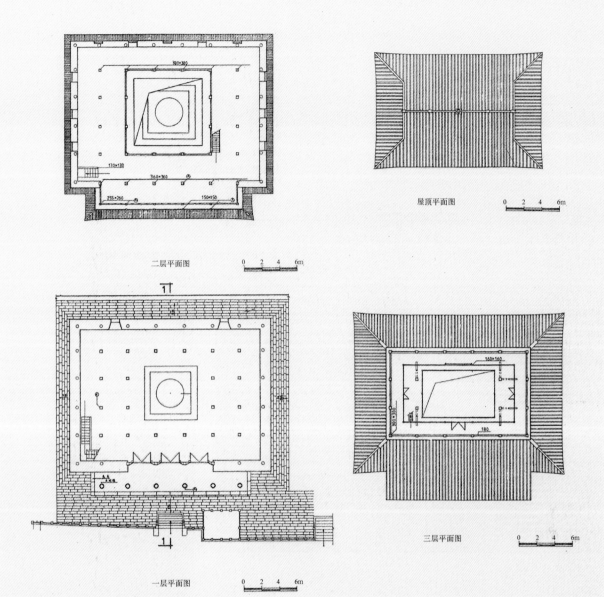

二层平面图 0 2 4 6m

屋顶平面图 0 2 4 6m

三层平面图 0 2 4 6m

一层平面图 0 2 4 6m

图3-2-6 塔尔寺大金瓦殿各层平面图

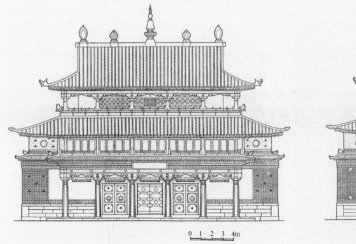

图3-2-7 塔尔寺大金瓦殿正立面图 0 1 2 3 4m

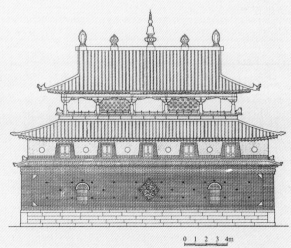

图3-2-8 塔尔寺大金瓦殿背立面图 0 1 2 3 4m

图3-2-9　塔尔寺大金瓦殿侧立面图

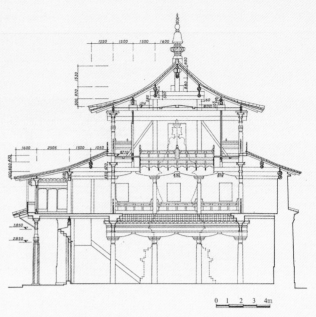

图3-2-10　塔尔寺大金瓦殿剖面图

图3-2-11　塔尔寺大金瓦殿金顶

图3-2-12　塔尔寺大银塔

图3-2-13　塔尔寺大金瓦殿金顶灰瓦

图3-2-14　塔尔寺大金瓦殿檐口细部

墙、金色的铜镜、朱红色的藏式方柱，碧绿、紫红、朱红、金黄，形成了一个色彩丰富、对比强烈、瑰丽堂皇的视觉形象（图3-2-15）。大金瓦殿是中国古建筑中的瑰宝，是藏汉僧俗工匠智慧的结晶。

2. 小金瓦寺殿

初建于明崇祯四年（1631年），原为琉璃瓦顶，清嘉庆七年（1802年）改为镏金板瓦，故俗称"小金瓦"，正名为大护法神殿（图3-2-16）。此殿面向寺院中心区域，背衬寺前广场，坐北朝南，天井式两层院落布局，是塔尔寺僧人念咒降魔、祈祷平安的场所。正殿重檐歇山式屋顶，顶覆铜制镏金板瓦，并称为塔尔寺两大金瓦殿之一。殿内供奉着藏传佛教特有的丹津护法、事业护法、五佛母等护法神像（图3-2-17）。回廊上层陈设着象征一切恶魔鬼怪已被神征服了的野牛、野羊、熊、猴等标本，下层绘制各种降魔壁画。殿外前部有一座时轮大塔（图3-2-18），由此构成了一组完整的建筑群落（图3-2-19～图3-2-30）。

图3-2-15 塔尔寺大金瓦殿

图3-2-16 塔尔寺小金瓦寺殿全景

图3-2-17 塔尔寺小金瓦寺殿正殿内景

图3-2-18 塔尔寺时轮大塔

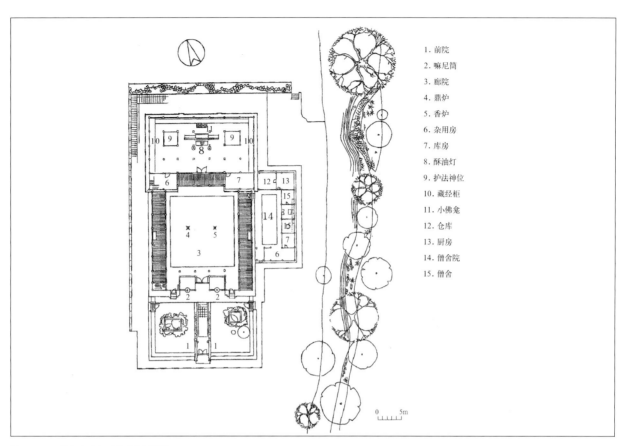

1. 前院
2. 嘛尼筒
3. 廊院
4. 鼎炉
5. 香炉
6. 杂用房
7. 库房
8. 酥油灯
9. 护法神位
10. 藏经柜
11. 小佛龛
12. 仓库
13. 厨房
14. 僧舍院
15. 僧舍

图3-2-19 塔尔寺小金瓦寺殿总平面图

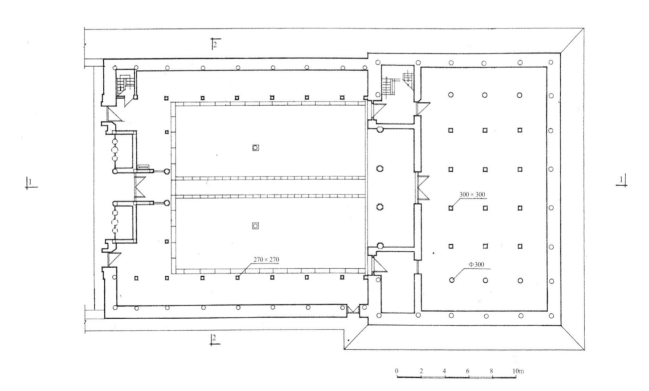

图3-2-20 塔尔寺小金瓦寺殿一层平面图

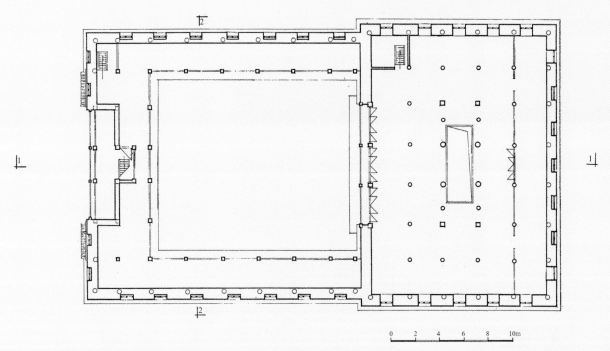

图3-2-21　塔尔寺小金瓦寺殿二层平面图

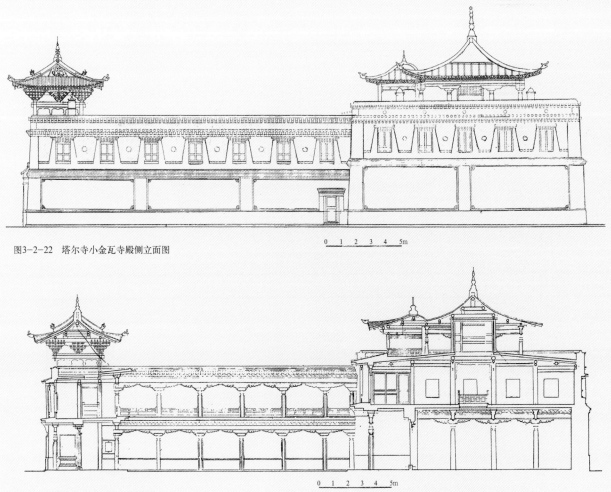

图3-2-22　塔尔寺小金瓦寺殿侧立面图

图3-2-23　塔尔寺小金瓦寺殿剖面图

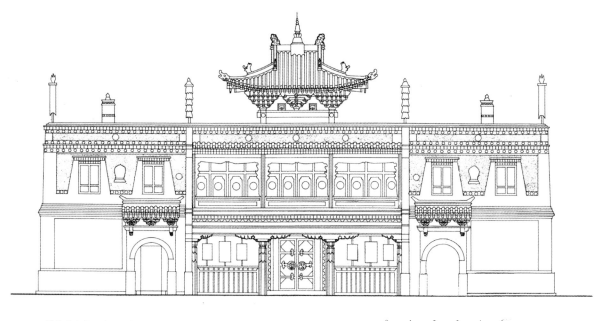

图3-2-24 塔尔寺小金瓦寺殿前廊正立面图

0 1 2 3 4 5m

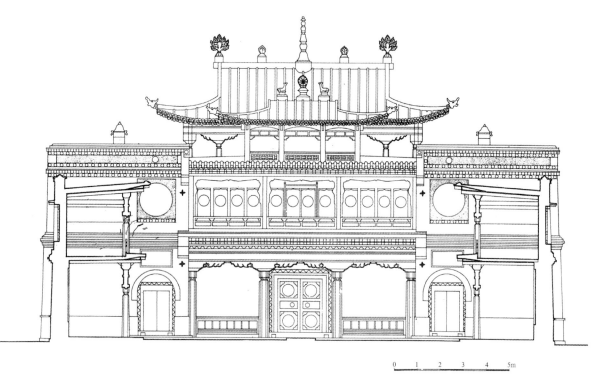

图3-2-25 塔尔寺小金瓦寺殿正殿前侧庭院剖面图

0 1 2 3 4 5m

图3-2-26 塔尔寺小金瓦寺殿正殿门廊　　　　　　　　　　　图3-2-27 塔尔寺小金瓦寺殿正门

图3-2-28 塔尔寺小金瓦寺殿前廊门楼　　　　　　　　　　　图3-2-29 塔尔寺小金瓦寺殿正殿外景

图3-2-30 塔尔寺小金瓦寺殿全景（修葺后）　　　　　　　　图3-2-31 塔尔寺大经堂

3．大经堂

又称"措庆都康"、"参尼扎仓"，意为显宗经院，是塔尔寺规模最大的殿堂，全寺僧众聚集礼佛、诵经的场所，也是全寺四大扎仓之一（图3-2-31）。建筑始建于明万历三十四年（1606年），原为仅有36根柱子的小经堂，后经明崇祯二年（1629年）、清顺治十八年（1661年）、康熙六十一年（1722年）、乾隆四十一年（1776年）先后多次改动扩建，改为80根柱子的中型经堂，最后扩建为十三开间、进深十一间、有168根大柱的大经堂。民国元年（1912年）被火焚毁，民国4年（1915年）重建。大经堂两层，总面积2050平方米，下层可供千余喇嘛集体打坐诵经，上层藏经。藏式平顶，中置采光通风的汉式阁楼，屋顶置镏金法幢8个，宝瓶3个，雌雄神兽3对。经堂内有长柱18根、短柱90根，内悬挂各种堆绣、幡幢、唐卡，地铺坐毯、柱裹柱毯，显得富丽堂皇，庄严肃穆。经堂西壁为小型千佛佛龛，龛前为历代法台宝座和班禅、宗喀巴、弥勒等佛像。左右两壁为藏经橱。经堂前为回廊式小院，回廊绘制大型壁画。大门为歇山顶亭式，屋脊置镏金双鹿法轮，门前设两个经幡旗杆，比例尺度宜人（图3-2-32～图3-2-43）。

4．祈寿殿

又名小花寺、长寿佛殿（图3-2-44、图3-2-45），清康熙五十六年（1717年）为祈祷七世达赖喇嘛长寿而建，相传也是宗喀巴之母当年背水歇息之处。历年有修葺，是座独立的小院落（图3-2-46～图3-2-48）。大殿面阔五间、进深三间，背面及左右有封廊（类似夹壁）相通。正面设柱廊，两侧为砖墙，重檐硬山屋顶（图3-2-49、图3-2-50）。殿内供奉释迦牟尼及其弟子阿难、迦叶、文殊、普贤塑像，雕木绘金，手工精湛（图3-2-51）。院墙用绿色琉璃砖砌，院内种植旃檀树（当地人称菩提树），枝叶茂盛，遮天蔽日，院落清雅幽静，加以花墙相配，因此俗称"小花寺"（图3-2-52）。

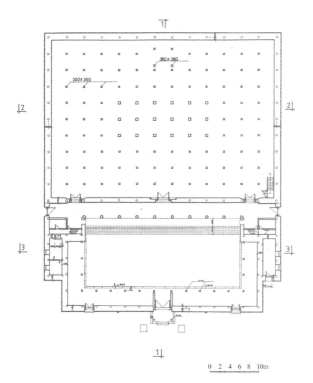

0 2 4 6 8 10m

图3-2-32　塔尔寺大经堂一层平面图　　　　图3-2-33　塔尔寺大经堂二层平面图

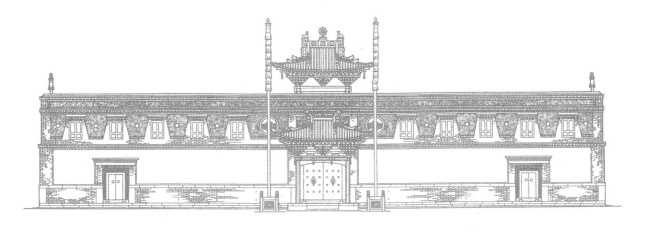

图3-2-34　塔尔寺大经堂前廊正立面图

0　2　4　6　8　10m

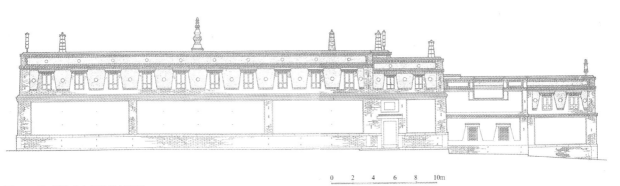

图3-2-35　塔尔寺大经堂侧立面图

0　2　4　6　8　10m

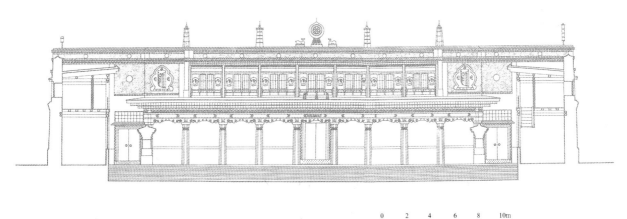

图3-2-36　塔尔寺大经堂正殿前侧庭院剖面图

0　2　4　6　8　10m

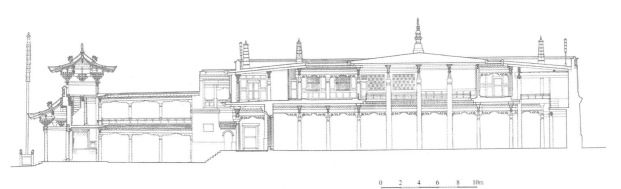

图3-2-37　塔尔寺大经堂剖面图

0　2　4　6　8　10m

图3-2-38 塔尔寺大经堂正殿剖面图

0 2 4 6 8 10m

图3-2-39 塔尔寺大经堂入口

图3-2-40 塔尔寺大经堂次入口

图3-2-41 塔尔寺大经堂正殿大门

图3-2-42 塔尔寺大经堂正殿前檐第二层

图3-2-43 塔尔寺大经堂藏十一面观音菩
萨镏金铜质像

图3-2-44 塔尔寺祈寿殿入口

图3-2-45 塔尔寺祈寿殿入口处砖雕

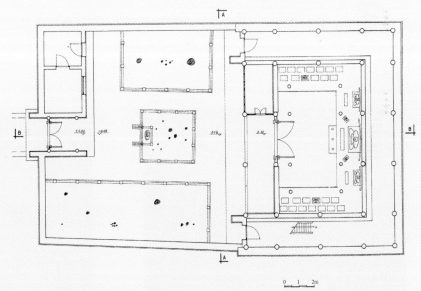

图3-2-46 塔尔寺祈寿殿庭院一层平面图

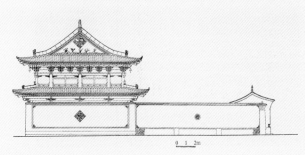

图3-2-47 塔尔寺祈寿殿侧立面图

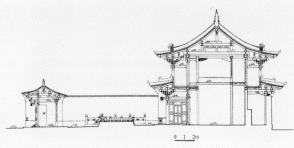

图3-2-48 塔尔寺祈寿殿剖面图

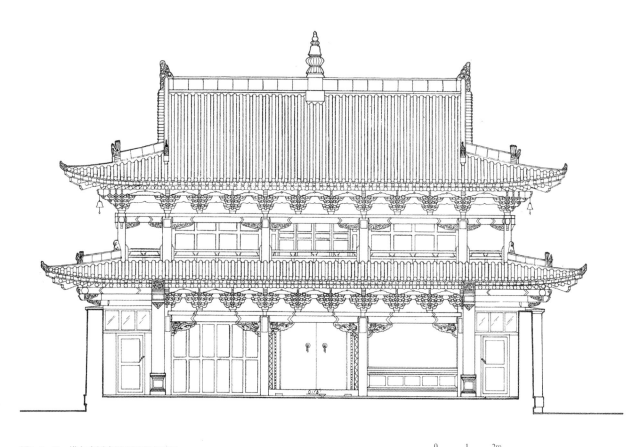

图3-2-49 塔尔寺祈寿殿正殿正立面图

0 1 2m

图3-2-50 塔尔寺祈寿殿正殿外景

图3-2-51 塔尔寺祈寿殿正殿内景

图3-2-52 塔尔寺祈寿殿庭院

图3-2-53 塔尔寺如来八塔

图3-2-54 塔尔寺如来八塔夜景

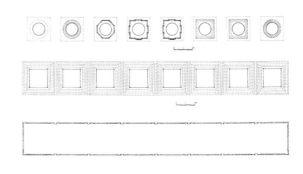

图3-2-55 塔尔寺如来八塔一、二、三层平面图

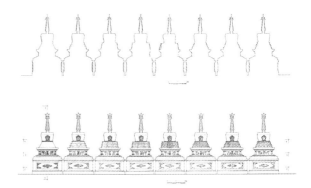

图3-2-56 塔尔寺如来八塔正立面和剖面图

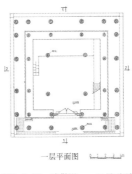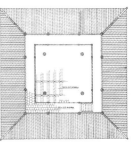

一层平面图　　　　　　　二层平面图

图3-2-57 弥勒殿一、二层平面图

5. 如来八塔

俗称"八个塔"（图3-2-53、图3-2-54），位于寺前广场，是围合广场、打造塔尔寺形象的标志性建筑。八个塔始建于1776年，1991年重修，据传是为纪念佛祖释迦牟尼一生之中的八大功德而建造。八个塔造型大同小异，一字排开，均为覆钵式佛塔，塔座2.4米见方，塔高6.4米，青砖底座，白灰抹面，自东至西分别为莲聚塔、四谛塔、和平塔、菩提塔、神变塔、降凡塔、胜利塔、涅槃塔（图3-2-55、图3-2-56）。

6. 弥勒殿

藏语名"贤康"，明万历五年（1577年）建，历年有修葺（图3-2-57~图3-2-61）。面阔五间、

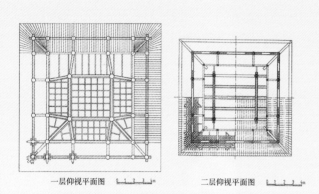

一层仰视平面图　　二层仰视平面图

图3-2-58　弥勒殿一、二层仰视平面图

图3-2-59　弥勒殿正立面图

图3-2-60　弥勒殿侧立面图

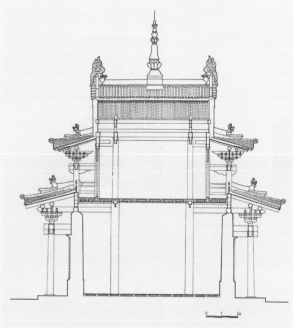

图3-2-61　弥勒殿纵剖面图

进深五间，重檐歇山顶，举架1:3，屋顶坡度平缓，三铺作斗栱，用材接近明制，但无昂嘴，有清式雀替，斗栱显得纤巧秀丽，似清时予以改动（图3-2-62）。20根明柱，覆盆式柱础，明间大、次间小，檐柱及墙面向内倾斜，角柱有侧脚但不升起，

前檐廊下角用琉璃砖砌成须弥式座，前檐较深，下铺木板为信徒顶礼膜拜之地，其他三面设转经轮筒（嘛尼戛拉）。此殿的建筑工艺手法，梁栿构件多采用圆木，阑额垫板都较大，头部均为垂直切割。藻头皆绘以云头彩画，枋心施红底蓝色梵文装饰。柱子

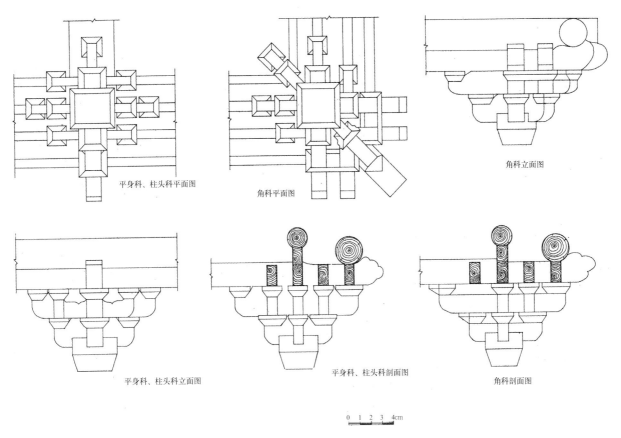

平身科、柱头科平面图   角科平面图   角科立面图

平身科、柱头科立面图   平身科、柱头科剖面图   角科剖面图

0 1 2 3 4cm

图3-2-62 弥勒殿一层斗栱结构图

图3-2-63 弥勒殿内的弥勒佛像

彩画采用三层云头披肩、箍腰佛珠、莲瓣旋子等分处理。大殿正面悬挂万历丁丑岁次丙朔日立"佛日重旭"金字匾额，殿内明代佛像造型丰硕（图3-2-63），屋顶筒瓦龙吻，脊中置镏金宝瓶，汉藏建筑工艺结合痕迹明显，是塔尔寺现有最早的殿堂建筑。

7. 文殊院

与弥勒殿一墙之隔，因供有文殊菩萨而称为文殊院，又因位于院内西侧的大殿面阔九间，故又称九间殿（图3-2-64～图3-2-67）。文殊院九间殿始建于明天启六年（1626年），清雍正十二年（1734年）维修，乾隆四十年（1775年）重修，汉式硬山顶，高台基，前廊较深（图3-2-68），有八楞外柱10根。殿内供奉文殊菩萨、大势至菩萨、观世音菩萨、宗喀巴、释迦牟尼等塑像（图3-2-69、图3-2-70）。殿前为一方形敞院，面积甚大，南侧设有达赖三世灵骨塔亭及转轮亭，北侧为廊庑式指挥廊，院内日常为讲经、辩经场所，节日作为跳神（藏语"跳欠"）之地（图3-2-71～图3-2-73）。

图3-2-64 文殊院入口

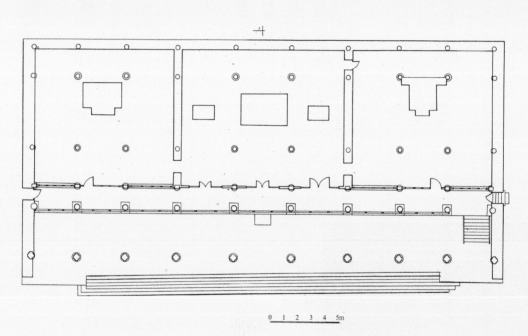

0 1 2 3 4 5m

图3-2-65 文殊院菩萨殿一层平面图

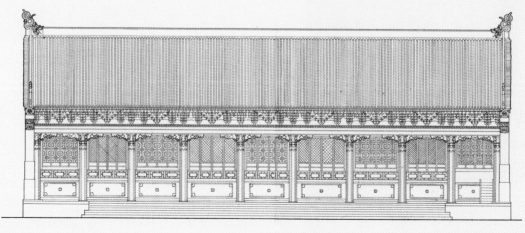

0 1 2 3 4 5m

图3-2-66 文殊院菩萨殿正立面图

图3-2-67　文殊院外景

图3-2-68　文殊院前檐廊柱

图3-2-69　文殊院北三间主尊狮子吼镀金塑像

图3-2-70　文殊院正中三间主尊文殊菩萨镀金像

图3-2-71　文殊院鸟瞰1

图3-2-72　文殊院鸟瞰2

图3-2-73 文殊院屋顶

图3-2-74 大召殿及周边建筑鸟瞰

图3-2-75 大召殿鸟瞰

8. 大召殿

位于大金瓦殿北，又名觉康，建于明万历三十一年（1603年），面阔及进深皆为五间，四周带回廊，回廊内设置经轮筒。重檐歇山顶。外观类似弥勒殿，内部则为减柱造（图3-2-74、图3-2-75）。

9. 密宗学院

始建于清顺治六年（1649年），藏语称"居巴扎仓"，是塔尔寺研修密宗教义的场所（图3-2-76）。该密宗学院位于寺院中心区域南侧清静之地，坐西面东，利用地形高差，巧妙地做成不同高度阶梯的天井式庭院，前区低处做大门、天井、回廊，高处做经堂。大门入口为半廊式歇山顶廊，左右置经杆，院内左右回廊设歇山顶式亭（起钟鼓楼作用），正面高台基，上坐面阔七间、进深九间的封闭式经堂。经堂中部屋顶升起，用四面开启的天窗为经堂后部的佛殿引来一缕缕神秘的光线。密宗学院外墙上部做"蜈蚣墙"，边玛墙间以铜镜、藏式梯形窗构成深色的檐部装饰带，下部砖壁柱之间用白灰抹墙，上下色彩对比明显但又十分和谐，白色的墙面恰当地表现了密宗学院高洁神圣的建筑性质，是一个藏汉建筑艺术融合、反映塔尔寺建筑成熟期的典型作品（图3-2-77~图3-2-84）。

10. 时轮学院

藏语名"丁科扎仓"，为学习天文知识的场所，位置更靠寺院南侧（图3-2-85）。始建于清道光十年（1830年），光绪十三年（1887年）重修。学院

图3-2-76 塔尔寺密宗学院入口

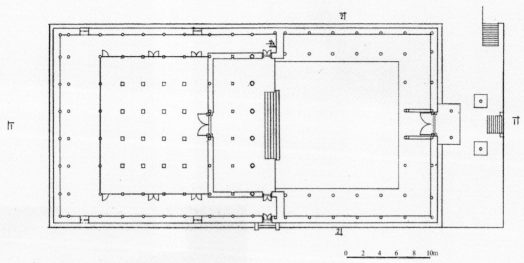

图3-2-77 塔尔寺密宗学院一层平面图

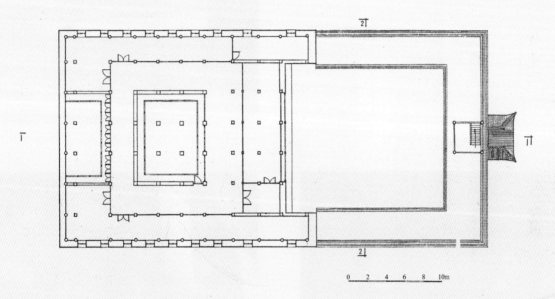

图3-2-78 塔尔寺密宗学院二层平面图

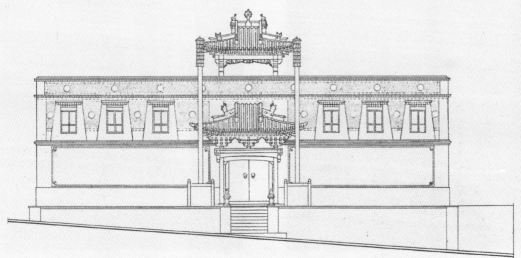

图3-2-79 塔尔寺密宗学院正立面图

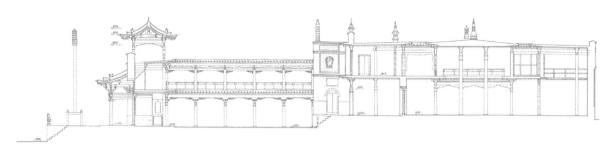

图3-2-80 塔尔寺密宗学院剖面图

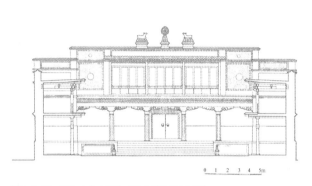

图3-2-81 塔尔寺密宗学院正殿前侧庭院剖面图

图3-2-82 塔尔寺密宗学院正殿外景

图3-2-83 塔尔寺密宗学院正殿内南侧旁门上的彩绘护法神像

图3-2-84 塔尔寺密宗学院内景

图3-2-85　塔尔寺时轮学院入口

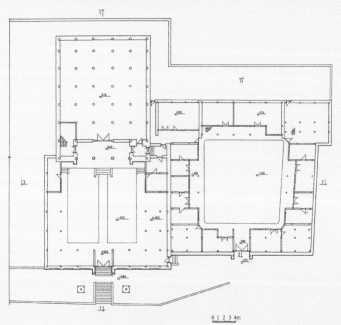

图3-2-86　塔尔寺时轮学院一层平面图

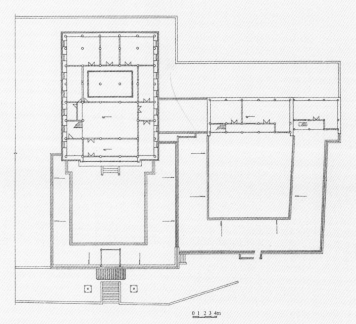

图3-2-87　塔尔寺时轮学院二层平面图

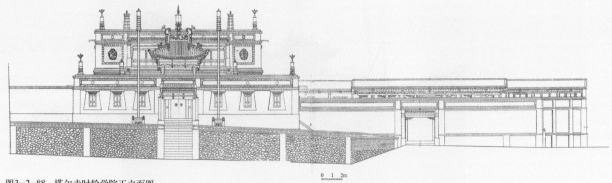

图3-2-88 塔尔寺时轮学院正立面图

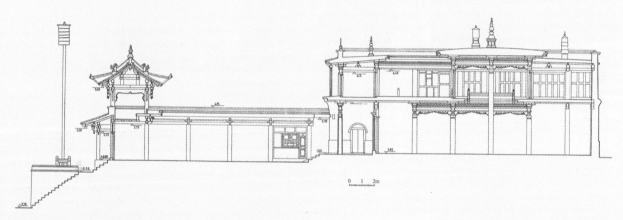

图3-2-89 塔尔寺时轮学院剖面图

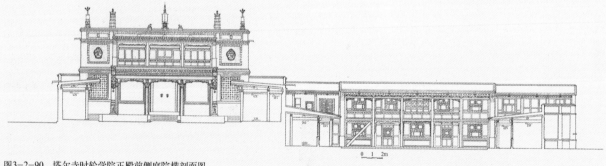

图3-2-90 塔尔寺时轮学院正殿前侧庭院横剖面图

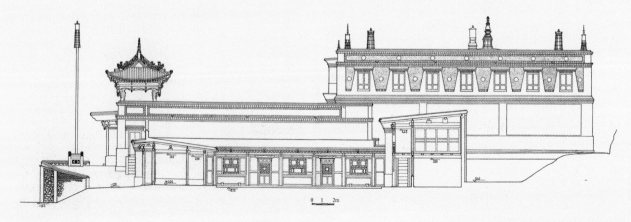

图3-2-91 塔尔寺时轮学院正殿北侧庭院纵剖面图

图3-2-92 塔尔寺时轮学院前侧庭院北廊西壁的时轮坛城

图3-2-93 塔尔寺时轮学院正殿内景

为面阔五间、进深五间的藏式平顶建筑。平顶中央为内部采光升起面阔三间、进深二间的歇山式屋顶，然后与周边附房构成回字形天井。屋顶上置宝瓶、金鹿、经轮等，外墙大面也为白色（图3-2-86～图3-2-93）。

11．医明学院

藏语名"曼巴扎仓"，为学习医学知识的场所（图3-2-94）。清道光二年（1822年）修建，光绪七年（1881年）重修。布局与建筑结构基本与时轮学院相同。不同之处是经堂与佛殿建在两个台基上，前院高出院门80厘米，佛殿又高于经堂102厘米，经堂面阔与进深皆七间（图3-2-95～图3-2-102）。

塔尔寺除上述主要建筑外，尚有印经院、上下酥油花院、夏日经堂、班禅行辕（大拉让）以及阿嘉、嘉雅、却西、赛赤等活佛私邸和过街塔、香道、僧舍等建筑，由此构成了一个等级分明、多样统一、格鲁派特点突出、河湟味道浓重的藏传佛教寺院建筑群，为中国古建筑艺术宝库增添了一个宝贵的实例（图3-2-103）。

图3-2-94 医明学院入口

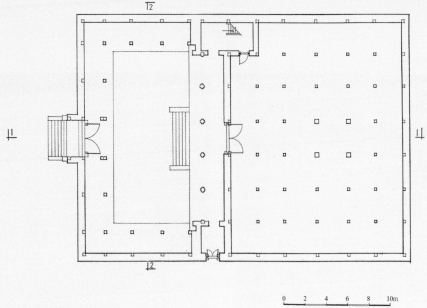

图3-2-95　医明学院一层平面图

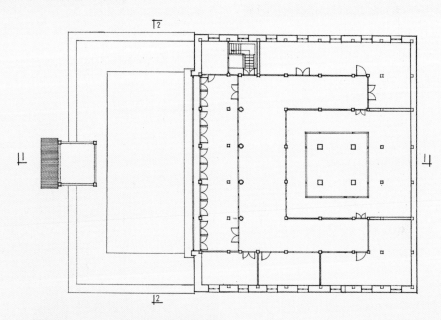

图3-2-96　医明学院二层平面图

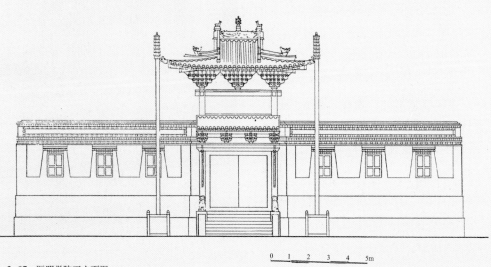

图3-2-97　医明学院正立面图

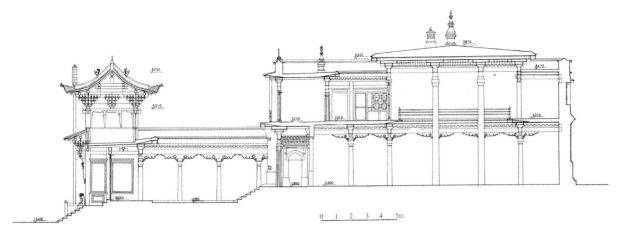

图3-2-98 医明学院剖面图

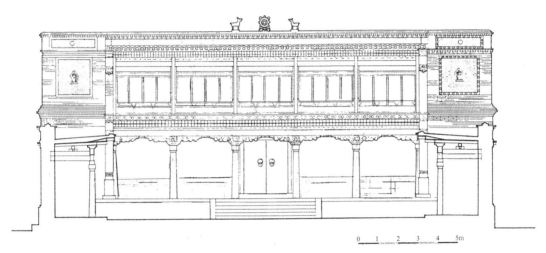

图3-2-99 医明学院正殿前侧庭院剖面图

图3-2-100 医明学院正殿外景

图3-2-101　医明学院正殿内景　　　　　　　　　　　　　　　　　　图3-2-102　医明学院正殿南侧的藏经柜

图3-2-103　塔尔寺局部鸟瞰

二、瞿昙寺

瞿昙为梵语卒为天竺一姓氏名，后代指释迦牟尼祖姓，意为佛祖。瞿昙寺是西北地区保存最完好的明代汉式建筑风格的藏传佛教寺院，1982年被国务院颁布为第二批全国重点文物保护单位（图3-2-104）。寺院坐落于青海省乐都县南山地区曲坛镇新联村，背靠罗汉山，面临曲坛河，左右山形"青龙、白虎"护卫，隔河山形有"弥勒深河"遥对的凤凰山俯首来朝。寺院采用三进院落，中轴对称、纵列布置，依次为山门殿、金刚殿、瞿昙殿、宝光殿和隆国殿。两边对称有东西御碑亭、小钟楼、小鼓楼、大钟楼、大鼓楼、七十二间游廊及

四座配殿、四座镇煞佛塔（菩提塔）（图3-2-105、图3-2-106）。瞿昙寺号称青海的小故宫，建造年代早于北京故宫，是我国明代早期建筑中难得的精品。寺院东侧另有一所囊谦（活佛宅院），两进院落，曾是青海境内最大的囊谦院。合计占地52亩，建筑面积8446平方米，房屋526间。

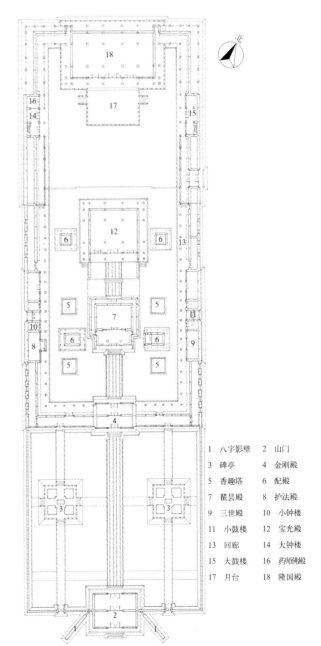

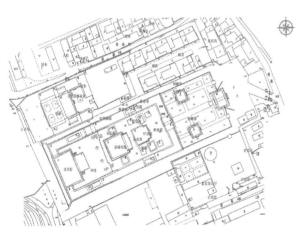

图3-2-104 瞿昙寺总平面图

图3-2-105 瞿昙寺及周边建筑鸟瞰图

1 八字影壁	2 山门
3 碑亭	4 金刚殿
5 香趣塔	6 配殿
7 瞿昙殿	8 护法殿
9 三世殿	10 小钟楼
11 小鼓楼	12 宝光殿
13 回廊	14 大钟楼
15 大鼓楼	16 药师佛殿
17 月台	18 隆国殿

图3-2-106 瞿昙寺中轴平面图

明洪武二十五年（1392年），创寺僧三罗喇嘛被崇信佛教的洪武皇帝朱元璋封授西宁卫僧纲司都纲，敕建寺院，并御题寺额"瞿昙寺"。该御笔金字大匾至今仍悬挂在瞿昙寺殿前内檐枋。嗣后，永乐皇帝朱棣、洪熙皇帝朱高炽、宣德皇帝朱瞻基等先后下过七道敕谕，明永乐年间授三罗喇嘛二位班丹藏卜和端约藏卜为"大国师"、"国师"封号，是明代一寺二国师的皇家寺院。永乐年间派遣御用监太监孟继等五人奉旨修寺，调集宫廷匠师专司建造，并将乐都南山七条沟（现下营、峰堆、城台、曲坛、亲仁、岗沟、中坝、桃红营八乡）封为寺院领地，数千户农牧民世代为寺院纳粮服役，从西宁卫调拨52名士兵守护洒扫寺宇。从洪武二十五年（1392年）建瞿昙寺殿，至宣德二年（1427年）隆国殿落成，历时35年的营建，终成气势恢宏、声望远播的河湟名刹。寺内现存的五通皇帝御碑详尽记述了这段辉煌往事（图3-2-107）。

寺内主殿隆国殿及两侧抄手斜廊，依故宫太和殿之前身明代奉天殿为蓝本建造；隆国殿前左右对称的大钟楼、大鼓楼，模仿奉天殿两边的文楼和武楼（清代的体仁阁和弘义阁）而成。无论从大木结构、斗栱形制，还是细部隔扇"蔟六雪花纹"、枋头"霸王拳"、垂脊截兽小跑、平座滴珠板、鼓镜柱础，均与故宫建筑一致无二。抄手斜廊是唐宋时期宫殿寺庙建筑格局遗规，屡见于唐宋壁画、石刻和文献中，而隆国殿两侧的抄手斜廊是国内现存的

图3-2-108　隆国殿东侧抄手斜廊

唯一实物（图3-2-108、图3-2-109）。建于永乐十八年（1420年）的明奉天殿，其面阔九间，重檐庑殿顶，两侧有抄手斜廊，清康熙三十四年（1695年）重建太和殿时，两侧抄手斜廊被拆除代以卡子墙。建于宣德二年（1427年）的瞿昙寺隆国殿，其面阔五间，重檐庑殿顶，两侧抄手斜廊至今完整无损。其以烘云托月之势使主体建筑隆国殿更加巍峨壮丽，呈现一派皇家殿堂风范。中院建筑宝光殿、瞿昙寺殿、金刚殿、小钟楼小鼓楼及配殿宝塔却带有浓厚的地方色彩，其大木结构和木装修为甘青地方手法，尤其是小钟楼小鼓楼及四座小配殿的前檐木结构是典型的青海地方做法，俗称"平枋加猫儿头"，亦称"栱檩悬牵"（图3-2-110）。四座香趣塔是藏式传统形制。官式建筑与地方手法交相辉映，是瞿昙寺建筑的一大特色，是古建筑研究难得的实物资料（图3-2-111）。

图3-2-107　瞿昙寺碑亭

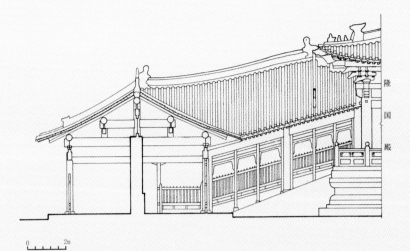

图3-2-109 隆国殿东侧抄手斜廊正立面图

图3-2-110 隆国殿西侧鼓楼

图3-2-111 瞿昙寺全景鸟瞰图

寺院前院疏朗开阔，仅有山门、东西御碑亭三座建筑。山门前左右为八字形砖墙。两座御碑亭位于前院左右，碑亭周匝红砂石望柱栏板，造型优美，气度非凡，显示皇帝御碑之尊贵。宏伟的山门殿单看其斗栱形制和大小额枋做法，可以肯定是官式，与隆国殿做法一致，但其举架和翼角在清代维修时被改变。地方工匠以屋脊高峻为雄，将中柱墩接45厘米提高了举架；以翼角高翘为美，又将官式扣金角梁改为地方插金角梁，使翼角显著翘高，在同一建筑里糅合了官式和地方两种做法。

瞿昙寺石雕数量多，种类繁，均为官式须弥座形象，规制统一，雕刻细腻，精美绝伦。种类有宝光殿佛台莲花座、隆国殿佛台莲花座、象背云鼓、六伏狮曼陀罗、鼎座、磬座、灯座、御碑须弥座螭首、隆国殿和御碑亭的须弥座望柱栏板等，按石质分有花斑石和当地红砂岩。花斑石出自河南省浚县，青海没有这种石材，石质呈淡紫色，匀布浅黄色花斑，磨光后莹润细腻，色彩斑斓。故宫坤宁宫、十三陵定陵地宫、清西陵用此石制砖墁地，以示皇权的尊贵。瞿昙寺花斑石须弥座集中在宝光殿内，每件上部有"大明永乐年施"的汉文及藏文、梵文对照铭文，是明皇室布施给寺院的礼品之一，雕刻精细，磨制光洁。其局部圭角、仰莲伏莲、束腰金刚柱为官式统一规制，每件石雕分层拼对，应是在河南官方采石场雕好，千里迢迢运至瞿昙寺的（分层拼对就是为运输方便，可以化整为零而考虑的）。而当地所产中坝红砂石石雕为整料，重达十五吨的御碑须弥座也是一块整料。石雕代表作"象背云鼓"，雕一小象跪伏在莲花座上，温驯敦厚，憨态十足，身披缨络，长鼻卷起一朵莲花，背负净瓶，上起云纹鼓座，座上置一桶巨鼓，雕技精湛，形象生动优美，属宫廷石雕艺人高超手笔（图3-2-112）。另有"六伏狮曼陀罗"、"须弥山"等石雕均为宣德年制，是明初石雕不可多得的稀世珍宝。

壁画是瞿昙寺又一艺术瑰宝。壁画廊原有五十一间，号称"七十二间走水厅"，题材多为佛教传说故事，画法精湛老道，为明代宫廷画师所作。现存有壁画的建筑二十八间，面积约360平方米，在全国范围也属难得一见的建筑艺术珍品（图3-2-113、图3-2-114）。

瞿昙寺建筑群是历史文物与建筑艺术的一座辉煌的殿堂，1982年被国务院公布为全国重点文物保护单位。1995年在国家文物局的直接领导下由青海省文化厅主持进行了维修工作，古建专家罗哲文先生看后誉为"国宝中之国宝"。

1. 山门

开向东，面阔三间、进深二间，灰瓦歇山顶，正脊置宝瓶，南北二间前拱形格子窗，中间为大板门。北间屋内置永乐十六年（1418年）红砂岩石碑两通，一为"御制金佛像碑"，另一通为敕谕碑。山门正中悬挂宣德二年（1427年）敕谕瞿昙寺四至地界木匾一方（图3-2-115）。

2. 御碑亭

共两座，位于前院左右，碑亭为重檐歇山十字脊，脊中置宝瓶，龙形吻兽砖墙，四面开拱形门。

图3-2-112　瞿昙寺石雕"象背云鼓"

图3-2-113　瞿昙寺壁画廊壁画1

图3-2-114　瞿昙寺壁画廊壁画2

图3-2-115　瞿昙寺山门

图3-2-116　瞿昙寺东侧御碑亭

南亭内竖立明洪熙元年（1425年）"瞿昙寺碑"，北亭内竖立明宣德二年（1427年）"御制瞿昙寺后殿碑"（图3-2-116）。

3. 金刚殿

修建于明永乐年间（1403～1424年），面阔三间、进深二间，前开廊，过厅式，硬山顶，脊置宝瓶，原有四大金刚塑像已毁。左右廊庑原来有壁画，清时即因雨漏脱落未补。右侧廊内竖立明永乐六年（1408年）敕谕石碑一通。檐下有一方明万历二十一年（1593年）的"独尊"木匾（图3-2-117、图3-2-118）。

4. 瞿昙殿

位居全寺中心，建在60厘米高台基上，台前为四级砖作踏道，面阔五间、进深三间，前带廊，单层重檐灰瓦歇山顶，廊前有直棂栏杆，每间为双开格子门，殿内正面悬挂传为太祖朱元璋御赐"瞿昙寺"匾额，殿内佛像及陈设皆已毁，殿内东西两壁尚保存有部分壁画（图3-2-119～图3-2-122）。

5. 佛塔

共四座，排列在瞿昙殿左右，方形砖须弥式座，覆钵式塔身，向院内方向开眼光门，上为十三天相轮，塔尖做出日月火焰。通体刷白粉，该寺史料记载为镇煞佛塔，原塔已毁，现为1944年重建（图3-2-123）。

图3-2-117　瞿昙寺金刚殿远景

图3-2-118　瞿昙寺金刚殿

图3-2-119　瞿昙殿

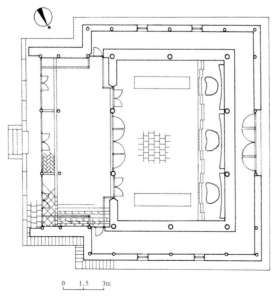

图3-2-120　瞿昙殿平面图

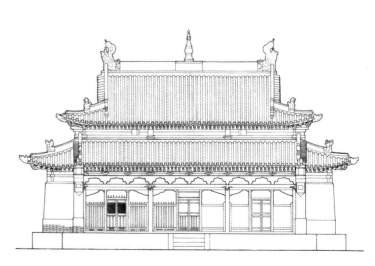

图3-2-121　瞿昙殿正立面图

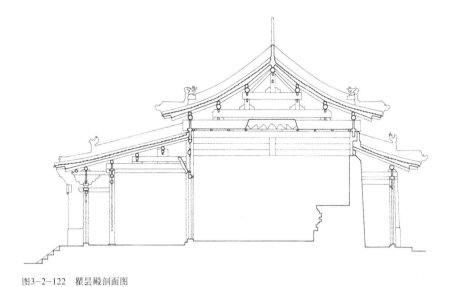

图3-2-122 瞿昙殿剖面图

图3-2-123 瞿昙寺西南侧佛塔

6. 小配殿

共四座，两座位于瞿昙殿左右，两座位于宝光殿左右，为单层十字歇山顶，回廊式，形制相同，前两座略大于后两座，清时所建（图3-2-124～图3-2-128）。

7. 宝光殿

位于瞿昙殿后，明永乐时（1403～1424年）修建，面阔、进深皆五间，面阔21米，进深17.3米，高14.5米，明间、次间用六抹隔扇门，周围廊，前廊两边檐柱前接两个影壁，两个影壁之间是月台，高0.4米，灰砖墁地。平板枋榫卯是用宋《营造法式》的榫卯结构及"勾头搭掌榫"连接。殿内供奉泥塑三世佛像（图3-2-129～图3-2-133）。

8. 隆国殿

宣德二年（1427年）建成，位于全寺之后部，重檐庑殿顶建筑。面阔七间、33.2米，进深五间、17.9米，高17.2米，周围廊。梁架用三、七架梁和单步梁，一层施五踩斗栱、单翘单昂，二层施七踩斗栱、单翘重昂。明间、次间用六抹隔扇门，两侧有抄手廊，前有月台和石栏，月台高2.28米。殿内原供奉佛像及十八罗汉像，已毁，现存楠木制"皇帝万万岁"牌位、石雕须弥佛像基座、石雕背云鼓

图3-2-124 瞿昙殿东侧小配殿

图3-2-125 宝光殿西侧小配殿

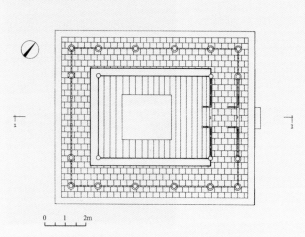

图3-2-126 西配殿平面图

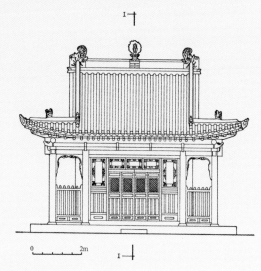

图3-2-127 西配殿正立面图

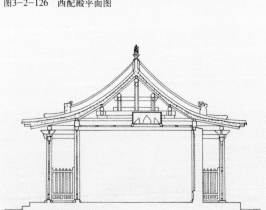

图3-2-128 西配殿剖面图

图3-2-129 宝光殿鸟瞰

图3-2-130 宝光殿

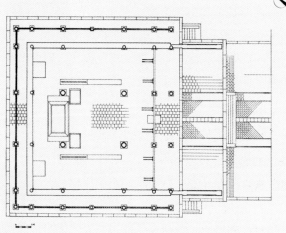

图3-2-131 宝光殿平面图

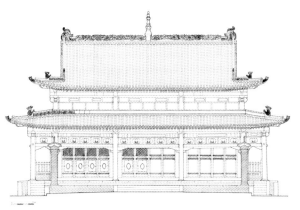

图3-2-132 宝光殿立面图

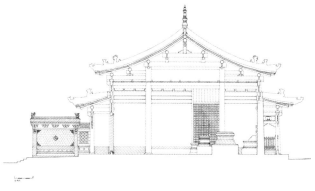

图3-2-133 宝光殿剖面图

图3-2-134 隆国殿

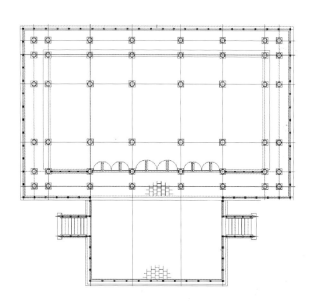

图3-2-136 隆国殿平面图

图3-2-135 隆国殿正立面

卧象座（鼓座）、石雕大灯台及墙面大型壁画。大殿正面檐下悬挂崇祯元年（1628年）书"佛威震房"横匾一方（图3-2-134～图3-2-141）。

9. 回廊（壁画廊）

自金刚殿北至隆国殿，四周建有50余间单面坡顶式回廊，南北回廊中间又夹有大小钟楼、鼓楼、护法殿、三世佛殿及藏经楼。回廊内绘有大型壁画，目前除西斜廊壁画仍保存外，其余在清代被损坏后未补。壁画主要为佛教故事，构图严谨，用笔工整细致，亭台楼阁、山水人物等形象生动，大部分为明清作品，甚为难得（图3-2-142、图3-2-143）。

10. 大小钟鼓楼

大钟鼓楼为重檐庑殿顶建筑，面阔三间、14米，进深二间、5.6米，高12.5米，二层周围廊，有栏杆，栏杆下挂滴珠板。小钟鼓楼为重檐歇山顶建筑，面阔三间，进深二间，二层回廊（图3-2-144～图3-2-148）。

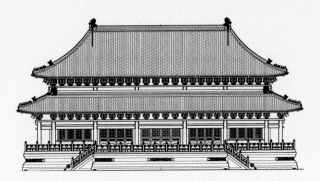

图3-2-137 隆国殿正立面图

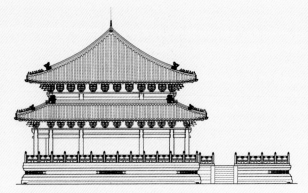

图3-2-138 隆国殿侧立面图

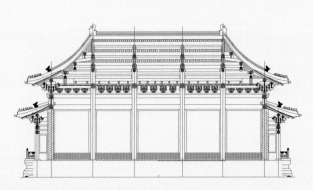

图3-2-139 隆国殿横剖面图

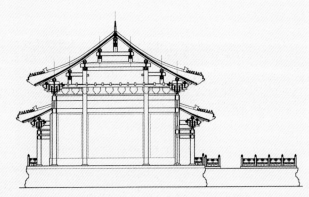

图3-2-140 隆国殿纵剖面图

图3-2-141 隆国殿前廊

图3-2-142 东侧回廊

图3-2-143 西侧回廊

图3-2-144 瞿昙寺大鼓楼

图3-2-145 瞿昙寺大钟楼

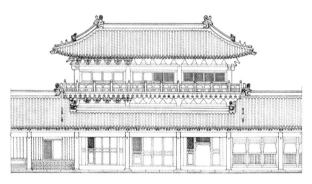

图3-2-146 大钟楼东立面图

图3-2-147 瞿昙寺大钟楼剖面图1

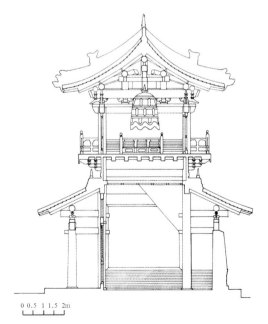

图3-2-148 瞿昙寺大钟楼剖面图2

第三节 河湟地区实例

一、佑宁寺

佑宁寺，为第七批国家文物保护单位，藏语称"郭隆弥勒洲"，简称郭隆寺，位于县治威远镇东南35公里处，在今五十乡东北6公里的寺滩（图3-3-1）。始建于明万历三十二年（1604年），清康熙年间，佑宁寺有大小经堂、僧舍等2000多个院落，僧人7000余人，设有显宗、密宗、时轮、医明四大学院。寺院建筑华丽、雄伟。其中大经堂、六个小经堂建筑造型艺术技巧可与塔尔寺媲美，成为安多地区格鲁派大寺之一。历史上，佑宁寺管辖的寺院共有49处，被誉为"湟北诸寺之母"。1724年，因罗布藏丹津事件，被清军烧毁。1732年，章嘉、土观呼图克图请求雍正皇帝敕令重建，并赐额"佑宁寺"。1866年，因西北回民反清，再次毁于兵燹。后由六世土观奉命，于光绪年间修复，历时15年，

重建后有院落500余处，僧人1000余人。至1957年，有大小经堂及其他建筑1696间、僧人396人、在寺活佛16人。宗教改革后，留寺喇嘛23人。1963年，在寺喇嘛35人。"文化大革命"期间，寺院第三次被毁，除李家囊被当地学校占用未拆除外，其他大小建筑几无所存，寺内佛像文物荡涤一空，宗教活动终止。1980年7月经地方政府批准重新开放，政府拨款与信教群众布施资助，重新修

建了大经堂、小经堂、弥勒佛殿和日月神殿、度母殿、噶当殿、护法神殿、空行神殿、嘉色寝宫、土观囊以及470余间僧舍。该寺因山就势，随沟谷东西向展开。主要建筑布置在沟底，一些静房悬于半山。大经堂为歇山重檐，面阔七间，进深五间（图3-3-2）。由于该寺多次损毁重建，故不再绘图。

二、丹斗寺

丹斗寺亦作"丹笛寺"、"旦斗寺"、"丹豆寺"、"旦兜寺"等，藏语称"丹斗谢吉央贡"，是第七批全国重点文物保护单位（图3-3-3）。该寺距青海化隆县巴燕镇东南31.5公里，金源乡南18公里，地处黄河北岸10多公里的小积石山中，道路崎岖，人迹罕至。寺周悬崖陡立，石壁高耸，佛殿或建于峭壁之中，或建于悬崖之下，或依天然岩洞而成（图3-3-4）。据载，9世纪中叶，吐蕃赞普禁佛，在曲沃山修行的藏饶赛、肴格迥、玛释迦牟尼三人逃来青海，曾在此居住，剃度附近甲徐村的喇勤·贡巴饶赛（892～975年）为徒。喇勤成名后，于丹斗建立道场，招徒弘法，特别向卢梅·崔臣喜饶等卫藏十弟子授戒，使藏传佛教再度复兴。因而，丹斗寺作为"后弘期"佛教的发祥地，在藏传佛教史上占有重要位置，一直是各派信徒们向往的圣地，朝圣者络绎不绝，三世达赖等西藏重要人物都曾到过丹斗寺。明清以来，西藏各派到内地朝贡，途经青

图3-3-1 佑宁寺全景

图3-3-2 佑宁寺大经堂

图3-3-3　丹斗寺局部鸟瞰

图3-3-4　仰望丹斗寺

海，不少人都来此朝拜，有的甚至长住修持。历史上，该寺属民和才旦寺系统，清末以来，直接受才旦夏茸活佛管辖。20世纪50年代遭到破坏，现尚存有清代所建的山门一处、各时期依山凿建的洞窟数处及一些残缺不全的壁画等。1980年以后开始重建，由阿尼鲁加殿、热杂帕殿、比丘阿吉达修行殿、三世达赖修行殿、"三贤哲"及喇勤修行殿、弥勒殿、阿柔格西修行殿、释迦殿、大经堂、才旦夏茸拉章活佛府、叶东佛塔及僧舍、大厨房等组成，共200余间（图3-3-5、图3-3-6）。

图3-3-5　丹斗寺入口

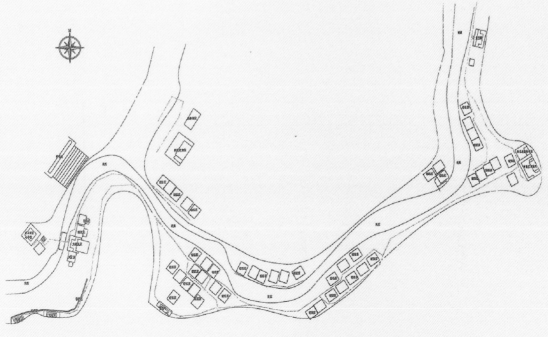

图3-3-6　丹斗寺总平面图

目前，丹斗寺珍藏有距今一千多年的珍贵文物几十件，特别是1985年出土的铁钟，造型别致，呈六角葵口，钟分六面，钮下9厘米处饰莲花纹，花分八瓣，钟钮作花蕊，中层18厘米处饰文字，各层面之间以双条纹隔开，肩部有四个对称的小孔。丹斗寺内现存有铁钟初步考证为西夏时期遗存，另有部分瓦当（宋、金、元）、铜钹（明宣德五年）、铁锅（明末）、十六罗汉唐卡（晚清）、大白海螺等数十件文物，为研究西夏时期佛教在藏区的传播具有重要的文物价值。

1. 大经堂

藏式平顶式建筑，长方形，设前廊，前有院落，中部屋顶升起，空间直贯上下，形成天窗采光，天窗周围则为二层回廊，面阔五间，进深六间，形成藏传佛教寺院经堂的典型平面。寺院底层面积280平方米，内供奉释迦牟尼、宗喀巴、弥勒佛等塑像（图3-3-7～图3-3-10）。

2. 比丘阿吉达殿

为重檐歇山式建筑，整个建筑建在石崖上，二层内有自然石洞，石洞内供奉比丘阿吉达佛像，二层屋顶接高耸的石崖，面阔五间，进深二间，一层前檐柱间有嘛呢经筒，面积98平方米（图3-3-11）。

3. 热杂帕殿（嘉吾东智殿）

面阔五间，进深四间，面积144平方米，整个建筑平面呈凸字形，一层平顶的藏式建筑，中部以歇山屋顶升起，直贯上下，周围为女儿墙，原为布瓦屋面，因山崖上经常有落石打碎瓦面，故在近几年更换成铁皮屋面，殿内主要供奉宗喀巴、六世才旦夏茸活佛灵塔及王子东智、妃曼智一家人的塑像。

4. 智钦殿（三世达赖修行殿）

为重檐歇山式建筑，面阔二间，带前廊，建筑面积70平方米。整个建筑建在石崖下的山洞口处，一层建在石崖上，二层内部天然岩洞，内供奉三世达赖塑像、尊胜佛母等。

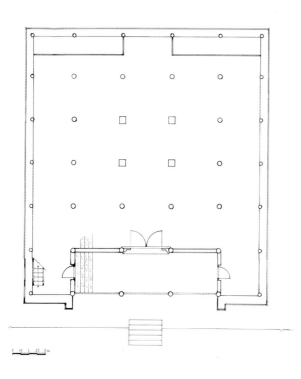

图3-3-7 丹斗寺大经堂一层平面图

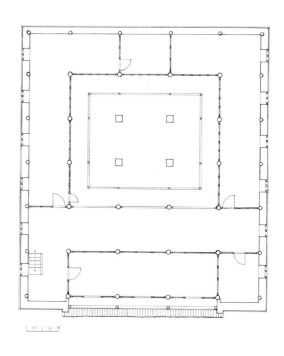

图3-3-8 丹斗寺大经堂二层平面图

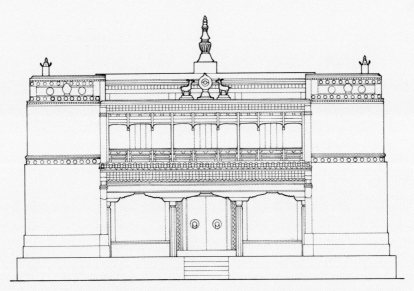

图3-3-9 丹斗寺大经堂立面图

0 0.5 1 1.5 2m

图3-3-10 丹斗寺大经堂剖面图

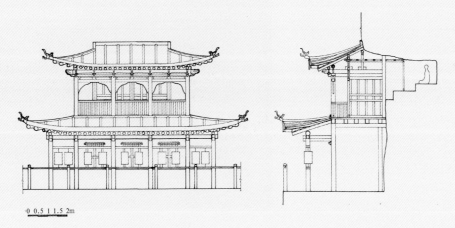

0 0.5 1 1.5 2m

图3-3-11 丹斗寺比丘阿吉达殿立面、剖面图

5．阿尼鲁加殿

为一单坡屋顶的硬山式建筑，也是建在石崖下的山洞口处，面阔六间，进深四间，屋顶直抵山崖，殿前有院落和山门，面积90平方米。大殿内供奉释迦牟尼师徒三尊，后侧则为阿尼鲁加神龛，占地仅3平方米，另外还有弥勒殿、护法殿。

6．阿尼鲁加殿山门

为一面阔三间、进深二间的硬山式建筑，明间为过厅，两边塑四大天王塑像，建筑面积50平方米。

7．堪布拉章殿

此殿为面阔五间、进深四间的硬山式建筑，为丹斗寺历任寺主才旦堪布活佛寝宫，内供奉有文殊菩萨、宗喀巴、阿底峡尊者塑像。建筑面积99平方米，设前廊和院落。

8．三贤者修行殿

为一面阔三间、进深三间的单坡屋顶硬山式建筑，有前廊。此殿建在石崖的山洞口处，面积50平方米。内供奉"三贤者"约·格琼、玛·释迦牟尼、藏·饶赛塑像和喇钦·贡巴饶赛的塑像。

9．弥勒殿

面阔三间，进深三间，面积30平方米。是一处平顶式建筑，内供奉弥勒佛一尊。

10．息净塔

底层为四边形须弥座，座上有八边形四层塔座，基座承瓶形塔身，"十三天"宝盖和日月宝珠，塔高11.6米，底层周长32米（图3-3-12、图3-3-13）。

三、夏琼寺

夏琼寺位于化隆县巴燕镇西偏北34.5公里，今查甫乡南9.5公里处，东、西、北三面峰峦重叠，南面如刀劈斧削，陡峭万仞，不远处为古河道，黄河蜿蜒流过。藏语"夏琼"，意为大鹏，乃附会山形之势以命名（图3-3-14）。

夏琼寺原为藏传佛教噶当派寺院，后改属格鲁派，始建于元至正九年（1349年），是藏传佛教格鲁派创始人宗喀巴大师早年学经的寺院。寺院的一批高僧先后成为七世达赖、八世达赖、九世班禅和三世章嘉活佛的经师。三世达赖、七世达赖、十三世达赖曾捐金数千两修饰该寺殿堂。1788年乾隆皇帝赐名"法净寺"，并敕赐汉、藏、蒙、满四种文匾一幅，上题"大乘兴盛地"金字。2013年6月国务院公布为第七批全国重点文物保护单位（图3-3-15）。

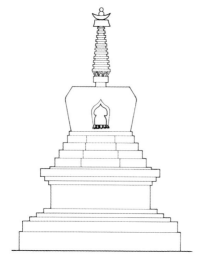

0 0.5 1 1.5 2m

图3-3-12 丹斗寺息净佛塔立面图

图3-3-13 丹斗寺佛塔

图3-3-14　夏琼寺及周边景色

图3-3-15　夏琼寺经堂鸟瞰

图3-3-16　建于山梁上的夏琼寺经堂

夏琼寺原有大小27处建筑群，占地300多亩，有佛殿僧舍2260多间，木式楼房26座，并有"文殊修行洞"、"弥勒望河"塑像等古迹，供有传说用佛陀舍利和阿底峡尸骨装藏的洛格夏惹观音像、宗喀巴的镏金铜像、金汁书写的《甘珠尔》等法宝。1958年，该寺有僧人887人，僧房4131间，大经堂1座，小经堂2座，佛殿11座，分别为观音菩萨殿、

弥勒殿、金顶殿、阿底峡殿、金刚佛殿、支扎佛殿、煨桑殿、地藏菩萨殿、监河弥勒殿、山佛殿、护法神殿，总面积约27万平方米。1958年后，该寺为保留寺院，但大部分建筑遭拆毁，破坏殆尽。1963年寺院关闭。1980年批准开放，在夏日东、却藏活佛等主持下重新整修，庄严气象渐复。现主要建筑有大经堂、大雄宝殿、文殊殿、大金塔殿等，开设有因明学院、密宗学院、时轮学院、毗庐遮那现证学院、医明学院（图3-3-16、图3-3-17）。

四、白马寺

寺院位于互助土族自治县红崖子沟乡白马寺村，红崖子沟沟口东侧的半崖上（图3-3-18）。隔湟水河看去，寺院镶嵌在距地面三四十米的红砂岩崖壁中间，周围的山崖被刷成白色，将寺院衬托得十分醒目。寺前河边有座白塔，处于寺院正南方向，由此示出寺院的空间范围，并用轴线将不远的平安镇联系起来。

白马寺始建于10世纪末至11世纪初，其名称来历传说较多，一说是明万历十二年（1584年）第三世达赖去佑宁寺等地途经此地时坐骑死去，遂塑白马于寺，故名"白马寺"；二说该寺为安多地区首建的佛寺，类似河南的白马寺而得名；三说该寺在山崖下塑有金刚雕像，故原名称金刚崖寺；四说白马寺也称"觉化寺"，取之于西藏佛教后弘鼻祖喇勤·贡巴饶赛（892~975年）于此地"自觉"、"化众"，开启后弘法道，直到圆寂；藏语称"玛藏观"，意在纪念两位藏族的先师。由于白马寺历史悠久，素享盛名，被称为藏传佛教后弘期发祥地之

图3-3-17 远眺夏琼寺

图3-3-18 白马寺

图3-3-19 白马寺近景

一，在青海及藏传佛教地区具有一定影响，1959年被列为省级文物保护单位，是青海著名的宋代文物旅游景点。

寺院占地4000余平方米，由山门、经堂、僧舍、石窟、金刚佛像和大佛塔组成。山门为两层三檐歇山式顶方亭，三面围合两层回廊，底层梁柱、檐口为藏式建筑手法，上层为汉式建筑，平顶。经堂大殿依山而建，凿孔架梁，面阔九间、进深九间，砖木结构，前部设有五开间廊厦。主体两层、局部三层，一层有白马奔驰壁画，二层有观音菩萨塑像，三层有喇勤·贡巴饶赛塑像。经堂内中部6柱升高，形成采光天井，上覆歇山式屋顶。经堂东西两侧置三开间两层配楼。金刚亭位于经堂左下方，为披檐歇山顶。其中金刚石雕像，5岁身量，为坐状，通高3.7米，佛座宽2.35米，雕像古朴浑厚，轮廓粗犷，左手托钵，右手做推移湟水状。石雕佛像背后有一石窟，窟内依稀有宋代壁画，约8平方米，为佛本生故事。现存洞窟3处，窟内尚存一尊高370厘米的石刻释迦大佛像。整组建筑布局紧凑和谐，装修上不加粉饰，一反藏传佛教建筑常用的色彩对比强烈的重彩手法。1984年后部分重建，寺院虽在历代有修葺，但基本保持原貌，是历次劫后保存较完整的寺院（图3-3-19）。

五、广惠寺

亦称"郭莽寺"、"赞布寺"、"赛柯合寺"，藏语法名意为"赞波具喜圣教洲"，位于大通县桥头镇东北18公里处，今东峡乡衙门庄。寺院创建于清顺治七年（1650年），雍正元年（1723年）毁，雍正十年（1732年）清政府敕令修复，并赐"广惠寺"匾额（图3-3-20）。建寺初，只有显宗经院，康熙初设密宗院，遂成显、密双备寺院。广惠寺与塔尔寺、佑宁寺、隆务寺、夏琼寺等齐名，并称为青海五大格鲁派寺院之一。康熙末年有喇嘛700余名，经堂、僧舍600余间。同治五年（1866年），该寺再次毁于兵燹。光绪年间重修。据载，这次修建木材尽取于寺前鹞子沟中，费工十多万，费银5.7万两，修筑僧舍500余间。民国初年，有僧众700余人，1958年后关闭，20世纪60年代全部拆毁。1981年批准开放，重修二层楼式经堂1座，僧舍34间（图3-3-21）。现寺藏有永乐八年二月初一日大明皇帝颁赐给灌顶圆修净慧大国师孛隆迪瓦桑儿加领真的圣旨一轴、"法海寺"匾额一方、九世班禅大师至广惠寺弘法时写给广惠寺藏文长挂轴三幅、敏珠尔"净明禅师之印"和广惠寺全景照片及僧舍、经堂照片等（图3-3-22）。

图3-3-20　广惠寺大经堂鸟瞰

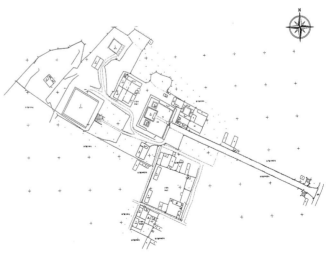

图3-3-21　广惠寺总平面图

图3-3-22　广惠寺局部

图3-3-23　20世纪50年代却藏寺全景

六、却藏寺

却藏寺藏语称"却藏具喜不变洲"，后易名"佛教弘扬洲"，位于青海省互助土族自治县城北约20公里处，在今南门峡镇政府所在的本朗扎西滩（亦称却藏滩）（图3-3-23）。寺院始建于清顺治六年（1649年），清雍正元年（1723年）因罗卜藏丹津事件被毁，以后重建（图3-3-24）。乾隆三十年（1765年），清廷赐"广教寺"（亦云广济寺）匾额，许建九龙壁一座，不久再赐"祥轮永护"匾额。清同治年间，再次毁于兵燹。光绪十三年（1887年），五世却藏罗桑图登雪珠尼玛（1859～1913年）重建，僧侣人数曾达270余人。却藏寺寺主却藏活佛为清朝政府最早敕封的大呼图克图之一。该寺主要活佛章嘉活佛是清朝时期的国师，驻京呼图克图、管理京城及内蒙古等地藏传佛教事务的佛教领袖，与达赖、班禅、哲布尊丹巴并称"黄教四圣"。历史上，章嘉活佛和却藏活佛曾为维护国家统一、蒙藏地区的安定作出过重大贡献。道光皇帝出巨资以施主身份在却藏寺修建了释迦千佛殿，殿顶铺设金瓦，装饰有九条巨型金龙。却藏寺千佛殿前的九龙壁由清朝皇帝敕建，是全国唯一在京城之外敕建九龙壁的寺院。清朝皇帝曾赐名"广济寺"，并赐御制九龙匾额一块，用金汁书写有满、汉、藏、蒙古四种文字。该寺的斧钺舞、二十八宿舞和108人身着珍珠汗衫所跳的舞蹈均为章嘉国师献给皇帝的舞蹈，其服装和道具均由章嘉国师从清朝皇宫中带

来。寺院由众多的殿宇、经堂、佛塔、僧舍等组成，建筑规模极其宏伟，现残存千佛殿（重建）、九龙壁残体、却藏囊和章嘉囊等不多的几个建筑。

1958年前，常住寺僧150余人，有大经堂、小经堂和千佛殿，却藏、章嘉、赛赤、归化、莲花、丹斗、阿群、麻干、夏日等活佛的拉让（府邸）和吉哇昂等，建筑宏伟。1958年除却藏囊和章嘉囊的一部分外，其他建筑均拆毁。1980年6月批准开放，重建经堂1座，僧舍24间。近年又仿照原却藏拉让的四柱经堂重修千佛殿（觉康）。该殿系砖木结构，分上下两层，共42间。2006年5月25日国务院公布为第六批全国重点文物保护单位，其范围东至凤凰山，北至柏树林区，西至龙山根部，南至九龙壁旧址。

却藏寺原占地广大，有53.3万平方米之多，总图呈梯形，北宽南窄，东西由二山环抱，右如盘龙绕卧，左似凤凰展翅，山上松柏苍翠，寺前良田千亩（图3-3-25）。

千佛殿为该寺主体建筑，占地9350平方米。道光十年（1830年）修建，拆毁后照原样重建（图3-3-26）。千佛殿平面呈方形，坐于1米高、1309平方米的台基之上，建筑面积404.3平方米，为两层碉楼式建筑。外墙厚达1.6米，下肩为花岗岩条石，墙体用藏式边麻墙装饰。殿堂中心立4根通天柱，上覆歇山屋顶。屋顶原铺镏金铜瓦，装镏金巨龙6条，因资金等原因修复时改为镀锌铁皮覆顶，巨龙改为铜制法轮和对称二鹿。

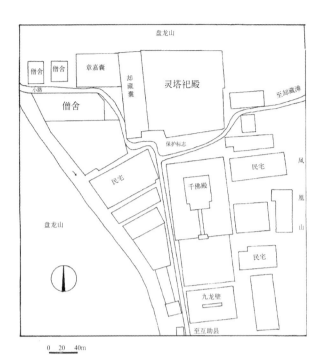

图3-3-24 却藏寺平面图（图片来源：网络）

图3-3-25 却藏寺全景鸟瞰（图片来源：网络）

图3-3-26 却藏寺殿堂立面（图片来源：网络）

图3-3-27 却藏寺九龙壁残垣

千佛殿山门1985年修复，面阔、进深各三间，歇山式屋顶。东侧修复厨房5间。

九龙壁旧址位于千佛殿、山门中轴线外百米处，现残存壁座长32.6米、宽4.5米、座高1.5米；壁身长30米、高6.1米、厚1.9米，通体残高最高处7.3米。壁芯为灰土夯筑，可见夯层厚14~18厘米，层间加1厘米厚白灰浆。外表装饰全无（图3-3-27）。

1. 却藏囊

建在凤凰山前的缓坡上，二进院建筑，后院高于前院，从大过厅进去是一进院，东西两侧为面阔三间、进深二间，带前廊的配房；然后进小过厅是二进院，二进院东西两侧也是面阔三间、进深二间，带前廊的配房；最后是经堂，经堂面阔五间、为两层楼。

2. 大过厅

两层歇山式建筑，面阔七间、17.5米，进深四间、10.1米，高8.13米，前后廊，明间是过厅，右面次梢为卧室，左面尽间也是卧室，二层后出廊，一层每间窗户为汉式窗，二层为藏式窗。

3. 章嘉囊

在却藏囊西面，紧靠却藏囊，四合院式建筑，坐北朝南，北房经堂，经堂前是东西配房（图3-3-28、图3-3-29）。

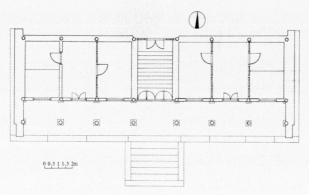

图3-3-28 却藏寺章嘉囊北房平面图

图3-3-29 却藏寺章嘉囊北房立面

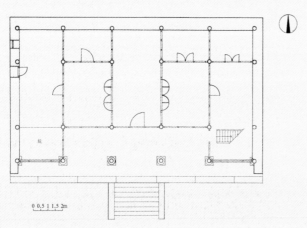

图3-3-30 却藏寺经堂平面图

图3-3-31 却藏寺经堂立面图

4．经堂

两层硬山式建筑，面阔七间、19.15米，进深三间、8.5米，高8.1米，一层前带廊，明间为楼梯，二层前后带廊，利用地形，将后廊建在土崖上，用七架梁（图3-3-30～图3-3-32。）

七、安多四宗

安多四宗指安多藏区历史上藏传佛教僧侣的四大静修地——青海河湟地区尖扎县的阿琼南宗、平安县的夏宗、乐都县的普拉央宗、兴海县的赛宗。藏语"宗"本指"石寨"、"山寨"等，这里指藏僧静修地。其中兴海县赛宗寺所在的赛宗，全称"智革贝宗"。2013年赛宗寺被列为全国文物保护单位。

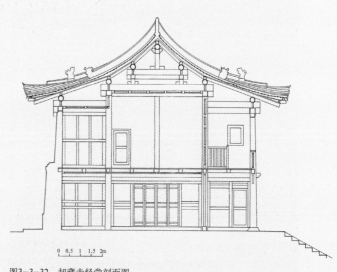

图3-3-32 却藏寺经堂剖面图

1. 阿琼南宗寺

亦作"安穹南宗寺"、"安俊寺"、"南尊寺"等，藏语称"南宗桑俄合丹吉林"，意为"南宗密咒教法兴旺洲"，是青海地区古老的宁玛派寺院，位于黄南藏族自治州尖扎县的坎布拉林区深处。因其所在峰北有似藏文字母"阿"字形石山，如插云端，故名"阿琼南宗"，意为"阿字形天堑"（图3-3-33）。公元9世纪中叶，被后人誉为"三贤哲"的西藏曲卧日山禅僧藏·饶赛等三人因达磨赞普灭佛，辗转逃至此地隐居，阿琼南宗遂成为佛教圣地。此寺后山有五处自然形成的石洞，洞口及洞内略经人工修凿，传说藏饶赛等人当初就在洞内修持。清康熙年间（约1685年），尖扎地区的宁玛派活佛班玛仁增在山峰下主持修建了阿琼南宗寺。原有小石窟5所，有的是自然形成，有的是人工开凿而成，窟门人工建造，飞檐依山，雅致幽美。阿琼南宗寺由于地处偏僻、交通不便，虽历史久远，却规模不大。《青海记》记，当时有寺僧5人。20世纪50年代，建有经堂、佛堂、囊欠各1座，僧舍47间（图3-3-34、图3-3-35）。

2. 夏宗寺

夏宗寺藏语全称为"夏宗珠代"，意为"夏宗静修处"，位于平安县寺台乡瓦窑台村北的阿尼吉利山。夏宗即"夏哇日宗"的缩写，直译为"鹿寨"，言此地幽静，林木茂盛，是鹿类生息地。该寺又作"峡峻寺"、"夏峻寺"、"夏畯寺"等，皆为藏语"夏宗"之异译。这里重峦叠嶂，林木浓郁，兼山泉流水，山花烂漫，景色十分秀丽，不仅以藏僧静修圣地出名，且多有汉、藏名僧活动遗迹。公元399年，汉僧法显等人赴印度求经，曾经此地。西藏噶玛噶举派四世活佛乳必多杰，应召进京途中也曾在此居住。宋代建有静房，后形成夏宗寺，为当彩活佛的主要寺院。全寺临水依山，由经堂、噶玛、八卦亭等三个建筑群组成。其中，经堂院位于

图3-3-33 阿琼南宗寺全景（郑云峰 摄）

图3-3-34 阿琼南宗寺远景

图3-3-35 阿琼南宗寺近景

图3-3-36 夏宗寺局部

岩根平地，为该寺主体建筑，是全寺人聚会诵经的地方，为三转五大开间宫殿式建筑。经堂院依岩建有七层佛宇，是在乳必多杰居住过的石窟基础上扩建而成的，称作"噶玛区"，相传保存有乳必多杰用过的法座以及法器供物、佛像、经卷等。还有一塔，传以宗喀巴的袈裟、靴子等装藏。山腰八卦亭三面绝壁，壁高50余米，挺拔险峰，巍然霄汉。该亭脊分两层，底四顶四，参差错落，从壁下看去，恰为八角，故名八卦亭。初建于清乾隆年间，民国初年被毁，1941年重建。夏宗寺最盛时有殿堂僧房约400间。"文化大革命"期间被拆毁。1985年重建，现已建大殿1座，僧舍5间及山门等（图3-3-36）。

3. 央宗寺

又作羊宗寺，藏语称"普拉央宗静房"。位于乐都县城东南27公里处，在今中坝乡南偏西5公里的羊宗沟。据《安多政教史》等史籍记载，吐蕃赞普达磨禁佛，从西藏逃来青海的藏·饶赛、玛尔·释迦牟尼二人曾一度在此居住。后来，青海地区的不少名僧亦修炼于此。明万历四十七年（1619年），药草台寺建成后，羊宗寺成为瞿昙寺、药草台寺僧人闭关静修的主要静房。约在清道光年间，瞿昙寺第三世智合仓活佛罗桑旺秋噶桑嘉措（亦称智合仓堪钦·噶桑丹增嘉措）于羊宗寺建成无热殿9间。1958年前，除无热殿外，另有僧舍5院106间，全部建筑占地4亩。1966年寺被拆除，1984年重修僧舍4间，现有1僧住寺。

4. 赛宗寺

藏语称"智革贝宗托桑云丹达吉林"，意为"白岩猴寨闻思功德兴隆洲"。位于兴海县治西偏南，在今桑当乡西18公里的赛宗山下（图3-3-37）。赛宗山位于兴海县中部，为安多藏区佛教四大名山之一，山势峻美，远远望去，酷似一头饮水巨象，象鼻下垂于寺前切಄沟中。山上沟壑纵横，洞窟遍布，苍松古柏，葱茏秀丽。传说宁玛派祖师莲花生大师、格鲁派创始人宗喀巴以及隆务寺高僧第一世夏日仓噶丹嘉措等都先后在此活动，留有遗迹。至今有所谓"吉祥坡"、"如意奶牛蹄印"、"莲花生大师修行洞"、"宗喀巴大师法座"、"练经洞"等充满神秘色彩的名胜古迹。由于赛宗山盛名遐迩，历史上各地信徒常来此朝山。据传，约在清末，果洛纳哇活佛来此，曾在赛宗山下建参康1座。21世纪20年代，纳哇去世，该参康遂成遗迹。1923年，同仁隆务寺的第三世阿绕仓大师洛桑隆朵丹贝坚赞（1888~1959年）为实现其前世即第二世阿绕仓·洛桑隆柔嘉措（1808~1886年）的遗愿，亲自来赛宗山，创建赛宗寺，初建了阿绕仓囊欠和18户僧舍。1927年建成小经堂和文殊殿，1951~1954年间，建成百柱大经堂、弥勒殿和护法殿，其百柱大经堂可与西藏甘丹寺大经堂媲美。该寺佛像、佛

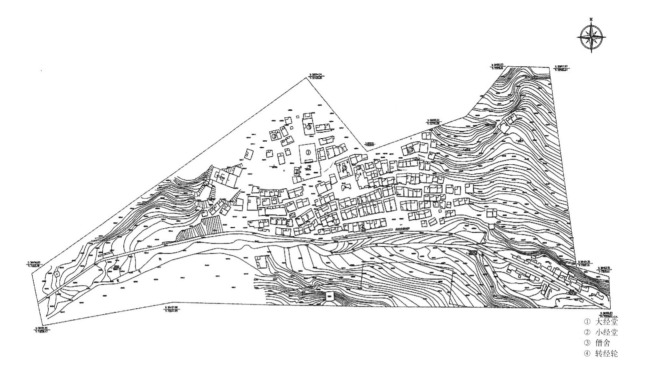

图3-3-37 赛宗寺平面图

① 大经堂
② 小经堂
③ 僧舍
④ 转经轮

图3-3-38 赛宗寺全景

经、佛塔等极为丰富,与格鲁派六大寺齐名。1958年后关闭,1962年一度开放,"文化大革命"时再次封闭。1981年5月10日重新开放,先后重建了小经堂、弥勒殿、阿绕仓大师佛堂、菩提塔,八大灵塔和百柱大经堂,并兴建了5座囊欠和200多院僧舍(图3-3-38)。

八、文都寺

文都寺位于循化县城西南17公里处,在今文都乡西南5公里的拉代村之北侧山坳(图3-3-39)。文都寺的初建年代,最早可追溯到元代以前。据传,最初在寺院上方山坡建有小经堂1座。文都寺亦称"边都寺"、"边垛寺",藏语称"文都贡钦扎

图3-3-39 文都寺全景

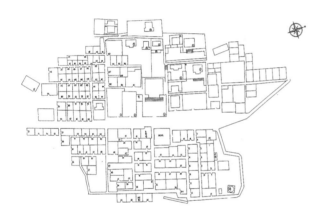

图3-3-40 文都寺总平面图

图3-3-41 文都寺鸟瞰

西曲科尔朗"，意为"文都大寺吉祥法轮洲"。文都寺是循化地区最大的寺院，该寺坐西向东，依山而建，背山农田连片，南为拉代村庄，东面照山为自然林区，一片苍翠。全部建筑占地80余亩，主体建筑有大经堂、三世佛殿、东科尔·多居嘉措灵塔殿（多哇赛东殿）、香维拉康、十一面观音殿（拉康萨尔哇）、称作勾仓拉康的弥勒殿、护法殿、森康、吉康等10座殿堂，共计房342间。其中，大经堂计73间，位于整个建筑群下部平地，为两层楼式建筑，尤为宏丽。另有活佛囊欠10座1555间，僧舍220院4410间。1967年寺院被拆毁。1980年7月25日批准开放，几年来，已修复大经堂、三世佛殿、护法殿、多哇赛东殿等100余间，重修叶什姜囊欠30间，初麻囊欠50间，孕得合囊欠25间。其中大经堂面阔十一间，进深九间，共两层，120根大柱，共用去木材1000多立方米，皆来自本林区。此外，新建班禅行宫37间，小经堂1座37间，茶房43间，藏医室20间（图3-3-40～图3-3-44）。

九、珍珠寺

珍珠寺，位于贵德县城东2.5公里处河东乡保宁村西。藏语称"觉觉拉康"，即觉觉佛殿。《安多政教史》载："当年文殊上师萨班、贡噶坚赞应元朝皇帝之邀，路经青海时，专程到贵德城考查宝塔。恰好收到元朝皇帝赐赠的一骡驮珍珠，萨班大师即以所赐珍珠为资，在贵德修建了释迦牟尼殿，塑造了释迦牟尼佛像等。在举行开光仪轨时，仿佛看到有许多佛、菩萨化入佛像之中。人们以汉语'珍珠'之音称呼该寺，后来其音讹传，称为'觉觉寺'了"。按此，该寺始建于南宋淳祐年间（1241～1252年）。

原建筑有正殿两层6间、观音殿12间、厢房32间。正殿屋脊以琉璃瓦覆盖，殿顶为镏金宝塔、塔直径4米，高5米，仅1954年维修就耗资黄金2.5斤。每逢重大宗教节日，特别是农历三月十五日守斋节，安多、康巴、卫藏乃至印度的善男信女纷至沓来，朝拜场面十分隆重壮观。该寺为黄教寺院，

图3-3-42　文都寺殿堂1

图3-3-43　文都寺殿堂2

图3-3-44　文都寺殿堂3

图3-3-45 珍珠寺主殿（图片来源：网络）

寺中正殿和观音殿于"文化大革命"时拆毁。1987年群众自行重建佛堂1座3间，现有1名寺僧住寺。历史上该寺有寺无僧，历来由贡巴寺代管，以其宗教、历史、艺术价值闻名遐迩。据说珍珠寺为进藏前必拜的寺院，信徒准备进西藏朝拜时，必先来此寺朝拜，而后才能进藏朝拜。现被列为第七批全国重点文物保护单位（图3-3-45）。

第四节 青南地区实例

一、隆务寺

隆务寺藏语称"隆务德钦曲科林"，意为隆务大乐法轮洲。寺院位于青海省黄南藏族自治州同仁县隆务镇，坐落在隆务镇西山麓下，隆务河西岸台地之上，背山面水，坐西向东，占地约380亩。原有大小经堂佛殿31座，活佛囊欠43院，僧舍303院（图3-4-1），有属寺年都乎寺、郭麻日寺、五屯上庄寺、五屯下庄寺、瓜什则寺等。清末全盛时期僧人多达2400人，是青海地区仅次于塔尔寺的藏传佛教大寺。1994年被国务院颁布为全国重点文物保护单位（图3-4-2）。

隆务寺所在地同仁县，早在唐宋时期就有藏传佛教宁玛派僧人在此传教布法。元代伊始，地处黄河谷地的同仁、尖扎、贵德、循化等地隶属河州（今甘肃临夏），河州都元帅府仲哇帕巴龙树曾于隆务河畔建萨迦派小寺。此后，西藏拉杰扎那哇受帝师八思巴派遣到同仁地区弘扬佛法，其子隆钦

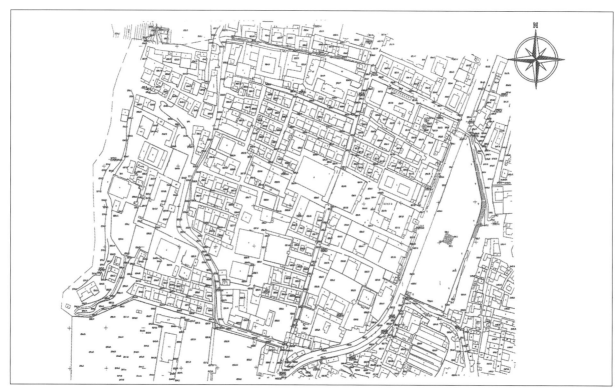

图3-4-1 隆务寺总平面图

多代本成为隆务地区土官。隆钦多代本长子三旦仁钦继承父位，发扬光大，创建萨迦派隆务寺。明代中叶，藏传佛教格鲁派（黄教）兴起，隆务寺顺应潮流，遂改宗格鲁派，寺院日趋兴旺，并受到明皇室的青睐，天启五年（1625年）明熹宗赐给"西域胜境"匾额，悬于经堂门首。明崇祯三年（1630年），夏日仓一世活佛噶旦嘉措主持隆务寺，修建显宗经院（即现在的小经堂）。清乾隆三十二年（1767年）三世夏日仓活佛更登赤列拉杰被清王朝封为"隆务呼图克图宏修妙悟国师"，成为隆务寺寺主和隆务寺所属十二族政教首领，在同仁地区行使区域性政教合一统治。2001年由国家文物局主持，青海省文化厅派员实施，对隆务寺进行了全面维修。

隆务寺的建筑与甘青地区藏传佛教寺院一脉相承，无论从建筑选址、总体布局，还是从建筑形式、彩画装饰，均遵循藏区寺院规制，但隆务寺的选址更为典型，建筑更宏伟，装饰更讲究。

图3-4-2　隆务寺入口广场

（一）建筑选址

用藏传佛教传统的方法处理寺院和环境的关系，与内地讲究的"风水"有异曲同工之妙。隆务寺坐西面东，背依西山，东临隆务河，与汉"风水"坐北朝南、背山面水的原则契合，又自有藏族建筑的特点与讲究。藏传佛教因佛祖释尊诞生在西方，佛经上称"西方极乐世界"，故将寺院的靠山选为西山更显顺理成章。西山形似大象，佛教中青狮白象是圣神之物，前者为文殊菩萨坐骑，后者为普贤菩萨乘驯，白象在藏传佛教中因佛母梦象入怀受胎，降生释迦佛祖更被推崇为圣洁吉祥之灵物。形似白象的西山，预示着这方地域非同寻常。寺院前临隆务河，藏传佛教选址对河水的要求与汉族"风水"类似，认为河水像溶化的酥油一样饱满，平缓蜿蜒，从容不迫，涓涓而流为好，忌湍急陡险。隆务河因下游有高山峡口拦蓄，正具备了以上要求。隆务寺地处有"金色谷地"之称的隆务河畔，周围群山迭起，峰峦拱伏，"天如八辐法轮，地如八瓣莲花"，寺院犹如盛开莲花之蕊，是吉祥福地无疑。山上清泉流淌，翠柏丛生，泉水被藏族群众视为药泉，饮而祛病健体，松柏被尊为神木，裹以经幡。隆务寺背依西山如大象，周围的群山峦头又因形态各异，一一对应，形似佛八宝，被尊称为海螺山、壶山等。这是一种理想化的渲染，更增添了这方地域的神圣之感。

（二）建筑布局

隆务寺的总体布局与汉地佛教寺院中轴、对称的严整规划不同，看似自由发展，但多以一个最主要的建筑为中心，环绕展开。隆务寺以夏日仓行宫释迦佛殿为中心，利用山势构建出寺院的至高点，成为隆务寺最宏伟、最显眼的核心建筑。以下随地就势环绕建大经堂、小经堂、居巴扎仓（密宗学院）、丁科扎仓（时轮学院）四大学院，散步文殊菩萨殿，堪钦弥勒佛殿，护法殿等主要建筑，另多座活佛灵塔殿错落其间，如同颗颗明珠镶嵌在白玉盘上。寺内有横贯南北及东西的两条主干道，连接寺院主要殿堂。活佛居住的囊欠院随道路穿插其间，外围是众多的僧舍小院，小巷纵横，千门万户，别有情趣。隆务寺原有大小殿堂31座，囊欠43院，僧舍303院，占地380余亩，规模十分可观。

（三）建筑形制

隆务寺及其属寺的建筑受汉地建筑影响较大，但仍保留了藏式建筑的传统，具有强烈的民族风格，形成了藏汉合璧的独特造型。如寺院最主要的建筑隆务寺大经堂及几个属寺大经堂，体量都很大，底层平面呈长方形，面阔七至十一间，进深九至十三间，由门廊、诵经大厅、后佛殿组成。二层中间拔起天井殿，三面围以回廊，后上方起后佛殿顶。天井殿顶和后佛殿顶一般为汉式歇山或硬山，其主要功能是供诵经大厅和后佛殿采光之用，其余房屋采用藏式平顶。墙体为版筑土墙，厚约2米，收分明显，墙上安藏式檐窗，墙体上部做边麻墙饰，上面装饰铜镜，经堂正面铜镜錾十相自在梵文图案。墙顶部做单坡瓦顶墙帽，既保护夯土墙免遭雨淋损坏，而且还有很好的装饰作用，远看如同一层层屋檐，丰富了建筑层次。门廊及诵经大厅的柱梁结构均为藏式托木结构，或称藏式柱梁结构，形制独特，雕刻精美，描金绘彩，而且柱子很多。如大经堂底层就有168根柱子横竖成行，在法会时可同时容纳1200名僧人跌坐诵经，使人如置身于森林之中一般，形成金碧辉煌、空间无限的感受。二层回廊则为汉式地方手法，单坡平顶。一般作为客房，僧舍和库房。门廊二层楼设为小佛堂，靠后墙置千佛龛，作为日常奉佛的地方。较晚建造的大经堂门廊两侧还有精美的砖雕墀头。大经堂天井殿顶及墙帽四角安镏金宝瓶、法轮双鹿、法幢等法器，增添了宗教的神圣庄严之气氛和建筑的轮廓之美（图3-4-3~图3-4-5）。

隆务寺及属寺另一个主要建筑是弥勒佛殿。以堪钦弥勒佛殿和郭麻日弥勒佛殿为例，其建筑结构为汉式，三重檐歇山顶大殿，面阔五间，进深六间，柱梁结构为甘青地方做法。每层柱头施斗栱，前廊为卷棚顶。六根藏式朱红大柱描金飞彩，明间安实扇大门，两侧墙面上安装四大天王巨幅唐卡。

图3-4-3 隆务寺经堂入口

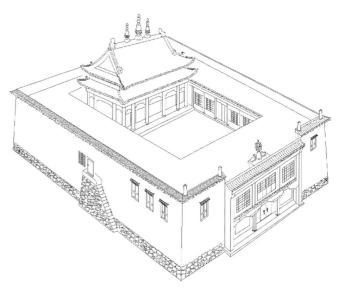

图3-4-4 隆务寺大经堂鸟瞰图

进佛殿，则可仰头瞻仰巨大的弥勒佛像，高约13米，造型精美，比例合度，神情安详，庄严肃穆。佛像通体贴金，镶嵌珠宝（图3-4-6）。

隆务寺及属寺再一种类型的建筑就是文殊殿和活佛灵塔殿，外形相似于大经堂，规模比经堂小，

图3-4-5　隆务寺大经堂立面图

图3-4-6　隆务寺弥勒佛殿立面图

图3-4-7　隆务寺灵塔殿立面图

中间歇山顶高出外墙，墙体做法与经堂相同，亦有藏式檐窗、边麻饰墙和墙帽，藏汉合璧，十分紧凑（图3-4-7）。

隆务寺的僧舍小院与当地农家相似，一个个紧挨的小院，整洁干净，院内一般有正房、东西房十

几间小屋，皆为甘青地方做法的小式建筑，木构平顶，夯土院墙，是僧侣们（藏语称阿卡即为和尚）生活起居和日常修行的地方。相比而言活佛的宅院就较高大讲究，有二进或三进院落，前院为伙房、马厩、库房，中院为客房、僧舍，后院为活佛诵经佛堂以及起居室。活佛在寺院中享有特殊地位，按佛教遗规，历辈转世，从小受到严格的佛学和文化教育，起着统领寺院、执行佛教规范、管束僧人的作用。活佛宅院藏语称囊欠，建筑结构及装饰较讲究，砖雕墀头，雕花窗，室内木地板，院内砖海墁，众多的囊贝各有千秋。

隆务寺所在的同仁县是"热贡艺术"的故乡，隆务寺及属寺中的建筑与热贡艺术紧密结合，形成了具有强烈民族风格和独特艺术魅力的建筑艺术。

二、五屯寺

位于隆务镇东7公里的五屯下庄东侧，分上、下两寺，两寺相距1.5公里，与年都乎乡的年都乎寺、尕沙日寺、郭麻日寺，保安乡的卧科寺等并称为"隆务四寨子寺"。建筑年代无史料可查，相传已有三百多年的历史。至1958年，有大经堂、弥勒殿、护法殿各1座，茶房1院，囊欠5院约200间，僧社88院，全寺建筑面积约80亩。1981年10月批准开放，现重建僧舍40多院，新建辩经房、龙王殿和白塔1座，住寺僧人40余户80多人。五屯下庄寺僧亦擅长绘画、雕塑，现有画师20多人，历史上出过不少藏传佛教艺术大师。"热贡艺术"是藏传佛教艺术的重要流派，主要包括唐卡、堆绣、雕塑、壁画、彩绘、酥油花等，也称五屯艺术。其主要特点是着色鲜艳、对比强烈、人物生动，世俗气氛浓郁，在国内藏传佛教地区乃至尼泊尔、印度广有影响。1982年，该寺重塑弥勒殿中弥勒佛像，佛身高大，嵌有各种珠玉宝石，充分显示了五屯艺人们的高超技艺，参观者无不叹服。五屯上、下寺与隆务寺并列为全国重点文物保护单位（图3-4-8、图3-4-9）。

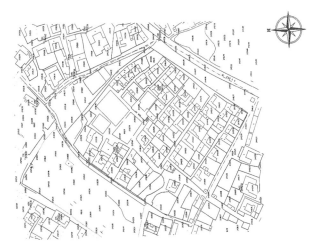

图3-4-8 五屯上寺平面图　　　　　　　　　　　　　图3-4-9 五屯下寺平面图

三、德千寺

　　德千寺位于尖扎县治马克唐镇西南15公里，在今能科乡西500米处。整个寺院藏于山坳之中，周围青松环绕，农田层层，环境幽静舒适，风光秀丽如画。亦作"德钦寺"、"德谦寺"、"德欠寺"，"德缠寺"、"德禅寺"等，藏语称"拉莫德千群科林"，意为"拉莫大乐法轮洲"。该寺由拉莫三世所创建，故一般称"拉莫德千寺"，是尖扎地区最大的格鲁派寺院（图3-4-10）。1958年前该寺院建筑占地约200亩，有大经堂2座173间，大小佛堂26座，活佛囊欠24座，僧舍115院1725间，另有耕地2094亩，园林1800多亩，寺僧115户522人。寺内文物颇多，最出名的有赤金度母、檀香木度母、金灯、

历代活佛灵塔等。1958年后和"文化大革命"期间，除智干、玛卡古雪、塔秀、夏玛尔等活佛囊欠和30院僧舍外，其他建筑被拆毁。1980年4月批准开放，现重建经堂1座，囊欠6院，僧舍76院228间（图3-4-11）。

　　德千寺赛赤活佛行宫，位于尖扎县能科乡西南500米的德欠村内。二进院式建筑，一进院由东、西、南三面两层楼平顶建筑组成。二进院由过厅、东西厢房和佛堂组成，占地面积2200多平方米（图3-4-12）。其中佛堂为藏式平顶式建筑，面阔七间、31米，进深四间、11米，高5.5米，用五架梁，梁上托五个檩，设中柱。

图3-4-10 德千寺法会

图3-4-11 德千寺入口

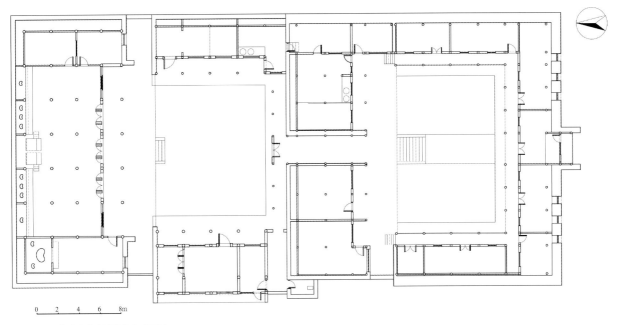

图3-4-12　德千寺赛赤活佛行宫平面图

四、智合寺

智合寺又称洛多杰扎寺，始建于唐会昌年间，元代时萨迦班钦在此建本康1座，清代在此凿开岩壁建佛堂1座，塑立佛像。智合寺因以崖洞为主亦称"金刚崖寺"，为青海省文物保护单位（图3-4-13）。寺院位于尖扎县马克唐镇洛科村北，锡浆岩山腰间，由洞窟和木构建筑两部分组成，并分上、中、下三层布局。上院有天然及人工石窟24处，呈一字状由西向北排开，静卧在垂直高度约80米的山腰中部；中院有一座埋藏刺杀吐蕃王之铁质弓箭而建的万佛塔；下院便是大经堂（图3-4-14、图3-4-15）。现寺院有各式古代自然及人工殿堂28间（处），所藏文物有北魏时期以来的各类佛像、雕塑、卷轴画、壁画、金银手抄秘籍等1136件（图3-4-16~图3-4-21）。

五、文成公主庙

文成公主庙，又称贝大日如来佛石窟寺，坐落在玉树藏族自治州首府结古镇南约25公里的巴塘山勒巴沟（贝都满沟）沟口，建于唐代，后几经翻修、扩建，成现今规模和式样。其中贝大日如来佛石窟寺的石刻文物，始凿于公元642年左右，公元653年完成，属汉、藏友好史上弥足珍贵的文化遗存。文成公主庙沿岩壁修建，殿堂平面方形，三层中部通高，墙面除正面有一小窗外，其他三面均未设窗。上层平顶，女儿墙采用黑色蜈蚣墙装饰。殿门设门斗，墙面土红色，是纯粹的藏式建筑风格。2006年5月25日被国务院公布为全国重点文物保护单位（图3-4-22）。

文成公主庙由大日如来佛浮雕、左右藏汉刻文、章冈及卓拉摩崖组成，石刻面积约为350平方米。佛堂略呈长方形，坐北朝南，紧靠石崖，面阔五间、23.4米，进深五间、14米，高16.4米，前廊进深二间，佛堂进深三间，内供大日如来佛像（图3-4-23~图3-4-27）。

文成公主庙所在的勒巴沟，东邻金沙江，西接结古镇，还有大量摩崖存在，据考始刻于公元712年左右。它与贝沟的大日如来佛石刻文物，同属汉、藏友谊史的实物见证。在沟内溪水中，有大量当地藏族群众敬刻的嘛呢石，人称玉树的"水嘛呢"。

图3-4-13　智合寺远景

图3-4-14　智合寺全景

图3-4-15　智合寺经堂

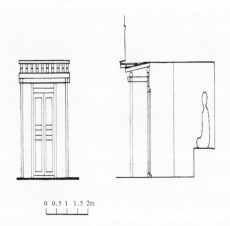

图3-4-16 智合寺部分洞窟平面图

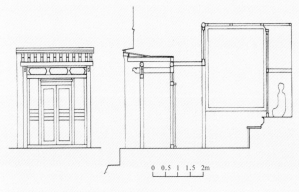

图3-4-17 智合寺1号窟立面、剖面图

图3-4-18 智合寺2号窟立面、剖面图

图3-4-19 智合寺局部建筑

图3-4-20 智合寺近景

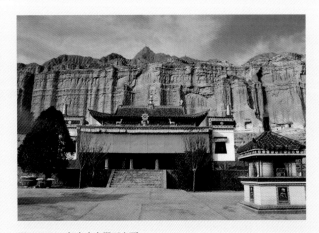

图3-4-21 智合寺主殿正立面

图3-4-22 文成公主庙正立面

图3-4-23 文成公主庙内贝大如来佛像

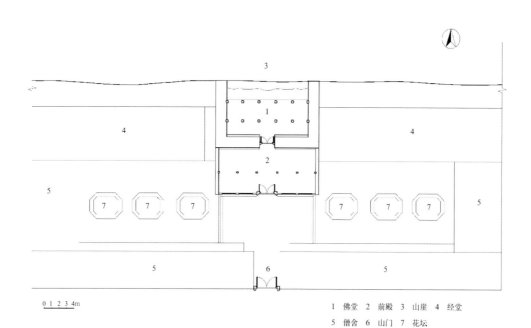

0 1 2 3 4m

1 佛堂 2 前殿 3 山崖 4 经堂
5 僧舍 6 山门 7 花坛

图3-4-24 文成公主庙平面图

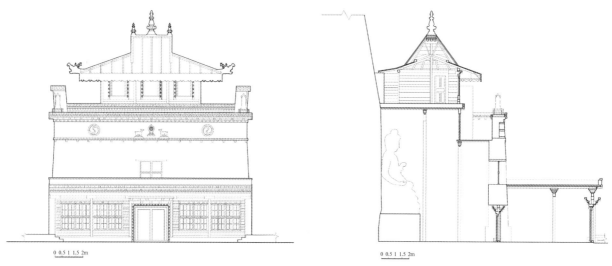

0 0.5 1 1.5 2m

图3-4-25 文成公主庙立面图

0 0.5 1 1.5 2m

图3-4-26 文成公主庙剖面图

图3-4-27 文成公主庙全景鸟瞰

六、结古寺

结古寺位于玉树藏族自治州结古镇北木它梅玛山，为当地原扎武部落的萨迦派寺院。藏语称"结古顿珠楞"，意即"结古义成洲"。据传，这里很久以前有一座苯教寺院，到元末，苯教寺院已不存在，而是两座属噶玛噶举派的小寺（其中一座为尼姑寺），另建有扎武头人的红宫。明洪武三十一年（1398年），西藏萨迦派大喇嘛当钦哇·嘉昂喜饶坚赞（1376—？）来此传教，得到扎武头人的支持，原有噶举派二寺僧尼被迫迁往别处，当钦哇在原来建筑的基础上建成结古寺。历史上，结古寺是玉树北部地区的萨迦派主寺，以建筑宏伟、寺僧众多、文物丰富、多出学者而出名。整个寺院依山势而建，殿堂僧舍错落有致，远望似多层楼阁耸立，主体建筑"都文桑舟嘉措"经堂是由萨迦寺大堪布巴德秋君和嘉那活佛第一世多项松却帕文设计，在德格佐钦寺支持下，扎武迈根活佛主持修建，可容纳1000扎哇诵经（图3-4-28）。此外，讲经院、大昭殿、弥勒殿、嘉那和文保活佛院等都规模较大，且各具特色。该寺原藏有嘎阿尼当巴的牦蠹、八思巴所赠释迦牟尼唐卡、护法面具和檀香度母、古印度铃杵、传为格萨尔用过的钗钹和扎武部落从故居象雄带来的宝刀等。由于结古寺盛名遐迩，加之地处结古镇，曾来许多名人，1937年藏历十二月一日，九世班禅大师却吉尼玛在返藏途中于结古寺圆寂。

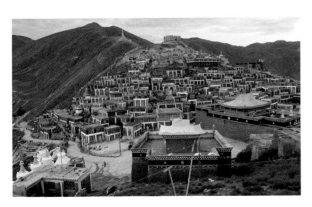

图3-4-28　结古寺正面全景

图3-4-29　结古寺夜景

图3-4-30　结古寺侧面全景

结古寺嘉那活佛，其第一世名多项松却帕文，昌都囊同人，青年时期于峨眉山、五台山等地居留20余年，精通汉语文，服饰略似和尚，故称之为"嘉那朱古"（汉活佛）。他多才多艺，独创了著名的卓舞。晚年定居结古镇东新寨村东面山坡，并在新寨修建嘛呢堆，人称"嘉那嘛呢"。该嘛呢堆由刻有六字真言的嘛呢石垒成，随着历年添加，体积越来越大，至今嘛呢石已达2.6亿块，有"世间第一大嘛呢堆"之称。结古寺现为省级重点文物保护单位。2010年4月14日，玉树结古地震，寺院受到严重损坏，并有数名僧人丧生。震后恢复重建，结古寺除维修建设了一般经院、殿堂和僧舍外，还完成了震前开工的大经堂的扩建工程，增建了部分僧舍（图3-4-29～图3-4-31）。

图3-4-31 结古寺局部景观

七、拉布寺

拉布寺，藏语称"嘎登郭囊谢舟派吉楞"，意为"具喜显密讲修兴旺洲"。位于玉树藏族自治州称多县治南20公里处，在今拉布乡拉司通村（亦名拉莎梅朵塘）学群沟口的嘉日僧格昂却山（狮子跃空山）山麓。沟脑有格拉山，寺后有叶热公嘉山，寺前有玛嘉山，均为该寺神山（图3-4-32）。

拉布寺是玉树地区格鲁派大寺之一。早期，这里是一座萨迦派小寺。明永乐年间，宗喀巴弟子代玛堪钦元登巴奉师命来今多县地区建寺，见拉司通学群沟口山清水秀、风景宜人，便选定寺址，在当地拉布头人尼玛本的协助下，于永乐十六年（1418年）改建原有萨迦派小寺，新建经堂1座，僧舍6间，聚僧10人，形成拉布寺。寺院初建，即受到宗喀巴和明王朝的支持。据传，宗喀巴曾赐赠自己的头发、衣饰等作为泥塑佛像的装藏物，并赐度母像1尊，明廷曾赐给护法像1尊和禅杖等法器。寺院建成后，代玛堪钦积极活动于附近各地，扩大影响，很快将今玉树县原属直贡嘎举派的嘎拉寺和让娘寺吸收为子寺，使之改宗格鲁派。代玛堪钦晚年又到今海西州的都兰县和四川石渠县一带活动，进一步发展势力。约在清道光年间，该寺活佛吉热多杰入京觐见清朝皇帝，得到丰厚赐赠，被任为拉布族百户，管理当地一切政教事务。清同治三年（1864年）清朝敕赐小金匾1块。同治十二年（1873年），通过西宁办事大臣锡英又赐"普济寺"匾额。至

此，拉布寺进入全盛时期，下辖子寺18座，除嘎拉寺和让娘寺外，尚有本县的邦布寺、赛航寺、卡纳寺、休马寺，玉树县境内的刚拉寺、龙喜寺，都兰县的仁乃寺（亦名切贡寺），四川石渠县的石渠寺、嘎伊寺巴热寺、邦尼寺、本萨寺、木改寺、巴达寺、群科寺等。该寺建筑宏伟，居玉树各寺之首，对此，《玉树调查记》已有详细描述；据1955年调查资料，当时全寺有大小殿堂21座，僧舍120院，寺僧550人，大小活佛15人。其中，第十三世江永洛桑嘉措，是一位很有远见的活佛。他从北京学习回来，按京城建设经验改溪水，治河床，筑河堤，重新规划乡村道路和民居建筑，在与寺院毗邻的拉司通村中修建了具有方正的"卍"字符式的村庄道路；从西宁、湟中等地用毛毡包裹、牲畜驮运树

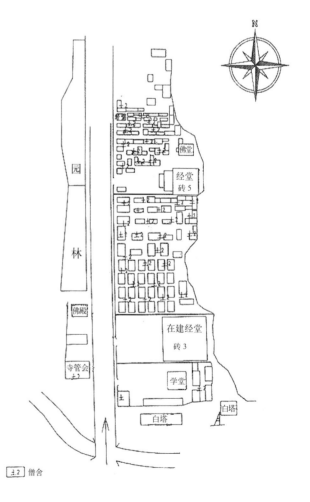

图3-4-32 拉布寺总平面图

图3-4-33　拉布寺近景

图3-4-34　仰望拉布寺

图3-4-35　拉布寺经堂（图片来源：网络）

苗，在拉司通等地反复试种，使玉树、称多等高海拔的地区也能绿树成荫。他从北京请来工匠，就地烧制砖瓦、石灰，培养当地人材。他还致力于寺院建设，将一座小经堂扩建为具有180根柱子的两层大经堂，新建辩经院，创办该寺"吉索"、"拉斯吉索"、"霍仓吉索"、"公巴逊"等四处商号，每处10人，往返于康藏和内地（图3-4-33～图3-4-35）。

八、然格寺

然格寺位于青海省玉树藏族自治州玉树县小苏莽乡境内，所在地名为江西村然格卡，距州府所在地结古镇200多公里，距江西村约20公里，海拔3776米，地理坐标东经97°08′23.2″、北纬33°00′38.3″，占地面积2706平方米（图3-4-36）。

桑珠颇章大经堂
阎王护法殿
空载佛塔
转经筒殿
纳入本次修缮的僧舍
其他建筑

图3-4-36　然格寺总平面图

然格寺属藏传佛教噶举派四大八小支系中，传承竹巴噶举教法的藏区著名学者、大成就者康巴噶玛旦培的弟子差钦活佛，创建于1617年，差钦活佛至今已转世了第八世活佛。

然格寺所在的环境非常优美，从寺院的选址来看，其东临珍那山，南望然帮山，西邻贡多当泽山，北依叶然拉泽山，周边群山环绕，如莲花盛开，而然格寺就坐落在这莲花盆地里，极为殊胜（图3-4-37）。在历史文献中就有记载，此地为金刚亥母的圣地，山上长有茂密的柏树、杉木林，林中鸟语轻歌，各种动物与世无争，自在遨游，是名副其实的一处闭关修炼之地，也是祥瑞聚集之地（图3-4-38）。

然格寺现有桑珠颇章大经堂、新大经堂、空载佛塔、转经筒殿、阎王护法殿等大小不等的殿堂5座，还有37处传统僧舍，以及各类佛塔、察察房十余座（图3-4-39）。另外，目前还有正在建设的接待房、大厨房以及僧舍32座等寺院建筑。这些建筑以大经堂为中心，随山势高低自由布置，错落有致、主体突出，再加上周边山林的衬托，具有藏传佛教寺院自然古朴、宛如天造、并与环境融为一体的特征。现有的桑珠颇章大经堂是然格寺最古老的经堂，距今至少有400多年的历史，大殿内墙壁上风格迥异、笔法精湛、内容丰富的壁画，是然格寺最有价值的文化遗存。经堂内供奉有释迦牟尼、莲花生大师、护法神、竹巴噶举祖师等几十尊铜制、泥塑佛像，以及佛经上百卷。另外，还有一定数量的珍贵唐卡、法器等。

然格寺创建至今，已有400年的历史，经历了不同朝代的更替，其间虽经受过一定的人为及自然的破坏威胁，但因其区位相对闭塞偏远，交通不便，使得其佛法一直延续。"文化大革命"期间，桑珠颇章大经堂由当地几位有识之士的保护，作为大队的仓库，而没有遭受"破四旧"运动的破坏，使得这一在玉树地区仅存的少数古老建筑留存至今。

1981年寺院开放后，因无资金一直未做大的修

图3-4-37　然格寺远景

图3-4-38　然格寺近景

缮和增建，因此寺院整体风貌依然如旧，也成为今天然格寺价值的重要体现。2000年后，寺院僧众齐心合力，多方筹集善款，修缮老经堂、空载佛塔、新建大经堂等建筑。

颇章大经堂位于然格寺中心位置，东、西两侧分别为新建接待用房和大厨房。大殿坐北朝南，平面呈方形，东西宽约18.27米，南北长23.05米，是寺院举行法会活动的场所。大经堂共计三层，总高13.44米，带有明显的收分，顶层未设金顶。殿前设抱厦廊道，东西面阔二间，南北进深一间，前檐墙正中劈设头道板门，由头道板门进入门厅，门厅作为僧俗进入经堂脱去革帽以及防寒护暖的过渡空间。门厅面阔三间，进深二间，中间设两根立柱，内墙壁上绘有模糊不清的壁画，柱头及梁椽间饰有彩画。门厅西侧为一间储藏间（南墙上开有小窗），

图3-4-39 然格寺僧舍

图3-4-40 然格寺大经堂

东侧为楼梯间。之后，门厅北墙正中二道板门进入经堂，面阔五间，进深四间，东西向有木柱4根，南北向木柱3根，共计12根，靠北中间4根木柱直通二层。经堂内通高的部分设南高侧窗，形成竖向较大的明亮空间，经堂北侧未设佛堂。经堂东墙上劈设进入经堂的板门一道，也可由此直接通往室外。经堂内南墙及东、西两侧都绘有珍贵的壁画，其中东、西两侧墙壁北二分之一未绘有壁画，两侧立有经柜，北侧供有佛像（图3-4-40～图3-4-45）。

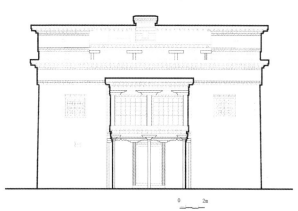

图3-4-42 然格寺大经堂正立面图

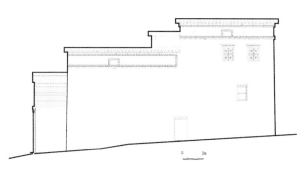

图3-4-43 然格寺大经堂东立面图

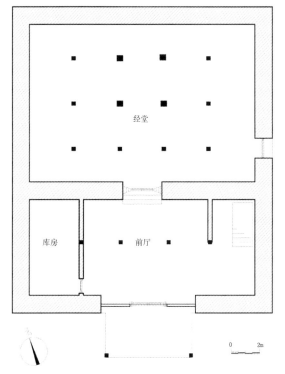

图3-4-41 然格寺大经堂平面图

经堂

库房　　前厅

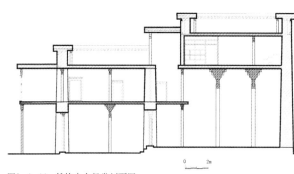

图3-4-44 然格寺大经堂剖面图

图3-4-45　然格寺大经堂东立面

图3-4-46　然格寺普巴护法殿

门厅东侧设有楼梯间，设扶手进入二层天井，通高两层，上有无窗采光口。天井北侧中间大跨为下层经堂的高侧窗，窗饰较为华丽，但油饰脱落较多，高侧窗左右各有一间房间。天井南正中设有一门，内有通道，左右设储藏间，通道南又设一道板门，进入正中靠南的一间大阅经室。其面阔三间、进深二间，中间设有两根木柱，彩绘雕刻精美。大阅经室两侧墙上设有板门，各进入一房间，南墙上设有窗户，东为高僧休憩之所，西为护法殿（图3-4-46）。

由二层天井东侧楼梯，进入三层平台。三层前半部分为天井，四周由矮柱回廊环绕，回廊墙壁外侧为大经堂边麻草。后半部分为三层房舍部分，其入口设在楼梯间西侧，由板门进入一较宽敞的廊道，廊道顶端设一板门，进入一诵经室，诵经室用板墙分南北两间，北间供有护法神，南为诵经室。廊道北侧墙上设有两道板门，西板门内为厨房，厨房西套有一间食物储藏室；东板门内为闭关修行房。三层屋顶可通过单木梯上至屋面，三层屋面正中设一小型方体，靠北为厨房的天窗。

九、贡萨寺

贡萨寺位于青海省玉树州治多县多彩乡赛莫涌村，城海拔4361米，地理坐标东经95°28′、北纬33°05′，坐落在县城以西9公里处的嘉吉阿尼尕保山南坡山脚（图3-4-47）。

贡萨寺是治多县唯一的藏传佛教格鲁派寺院，始建于公元12世纪末，创建者是仲·秋吉次成邦巴，是贡萨寺住持活佛秋吉的第一世，属噶举派四大支系之一的拔戎噶举派。

寺内现有大经堂、香巴（弥勒）佛殿、密宗护法殿、转经筒殿、宗喀巴大佛殿（2004年大上海世界吉尼斯总部给贡萨寺颁发了"大上海世界吉尼斯之最"证书）、第十九世秋吉活佛灵塔殿、新建护法殿等大小殿堂7座，晒佛台1座，八宝如意塔2座，长寿塔1座，天葬台1座，活佛行宫、大厨房、接待中心各1座，大小僧舍100多座（图3-4-48）。形成以宗喀巴大佛殿、灵塔殿以及护法殿为中心，其他建筑依山势层层跌落、环绕中心自由布置的寺院整体空间布局，整个寺院宛如自然生长在山坡间，与群山河谷融为一体，颇为壮观，具有主次分明、依山而建、自然古朴、气势雄伟的藏传佛教寺院典型特点（图3-4-49、图3-4-50）。

贡萨寺在"文化大革命"期间，位于立新乡通天河畔闹布旺江的贡萨寺旧址建筑以及诸多珍贵文物受到前所未有的毁坏和丢失。1981年寺院开放后，应信教群众的祈求，在第十九世秋吉强巴图登格来嘉措活佛的主持下，寺院从旧址迁移到现址。

贡萨寺旧址位于青海省玉树州治多县立新乡贡萨村，东邻龙永荣（沟），南依贡宁拉山哑，西靠贡萨日措山，北望通天河。地理坐标：东经96°12′07.0″，北纬33°43′49.3″，海拔高程4045米（图3-4-51）。

图3-4-47 贡萨寺全景

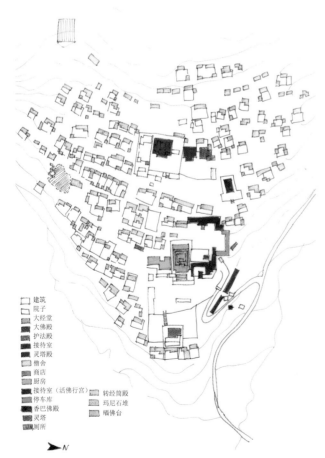

图例

建筑
院子
大经堂
大佛殿
护法殿
接待室
灵塔殿
僧舍
商店
厨房
接待室（活佛行宫）　转经筒殿
停车库　　　　　　　玛尼石堆
香巴佛殿　　　　　　晒佛台
灵塔
厕所

N

图3-4-48 贡萨寺总平面图

图3-4-49 贡萨寺近景

图3-4-50 贡萨寺宗喀巴大殿

图3-4-51 贡萨寺旧址全景

图3-4-52 贡萨寺旧址近景

图3-4-53 贡萨寺旧址大佛殿

现存旧址有大经堂、香巴佛堂、拉章、百户府邸等诸多建筑遗址，其勒脚部分由青石板垒砌，上身为夯土筑成，具有鲜明的藏式建筑特点，内部空间组织结构和总体布局尚清晰可见（图3-4-52～图3-4-56）。

2013年贡萨寺旧址和宗喀巴大殿被列为第七批全国文物保护单位。

图3-4-54 贡萨寺旧址拉章遗址

图3-4-55　贡萨寺旧址复建僧舍

图3-4-56　贡萨寺旧址断墙

十、土登寺

位于玉树称多拉布乡达格沟口的土登村，西距通天河兰达渡口、康区著名的白塔——嘎域白塔2公里。元朝时萨迦派五祖之一的八思巴国师经过渡口附近的日通寺，将该寺搬到今土登寺，使其成为萨迦派寺院，即土登寺，算来已有740多年的历史。该寺规模不大，但因历史上出现过许多大成就者而著名，其中当代瑜伽大师秋英多杰仁波切2010年圆寂于此，为他专门在经堂西侧修建了三层基座的纪念塔（图3-4-57）。

土登寺大经堂为土木平顶结构，面阔七间，进深七间，36柱，两层，前部平顶上举起两层歇山屋顶，外设五开间的柱廊；小经堂面阔七间，进深五间，20柱，平面成"凹"字形，外挂三开间柱廊；上下护法殿，其上护法殿由8个柱子支撑。另有僧舍42院200间。大经堂寺中供奉着八思巴大师赐予的释迦牟尼像和布扎护法神（图3-4-58～图3-4-62）。

十一、达那寺

藏语称"达那僧格南宗"，意为"马耳狮子天堡"。位于玉树藏族自治州囊谦县吉尼赛乡，地处该县吉曲乡西、尕永乡东和吉尼赛乡南三乡交界处的达那山山腰（图3-4-63）。"达那山"即"马耳山"，得名于该山最高处状若马耳的石峰，石峰下面是一片沙土地带，颗颗沙粒在阳光下闪闪发光，其下草坪如茵，再下松柏茂密，寺院即在林间。山腰下面一片河柳、刺丛，清澈的麦曲河自山根缓缓流过，为与印度格本日地方的达那寺相区别，囊谦达那寺一般又被称为"北部达那寺"（图3-4-64）。

图3-4-57　土登寺总平面图

图3-4-58 土登寺全景

图3-4-59 土登寺大经堂

图3-4-60 土登寺经堂局部

图3-4-61 土登寺佛塔

图3-4-62 土登寺经堂内部佛像

图3-4-63 达那寺全景

达那寺是藏区唯一一座格萨尔岭国寺院，也是目前藏区仅存的一座藏传佛教叶尔巴噶举派寺院，是省级文物保护单位。达那寺最初为本教寺院，公元1188年由帕竹葛举派创始人帕摩竹巴的弟子桑结叶巴·伊西则改建，迄今已有800多年历史。达那寺原建有100根大柱的"嘎嘉麻"大经堂，现有的叶巴经堂呈方形，高20多米，其中供奉着9米高的英雄格萨尔王及其部将的塑像，以及他们用过的战刀、盔甲和衣物等，还陈列着数万卷藏族早期的经卷和极其珍贵的其他文物（图3-4-65）。

图3-4-64 达那寺夜景

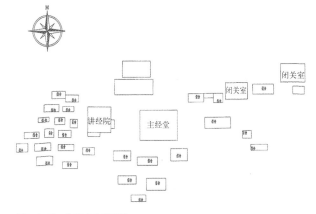

图3-4-65 达那寺总平面图

图3-4-66 达那寺三十将军灵塔

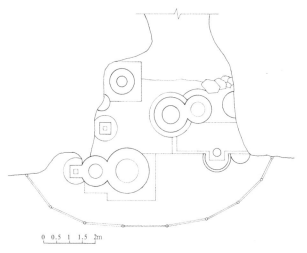

图3-4-67 达那寺三十将军灵塔南区平面图

"文化大革命"期间，达那寺古建筑及文物遭到了严重的烧毁和破坏，目前保留了部分文物和古建筑：帕摩竹巴灵塔殿1座，为两层，内供帕摩竹巴灵塔；叶巴殿1座，内供传为桑杰叶巴·伊西则自塑的自身药泥像和该寺前身主供的苯教祖师敦巴辛饶的镀金铜像；格萨尔王及其三十大将灵塔群，造型雄伟，是青藏地区藏式灵塔中布局规模最大的一种"群组式灵塔"，在建筑形式上不仅传承了印度佛塔的基本规格，又有唐代晚期藏式灵塔（噶丹式）营造风格及建筑艺术。古塔保存较为完好，塔内三十多种宋代擦擦佛像精美无比（图3-4-66～图3-4-68）。

达那寺最盛时有寺僧300人，子寺有今囊谦县尕永乡的嘎扎西寺、吉曲乡的叶文寺和赛佐强寺等。

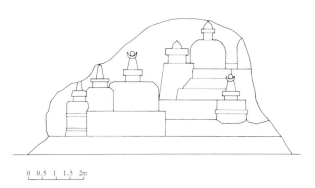

图3-4-68 达那寺三十将军灵塔南区正立面图

寺院所在的达那山西面的龙保山，山顶群石林立，上有传为格萨尔及其部将的墓葬塔，均为噶丹派塔形，上镌各色藏文字，惜因风化雨淋，岩羊舔蹭，字迹已难辨认。一些塔内有大小不等的泥制塑

图3-4-69 达那寺近景

像，一般四种，最大者白色，次为浅红，再次为深红，最小者为黑色。泥像上均印有近似六字真言的梵文字（图3-4-69）。

十二、桑周寺

在玉树县仲达乡，1449年嘎·然江巴·更嘎益西将藏娘地区的仁真敖赛寺（苯教）、巴钦班觉寺、巴格达宗寺合三为一，在藏娘佛塔脚下创建了萨迦派属的桑周寺。1732年以来，大堪布巴旦曲迥三次到藏娘地区维修藏娘佛塔，设计并扩建桑周寺，亲自制定了桑周寺寺规。1942年，萨迦法王阿旺更嘎索南为桑周寺创建五明学院堪布（图3-4-70）。

藏娘佛塔及桑周寺依山傍水，群山环绕，面向河谷的景观视野十分开阔，环境十分优美。特别是藏娘佛塔在数公里以外就可以看到，成为视觉的中心，反映了当时选址的理念（图3-4-71）。

藏娘佛塔及桑周寺自始建以来，其前后有近千年的历史，历经不同朝代的更替和战火劫难，依然保存至今。经过累世的建造、修补，形成以佛塔为中心，包括小经堂、弥底嘉纳修行处、长寿殿遗址、佛塔、转经廊、擦擦房等数十座建筑组成的佛塔建筑群。另外，桑周寺也形成以大经堂为中心，

护法殿、展佛廊以及几十座僧舍组成的建筑群，整体协调统一，与自然环境融为一体（图3-4-72）。

藏娘佛塔及桑周寺建筑群，大多为土木、土石结构。佛塔塔身用石块砌筑成圆柱形，弧度圆润，十分精致。佛殿墙体则有明显的收分，部分建筑檐口用边麻墙装饰，门窗装饰很少有梯形边框，明显带有玉树特有的风格。佛塔塔身内廊壁上有精美的壁画，成为整个佛塔最有价值的信息载体，而其中的装藏据文献记载更是价值连城。佛殿建筑内部的木梁、墙壁上绘有佛教故事、人物以及

图3-4-70 桑周寺全景

图3-4-71　桑周寺俯瞰

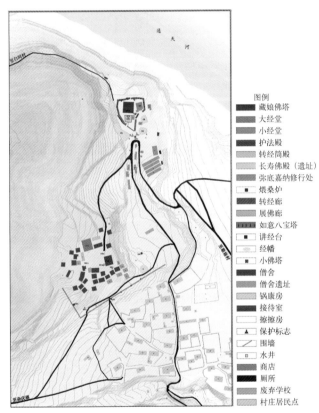

图3-4-72　桑周寺总平面图

图例

藏娘佛塔
大经堂
小经堂
护法殿
转经筒殿
长寿佛殿（遗址）
弥底嘉纳修行处
煨桑炉
转经廊
展佛廊
如意八宝塔
讲经台
经幡
小佛塔
僧舍
僧舍遗址
锅康房
接待室
擦擦房
保护标志
围墙
水井
商店
厕所
废弃学校
村庄居民点

图3-4-73　桑周寺藏娘佛塔壁画

图3-4-74　桑周寺藏娘佛塔和小经堂

图3-4-75　桑周寺大经堂

吉祥符号，反映了藏娘地区精湛的绘画技艺，其中藏娘佛塔回廊的1400多幅千年壁画，文物价值较高（图3-4-73）。另外，寺院保存有自苯教、唐蕃时期以来大量的可移动文物，反映了不同时期的艺术风格特点、制作工艺以及材料等历史信息，实为宝贵（图3-4-74～图3-4-83）。

2001年6月25日，藏娘佛塔及桑周寺被国务院列入第五批全国重点文物保护单位名单（图3-4-84）。

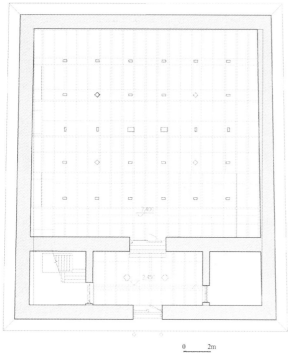

图3-4-76　桑周寺大经堂一层平面图

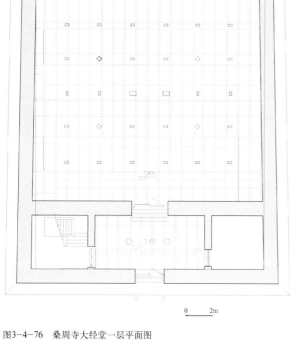

图3-4-77　桑周寺大经堂正立面图

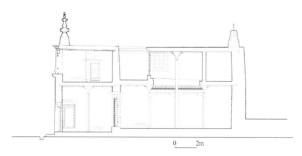

图3-4-78　桑周寺大经堂剖面图

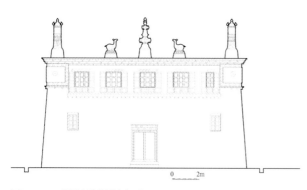

图3-4-79　桑周寺护法殿剖面图

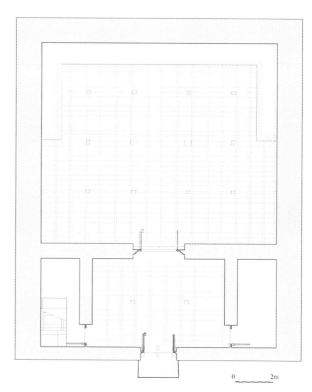

图3-4-80　桑周寺护法殿南立面图

图3-4-81　桑周寺护法殿一层平面图

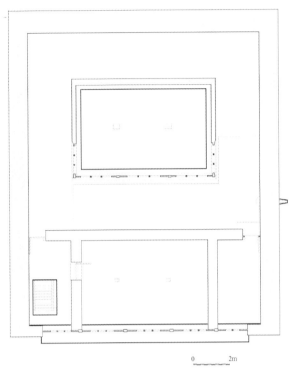

图3-4-82　桑周寺护法殿二层平面图

0　　　　2m

十三、拉加寺

拉加寺位于果洛藏族自治州玛沁县东北部黄河北岸的拉加乡阿尼群贡山下，背靠大山，面向黄河，坐北朝南，占地面积180余亩（图3-4-85）。拉加寺又称"嘉祥寺"，始建于清乾隆二十八年（1763年），乾隆三十九年（1774年）为该寺题匾为"嘉祥寺"，由藏、汉、蒙三种文字写成。该寺属格鲁派，由大经堂、护法殿、药王殿、密宗院、上灵堂、下灵堂、九世班禅行宫、香萨班智达行宫等建筑组成。1958年至"文化大革命"期间，拉加寺两次被毁，造成严重破坏。1980年后经历年重修，复具规模。现主要建筑有大经堂、释迦牟尼殿、时轮学院、密宗学院、医明学院、护法神殿等，另有菩提塔一座。现有僧众500多人，大小活佛30多个（图3-4-86）。

大经堂为藏式平顶建筑，两层，面阔十三间、40米，进深十六间、50米，高13.8米。前有广场，广场周围三面均有廊道，经堂带前廊，中间是经堂，后是佛堂。中间通柱升起天井，二层有回廊（图3-4-87~图3-4-90）。

图3-4-83　桑周寺护法殿

图3-4-84　桑周寺近景

图3-4-85　拉加寺全景

图例
① 大经堂
② 经楼
③ 转经轮
④ 慈善学校
⑤ 僧舍
⑥ 小经堂
寺院范围

黄河

图3-4-86　拉加寺总平面图

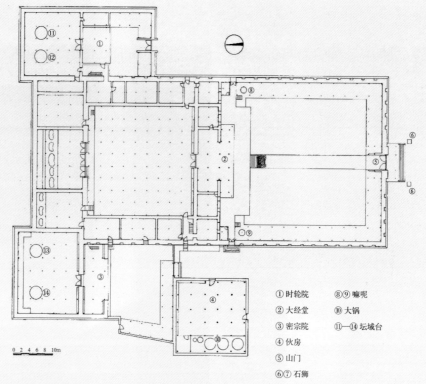

① 时轮院　　　⑧⑨ 嘛呢
② 大经堂　　　⑩ 大锅
③ 密宗院　　　⑪—⑭ 坛域台
④ 伙房
⑤ 山门
⑥⑦ 石狮

0 2 4 6 8 10m

图3-4-87　拉加寺大经堂、密宗院、时轮院、伙房平面图

0　1　2m

图3-4-88　拉加寺大经堂正立面图

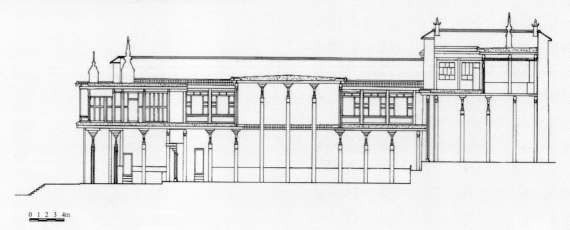

0 1 2 3 4m

图3-4-89　拉加寺大经堂剖面图

图3-4-90　拉加寺大经堂

图3-4-91　白玉寺入口

十四、白玉寺

白玉寺位于果洛藏族自治州久治县西南的白玉乡，距县城149公里，海拔3600米，坐落在一狭长谷地达日塘。白玉寺是四川省白玉大寺子寺，1857年由四川白玉寺活佛拉智到此后创建，为川甘青边界地区规模宏大、影响很广的宁玛派寺院。1928年有大经堂、讲经院、禅修寺、大伙房各1座，囊欠8座，加上僧舍共有房屋400多间，僧侣710人。1958年和"文化大革命"期间，该寺两次被毁，只剩1座囊欠、20多间僧舍。1980年批准开放后，经数年修建，20世纪90年代末期已有大经堂1座35间，灵塔殿1座20间，讲经院经堂1座16间，院内有公共僧房100间，禅修房1座23间，囊欠6座120间，僧舍共120座约480间，大型转经房6座18间，转经长廊2排84间，全部建筑占地近千亩。现寺僧共有300人，其中完德40人。白玉寺的子寺有该县的优合热寺和班玛县的灯塔寺、班前寺等（图3-4-91～图3-4-95）。

十五、智钦寺

亦称"多智钦寺"，位于班玛县西90公里处，在今智钦乡的藏千滩。据传，1527年由更桑贤排在附近的藏群滩建有帐房寺，原为当地拉加部落的寺院，因蒙古兵攻打，帐房毁于战火，后由该寺

图3-4-92　白玉寺总平面图

图例
① 大经堂
② 小经堂
③ 转经轮
④ 佛塔
⑤ 僧舍
⑥ 慈善学校
⑦ 医院

图3-4-93　白玉寺全景

图3-4-94　白玉寺法会

图3-4-95　白玉寺寺门

图3-4-96　智钦寺全景

图3-4-97　智钦寺大经堂

第一代活佛多周于藏千滩建土房寺。该寺信奉宁玛派，属四川省德格县佐钦寺子寺。1958年前有两层砖砌楼1幢，寺舍共70余座，约150多间，大小经堂和讲经院、禅修院等一应俱全，僧侣近400人。

该寺在班玛地区与阿什姜贾贡巴寺齐名，影响较大，僧侣人数和建设规模均数第一（图3-4-96～图3-4-101）。

十六、查朗寺

查朗寺位于果洛藏族自治州达日县西北部，距县城19公里处，相传该地是格萨尔王王宫所在地。寺院面滩背山，有山溪绕寺前而过，右侧是巨大的天葬场，满山经布飘摇，庄严肃穆。查朗寺是果洛州影响较大的宁玛派寺院之一，藏语称"扎西曲丹林"，意为"吉祥具法洲"，简称"朗贡"，是四川省白玉县噶陀寺子寺。清光绪二十一年（1895年）

图3-4-98　智钦寺大经堂侧面

图3-4-99　智钦寺大经堂局部

图3-4-100　智钦寺殿门

图3-4-101　智钦寺经堂柱头

创建，初为帐房寺，称之为"曲噶尔"，1913年始建土木结构僧房。1958年，该寺有经堂一座，僧侣270人，常住僧人93人，活佛10人，1958年后关闭。1980年批准开放，新建经堂甚为宏伟（图3-4-102～图3-4-105）。

十七、仙米寺

亦称"显明寺"，法名"仙米具喜兴旺洲"，位于浩门镇东36公里的讨拉沟南端，即今仙米乡政府所在的大庄村，南距浩门河4公里。据《安多政教史》记载，明万历十二年（1584），第三世达赖喇嘛来此活动，曾倡议建寺。明天启三年（1623年），当地僧人衮噶嘉措（即第三世阿穹佛）从西藏叶尔巴寺请来拉日堪钦·才旦顿珠主持修建了仙米寺。不久，佑宁寺的小松布丹却坚赞主持寺务，扩建寺院，建成四层楼高的大佛堂和具有60根柱子的大经堂，设立显宗学院，寺僧增至百余人，发展成为海北地区最大的格鲁派寺院，冠盖一方。清雍正二年（1724年）五月，因罗卜藏丹津事件被清军烧毁。翌年，清朝派一等侍卫散秩大臣达鼐来青海办理善后事宜，重建该寺，并题寺院匾额为"显明寺"（图3-4-106～图3-4-108）。

图3-4-102　查朗寺鸟瞰

图3-4-103　查朗寺经堂立面

图3-4-104　查朗寺坛城殿

图3-4-105　查朗寺经堂局部

图3-4-106　仙米寺全景

图3-4-107 仙米寺前景

图3-4-108 仙米寺佛堂

图3-4-109 仙米寺护法殿

图3-4-110 仙米寺大经堂

　　该寺以风景优美和建筑精湛闻名于世。寺院建在河西山坡,由低渐高,次序而上,远望宛如由多层楼台组成,寺内树木成荫,香烟缭绕,院中有花园一处,假山流水,翠竹花卉,尤添姿色。

　　1958年后,寺院关闭。1962年西北地区民族工作会议后,一度开放,入寺僧侣15人。"文化大革命"初期再次关闭。不久,除阿宕囊欠,余皆拆毁,景随寺去,一片瓦砾。1981年5月,仙米寺重新批准开放,新修大小经堂各1座,平房30间。其中大经堂硬山建筑,面阔五间、14.5米,进深三间、9.4米,带前廊,用五架梁(图3-4-109~图3-4-113)。

十八、都兰寺

　　藏语名称意为"都兰具喜密宗增益洲",位于乌兰县治东北部,在今铜普乡东偏北10公里的山坡上,去州县的公路于寺前经过,交通便利。该寺约建于清乾隆年间。新中国成立初期有寺僧136人,建有大经堂、时轮经堂和朝暮诵经经堂及时轮、菩提、尊胜佛塔各一座,囊欠及僧舍房屋近200间,设有显宗和时轮扎仓。1958年拆毁,20世纪60年代一度开放,1980年以来在原址重建经堂、时轮塔及僧舍等,现有寺僧75人(图3-4-114)。

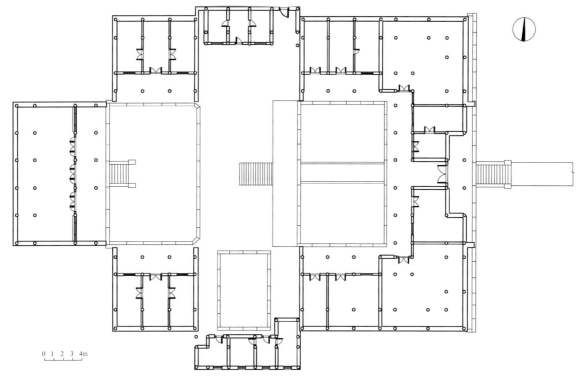

图3-4-111 仙米寺大经堂平面图

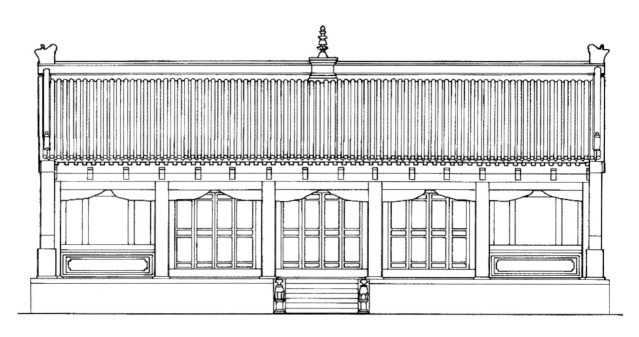

图3-4-112 仙米寺大经堂立面图

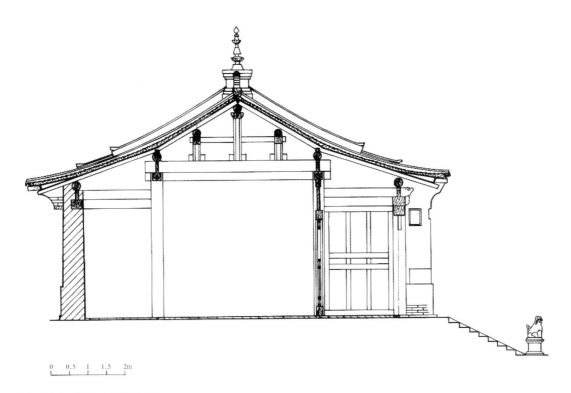

图3-4-113　仙米寺大经堂剖面图

图3-4-114　都兰寺宗喀巴大殿（图片来源：网络）

青海古建筑

青海古建筑

第四章　清真寺

青海清真寺分布图

① 洪水泉清真寺
② 东关清真大寺
③ 街子清真寺
④ 塔沙坡清真寺
⑤ 孟达清真寺
⑥ 科哇清真寺
⑦ 清水清真寺
⑧ 张尕清真寺

（地图引自：中华人民共和国民政部编. 中华人民共和国行政区划简册2014. 北京：中国地图出版社，2014.）

第一节　概述

一、历史由来

清真寺是随着信仰伊斯兰教的穆斯林信众的定居、伊斯兰教在中国的地方化和民族化而逐渐发展起来的。最早将伊斯兰教正式传入我国的是前来唐朝通使的阿拉伯使节，史书称他们为大食人。唐朝处于我国封建社会鼎盛时期，对外实行开放政策，许多阿拉伯使节、商人沿海上丝绸之路与陆上丝绸之路来到长安、东南沿海和内陆经商，留居下来后为礼拜方便而设置礼拜场所，形成了围寺而居、族群聚集的穆斯林社区。最早建于唐代的广州怀圣寺就是这种礼拜场所，用来满足穆斯林民众念、礼、斋、课、朝的需要。

清真寺的称谓始于明代后期。唐代清真寺被人们称为"礼堂"，宋代被称为"祀堂"或"礼拜堂"，元、明时期寺院的称谓开始多样化，有正教寺、真教寺、清教寺、净觉寺、怀圣寺、"回回"寺、回教堂、礼拜寺多种叫法，从明代中期开始称谓逐步趋于统一，以阿拉伯文"麦斯吉德"的意译"礼拜的场所"而称之为礼拜寺。明代后期，一批精通阿拉伯文和汉文的穆斯林学者，在他们的汉文译著中借用了中国传统文化中的"清真"一词所包含的"纯洁质朴"的含义，对"清真"作了新的解释，使之成为中国伊斯兰教文化的专用名词。清真寺的主要职能是礼拜诵经、传播教义、执行教法、兴办实事等。

二、传入与发展

伊斯兰教渐入青海源于丝绸之路的出现，已有上千年的历史。其中一条辅道便是经湟水流域、青海湖、柴达木盆地到达南疆、西域的道路，汉时称羌中道。公元4世纪后，河西走廊出现了群雄割据局面，战事频仍，交通梗阻，东西往来的外交使节和民间商队改由青海通过，这时位于丝绸之路南边的这条商路称"吐谷浑道"或"河南道"，成为自西宁东行金城（兰州）、长安（西安），南达巴蜀，西通南疆的物资贸易大通道，也使伊斯兰教文化渐入青海及其他地区。北宋时期，河西走廊道路再度受阻，唃厮啰政权实行惠商政策，经由青海的丝绸南路（又称南丝绸之路、旧称青海道）再次繁闹起来，一时间途经青唐城（今西宁）的商旅如流。其中一些信奉伊斯兰教的人留居青海，他们沿丝绸南路，东起民和、化隆，北到祁连、门源、大通，在青海形成了一条明显的聚居带，为日后伊斯兰教和寺院的发展繁荣奠定了基础。南宋以后，海路渐开，虽然陆行的丝绸之路未废，但商贸活动和文化交流已大不如前。元代初期，跟随成吉思汗来中国的西亚人大批留滞青海、甘肃一带，清真寺在元末明初已成规模。14世纪初，青海各穆斯林民族回族、撒拉族、保安族相继形成，伊斯兰教也由外来宗教转化为本土宗教，带来了明清时期清真寺院的兴盛。民国时期，回族马步芳统治青海，河湟地区清真寺院又一次迅速发展。至建国初期，全省已有清真寺932座，拱北27座，职业宗教人员5900余人。至今，据统计有清真寺及活动点1339座，已批准开放1268座，但各清真寺始建年代大多无文字记载。其中最大的西宁东关清真寺（图4-1-1～图4-1-3），始建于1380年左右的明洪武年间，与西北地区著名的西安化觉寺、兰州桥门寺、新疆喀什艾提尕尔清真寺并称为西北四大清真寺。平安洪水泉清真寺，始建于明代，后经多次扩建，清乾隆年间（1736～1795年）扩建形成现有规模（图4-1-4）。该寺规模不大，但布局严谨、做工精美，为国内清真寺中少见的精品。循化街子清真寺为撒拉族大寺，始建于明代，后多次重建。该寺保存的一部手抄本《古兰经》，其成书年代大约为公元8～13世纪，是中国迄今为止发现的最古老《古兰经》手抄本，也是世界上保存完整的最古老的《古兰经》手抄本之一。在青海循化撒拉族县查汗都斯乡红光村（原赞卜呼村）有一座红光清真寺，该寺年代不算

图4-1-1 东关清真寺

图4-1-2 东关清真寺鸟瞰

图4-1-3 东关清真寺夜景

图4-1-4 洪水泉清真寺

久远，但因由"红军"修建而出名，只见"红星"、"镰刀"在寺院屋脊、墙壁上显示出星星之火的光芒。2006年被列为国家级重点文物保护单位。

三、清真寺的建筑特点

青海伊斯兰教寺院的建筑形式，初期十分简单，例如循化街子清真寺，初建时只是一个十分简陋的"黑色寺"，而后不断改扩建始成后来的形象。成熟期的伊斯兰教寺院多采用纵向的中轴对称的四合院布局形式，坐西面东，前部布置照壁、山门，中间为汉式楼阁式邦克楼（俗称唤醒楼），邦克楼两侧为南北向配房，配房屋面简单，一般用单坡或双坡。其后布置礼拜大殿和院落。礼拜大殿一般采用"勾连搭"形式，前出廊，前廊顶部做内卷棚或外卷棚，紧接其后的大殿架歇山式大屋顶，再后为纵向布置的双坡屋顶或四坡顶后窑殿，形成"一卷

一殿一后窑殿"的标准格局，后窑殿正中置圣龛。木构大多为汉式"彻上明造"，不做吊顶，然后清水油罩面。在青海循化一带。清代建了一批质量上乘的清真寺院，一来反映了当地撒拉族和回族群众对伊斯兰教的笃信，二来与该地人杰地灵又毗邻甘肃河州建筑之乡不无关系。2013年5月，国务院将青海循化地区的若干清真寺一并公布为全国重点文物保护单位，由此可见一斑。现在可以见到的一些穹顶式样的清真寺，或带有起翘较大的大屋顶的清真寺院，与清代以前的古清真寺已意趣迥然，与周围当地民居的风格样式也大相径庭。

回族、撒拉族喜欢并崇尚绿色，象征和平与安宁。早期的清真寺建筑多为汉式，遵照民风一般不施彩色，绿色仅用于屋顶局部，一是采用"绿剪边"，即用绿色或黄绿色琉璃装饰屋脊与檐口，二是用绿色琉璃在大屋顶中间做回字形图案进行装

饰。后期绿色渐渐用到建筑各处，成为清真寺院的标志色。墙柱梁枋装饰风格地方化、民族化、民俗化，类同民居一样喜用青砖、灰瓦、白墙、清水木作，配以表达福禄寿等内容的花草图案的砖雕、木刻来丰富建筑。当今出现了许多木构彩画、屋顶做成穹顶包金的清真寺，与早期清真寺表现出的入乡随俗、随遇而安的建筑性格形成鲜明对比。

第二节　重点实例

洪水泉清真寺

洪水泉清真寺，始建于明代，后5次扩建，清乾隆年间形成现在规模（图4-2-1）。洪水泉清真寺以布局规整、建筑考究、装饰精美而著称于世，是全国范围内难得一见的保存完好的古清真寺建筑遗存，其建筑技艺包含伊斯兰教文化、回族、汉族和藏族文化，历史价值、建筑艺术价值和学术研究

价值颇高。2013年5月，国务院公布为第七批国家重点文物保护单位（图4-2-2）。

洪水泉清真寺位于青海省平安县洪水泉乡洪水泉村中，占地5000余平方米。寺院坐西向东，入口朝南，置于寺院南侧。两进院落，主要建筑有礼拜殿、唤醒楼、山门殿、照壁、净房和阿訇、满拉宿舍等，建筑总面积约1600平方米（图4-2-3）。

后院正中是礼拜殿，殿前十步开外正对唤醒楼。唤醒楼南北两侧接砖雕拱门墙，将寺院分为前、后两院。唤醒楼前为前院，正对东墙影壁。山门殿在中轴线南侧，门外再设一照壁，为由东边进入寺院的人导引。学房、宿舍布置在寺院北侧。整个寺院占地虽小，但小而精、小而美，与周围小山村宁静的村野风光十分和谐。

1. 礼拜殿

礼拜殿是洪水泉清真寺的主体建筑，由前殿后窑殿两个建筑组合而成。前殿面阔五间、进深五

图4-2-1　洪水泉清真寺全景

间，单檐歇山顶（图4-2-4）。

木构总体为甘青地方做法，柱梁硕大，殿内空间开阔，但前檐木结构形制有藏式建筑痕迹。檐柱头做仰覆莲雕刻，其上为雕花短托木，托木上横担三面雕花的拱形长托木，再上为断面呈工字形雕花横梁（图4-2-5），这种做法近似于藏式柱上托木结构，与汉式梁柱做法不同，地方工匠以精通汉藏木作的优势和聪明才智，相互变通，推陈出新。工字横梁上为七踩斗栱，而斗栱形制又不同于一般。其斗栱俯视呈等边三角形，连坐斗都是三角形的，交错安置，更显繁华密致。这种斗栱在兰州五泉山公园和白塔山公园亭台楼榭上能见其踪影，建寺工匠来自甘肃白塔寺的传说可信。礼拜殿两侧及后面柱梁斗栱改作较为简练的方形，柱头两侧联接大额枋，柱头上为平板枋，平板枋上置斗栱。礼拜殿前廊宽阔，穿插梁随枋也做卷草雕刻，挑尖梁上用

图4-2-2 洪水泉清真寺外景

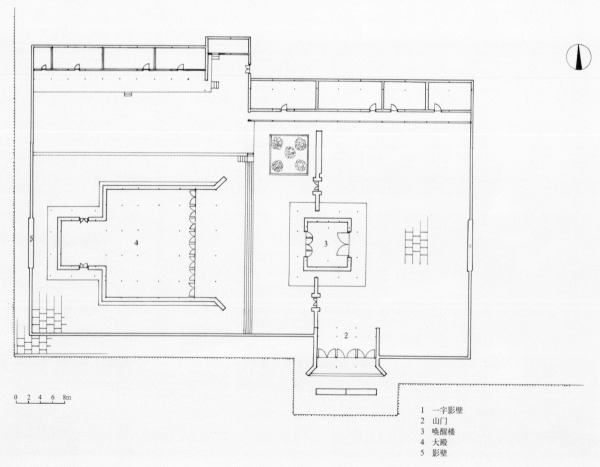

0 2 4 6 8m

1 一字影壁
2 山门
3 唤醒楼
4 大殿
5 影壁

图4-2-3 洪水泉清真寺平面图

图4-2-4　洪水泉清真寺礼拜殿立面

图4-2-5　洪水泉清真寺礼拜殿檐柱头

图4-2-6 洪水泉清真寺礼拜殿卷草木雕

图4-2-7 洪水泉清真寺礼拜殿砖雕

图4-2-8 洪水泉清真寺礼拜殿八字影壁

坨墩置双檩，上置栱椽，看似卷棚顶，使前廊木作更觉华丽（图4-2-6）。前廊明间和次间均安四扇六抹隔扇门，廊间安两扇六抹隔扇，隔扇做工极为讲究细致，以明间隔扇为例，有6个抹头（横档），上、中、下有三块绦环板缕雕八宝及卷草，上部门隔心做考究的三交六椀百福图案，与北京故宫门窗隔心和瞿昙寺隆国殿门窗隔心均做三交六椀雪花纹不同，礼拜殿门隔心加入蝙蝠图案，寓意百福。下部裙板浮雕"团寿"，整体做工精美细致，匠心独运。礼拜殿前廊两侧廊心墙做四条砖雕屏，内容为民间常见的"喜鹊登梅、孔雀戏牡丹、仙鹤莲花"和博古图案，寓意喜庆福贵长寿，是一种美好心愿的表达，其雕工细腻，令人赞叹（图4-2-7）。礼拜殿前两侧砌干摆八字影壁（俗称水磨砖八字墙），其干摆做法耗功费时，每块砖需经锯、切、刨、磨多种工序，砌筑时用现淋白灰、糯米汁、明矾、少量冰糖按比例调成膏子灰，砌一层即灌浆，砌成后砖缝细如丝，砖面平如镜，雕花婉转玲珑，达到了传统建筑砖砌墙体的最高等级（图4-2-8）。礼拜殿八字影壁干摆做法非常到位，但上身池子部分未做砖雕堂子和四岔角，仅做素面，让人费解。其实并非匠人偷功，而是另有打算，当初准备完工后镌刻古兰经、圣训或敕谕等文字，只是世事变化而未完成而已。进入礼拜殿，内部空间宏大宽展，大木梁架一览无余，金柱擎起七架梁，上用坨墩承五架梁，再上为三架梁，三架梁正中用雕花高坨墩承接脊檩，上为扶脊木（椽花），五架梁、三架梁的随梁枋及坨墩均做卷草雕刻，以增加殿内美观华丽。而明间脊檩、随檩、坨墩均有彩画，可能当时上中梁（脊檩）时有重大庆贺仪式。

礼拜殿前殿后面与后窑殿相连，形成组合建筑，后窑殿面阔、进深各三间，重檐十字脊屋顶（图4-2-9、图4-2-10）。殿内三面装木雕壁板，两侧壁板上有精美"博古"条屏浮雕，其中两幅条屏刻满楷书文字，可惜在"文化大革命"中被刨去，经残迹辨认，隐约有年号及敕谕字样，与寺院建造年代及历史背景有关。殿内西侧壁板正中做圣龛，

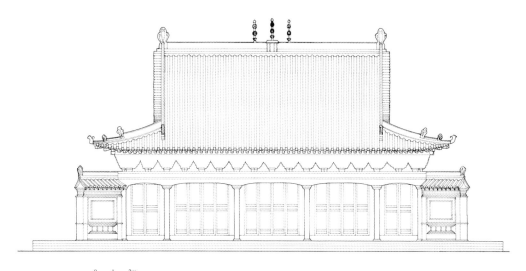

图4-2-9　洪水泉清真寺礼拜殿立面图

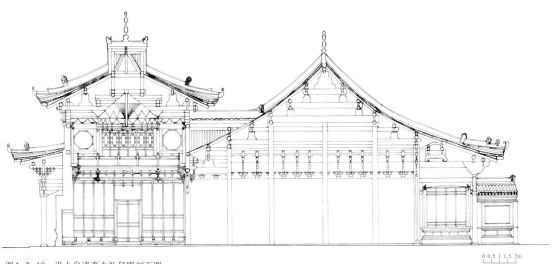

图4-2-10　洪水泉清真寺礼拜殿剖面图

龛边有精美卷草纹浮雕。殿内二层做木栏杆，栏杆后安装花格窗，殿顶做巨大木雕八角形藻井，俗称天罗伞，精美别致，美轮美奂（图4-2-11）。

2. 唤醒楼

唤醒楼处于寺院前后院之间，为三层楼阁，底层四方形，二、三层为六边盝顶楼阁（图4-2-12）。底层东西金柱间安前后二道门，前为实扇大门，后为四扇格子门，底层四周均做砖雕墙。其形式与廊心墙相似，中心堂子有的雕猫蝶图，寓意"耄耋延年"，有的雕兔子白菜，寓意"宏图有财"，是民间常见的吉祥图案，且不避伊斯兰教建筑不能出现动物眼睛的戒律。唤醒楼南北有两根内柱为三层通

图4-2-11　洪水泉清真寺礼拜殿殿顶藻井

图4-2-12 洪水泉清真寺唤醒楼

柱，以增强高层建筑的稳定性，每层檐下均施七踩斗栱，整体极为精致美观。二层和三层设有环廊，外柱安木栏杆，做"步步锦"图案，内柱间安门窗，二层槛窗做六边形，窗心棂条亦做六角图案，十分罕见。三层槛窗做圆形，窗心做"八卦锦"图案，二层和三层楼板中心做六边井栏式天井，一是美观，二是唱经时有好的音响效果。唤醒楼大木结构复杂紧凑，斗栱密致，装修精美，木雕砖雕风格独具，从底层通过天井可直接看见三层顶部的雷公柱，让人称奇（图4-2-13～图4-2-16）。

3. 山门殿

位于前院南侧，但不在中轴线位置（图4-2-17）。据传说，寺院初建时，本想东侧正中建山门及牌坊，但东侧住着一位孤独老妇，寺院多次以优惠条件劝说搬迁，均不给"口唤"（伊斯兰教用语，意为"许可"），无奈山门殿只好建在南侧。山门殿面阔、进深各三间，单檐歇山顶，四面无廊，平板枋上置五踩斗栱。内檐四角用抹角梁，抹角梁上置交金墩，老角梁后尾压在交金墩下，交金墩上为踩

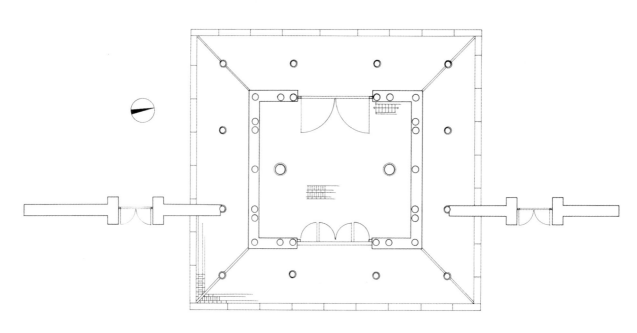

0 0.5 1 1.5 2m

图4-2-13 洪水泉清真寺唤醒楼一层平面图

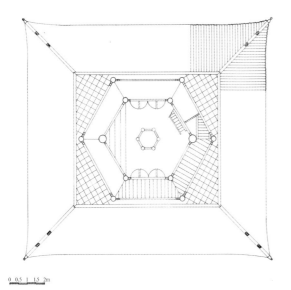

图4-2-14 洪水泉清真寺唤醒楼二层平面图

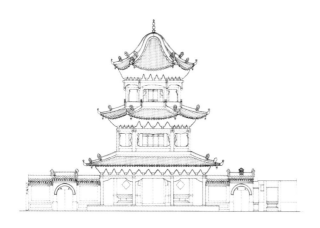

图4-2-15 洪水泉清真寺唤醒楼立面图

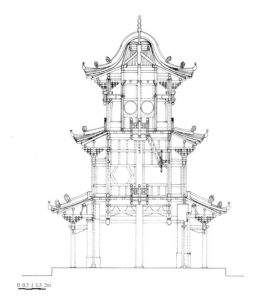

图4-2-16 洪水泉清真寺唤醒楼剖面图

步金。该殿进深尺度小，金柱顶不施五架梁，而将柱头斗栱挑尖梁后尾穿出金柱，悬挑两出垂莲柱，垂莲柱擎起三架梁，三架梁上立脊瓜柱承接脊檩。这种俗称"猴子担水"的无梁做法，适合于梁架跨度小于丈二（3.6米）的小殿堂（图4-2-18）。山门殿前后廊心墙及前面八字影壁均作砖雕，体量虽小，工艺精湛。左侧雕"鼠偷葡萄"，右侧雕"蝙蝠桂花"，与福谐音，寓意福贵。

山门殿前五步，正对砖雕大照壁（图4-2-19），干摆做法，宽9米，高4.8米，做工极为精美。大照壁由下肩、上身、檐头三部分组成，下肩两端雕束腰，前后匀列花卉小堂子，上身池子边雕福贵不断图案，池子内通雕绣球花图案，乍看一片锦绣，细看每个绣球内花苞均做不同花蕊（图4-2-20）。

图4-2-17 洪水泉清真寺山门殿

图4-2-18 洪水泉清真寺山门殿"猴子担水"无梁做法

图4-2-19　洪水泉清真寺局部

图4-2-20　洪水泉清真寺照壁局部

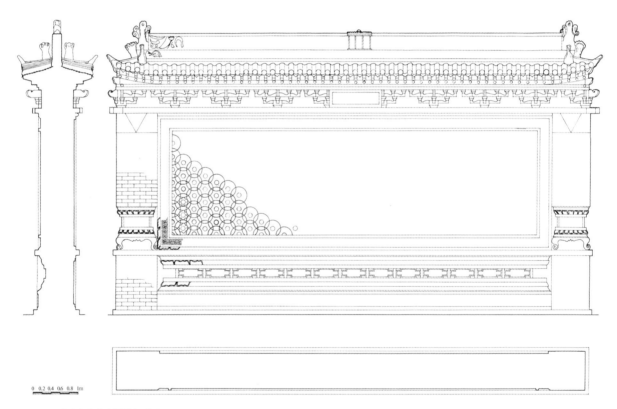

图4-2-21　洪水泉清真寺照壁立面图

据说，这百花图是采自青海东部地区馒头、月饼的图样，真是难得一见的宝贵资料（图4-2-21）。照壁檐头部分仿木结构雕五踩斗栱，有飞椽，有椽头，顶部仿歇山瓦顶，吻兽俱全，甚为美观（图4-2-22）。照壁背面中心堂子雕"凤麟呈祥"，四岔角为卷草。一个山村之中的小清真寺为何使用这

样的图案，包括为何礼拜殿廊柱额枋（托木）之上出现龙凤雕图案（图4-2-23），前院遗存的碑亭基础之上原来有什么样的碑文，都有待后人去考证（图4-2-24）。

洪水泉清真寺的价值一是建筑艺术的完整性，它不仅几个主要殿堂做工精美，而且规划严谨，平

图4-2-22　洪水泉清真寺照壁

图4-2-23　洪水泉清真寺砖雕

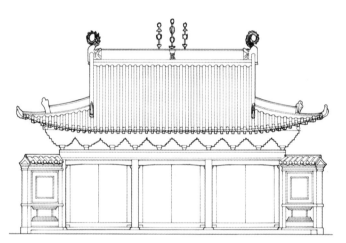

0　0.5　1　1.5　2m

图4-2-24　洪水泉清真寺山门殿立面、剖面图

图4-2-25　洪水泉清真寺建筑局部1

面方正，做工堪比官式建筑，就连照壁、院门、隔墙、台阶、庭院也精工细作，由此打造了一个值得记述的美丽清真寺；二是建筑艺术的包容性，回、汉、藏建筑文化技艺同时出现在一座清真寺中，体现了青海各民族之间友好来往的关系和各民族文化技艺相互学习借鉴、共存共荣的发展历史；三是建筑艺术的创新性，在当时当地的条件下将多种文化技艺融会贯通到一组建筑中去，巧夺天工，匠心独运，令人佩服（图4-2-25～图4-2-27）。

图4-2-26 洪水泉清真寺建筑局部2

图4-2-27 洪水泉清真寺建筑外景

第三节 其他实例

一、东关清真大寺

东关清真大寺2013年4月被国务院公布为全国重点文物保护单位，是我国西北地区四大著名清真寺之一，也是青海修建最早、建筑规模最大的清真寺，始建于1380年左右的明洪武年间，至今已有600多年的历史（图4-3-1）。寺院地处西宁市东关回族居住的中心地区，紧贴城市主干道，占地1.19万平方米，建筑群坐西面东，中轴对称，古朴典雅，由老山门、老唤醒楼、礼拜大殿、南北配房等建筑组成，具有较浓郁的中国传统建筑特点和伊斯兰风格（图4-3-2）。大寺初建时，规模狭窄，结构简陋，后历经沧桑，几度拆毁，几度修

图4-3-1 东关清真大寺

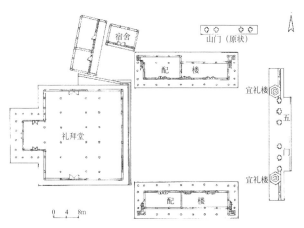

图4-3-2 东关清真大寺平面图

复改建，才具现在规模。20世纪90年代，寺院再次扩建，在原来全为中国古建筑样式的基础上，增设了阿拉伯伊斯兰教建筑式样的新山门、新唤醒楼，以及部分商业办公用房，总用地增加到1.36万平方米。

礼拜大殿是全寺最大的建筑物，面积1102平方米，可以同时容纳3000人做礼拜。礼拜殿采用汉式传统结构，是典型的"一卷一殿一后窑殿"、"勾连搭式"的清真寺布局形式，面阔七间，雕梁画栋，殿内18根大柱为佑宁寺所赠，殿顶脊装的藏式镏金宝瓶为甘肃拉卜楞寺喇嘛捐赠。正面柱间设铁花栅栏拱门五间。柱上置额枋斗栱，上承单檐卷棚顶。粗壮的木柱间连以大小额枋，柱顶复置硕大的平板枋，枋上安放七踩斗栱。有的斗栱向横向发展，在尽间柱头科和角科连成一体，其下只设简单出跳的

平身科一攒，而在其他各间也只用同样的斗栱一攒。侧面用厚实的砖墙环绕，仅露出平板枋上木结构部分，斗栱也恢复了正常做法，每间平身科用两攒，出五踩，这种前檐特异斗栱出七踩做法和后面出五踩正常做法是青海地区常见的一种做法（图4-3-3～图4-3-5）。

大殿内部正面看后窑殿部分，两立柱是明间后金柱与檐柱间，用单步梁、双步梁各一层，其下搁在柱头科斗栱上。

窑殿内全用木板装修，四壁分划成间，间内再依六抹头隔扇的形式划分成三扇、四扇，隔心部分不是五分之三，而是近半。

廊卷棚内的廊心墙，整个划分多扇而且中屏较宽，内容全为花卉植物。

南北楼（图4-3-6～图4-3-8）为两层歇山卷棚建筑，各面阔九间363平方米，与礼拜殿一起围合出内院。院前为山门，老山门由一大四小并联的5个拱形门洞组成，高10米、宽15米，两旁紧贴六角攒尖顶的唤醒楼，形成围合。

新山门距老山门十余步之外，中线对正，由三层带有折形拱廊的门楼和两个高45米的唤醒楼组成了东关清真大寺的新大门（山门殿）。每当伊斯兰重大节日时，来寺院内外参加宗教活动的穆斯林信众有数万人之多，场面庄严宏大（图4-3-9）。伊斯兰教伊赫瓦尼教派的创始人及其继承人将该寺作

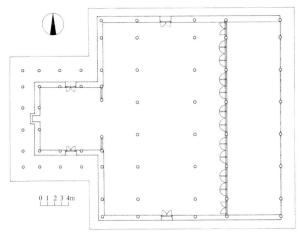

图4-3-3 东关清真大寺礼拜大殿平面图清真寺

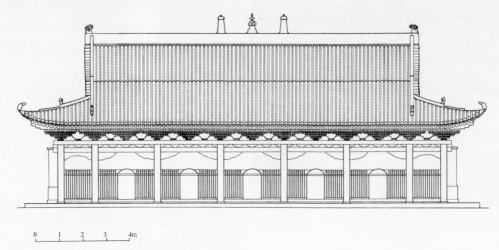

0 1 2 3 4m

图4-3-4 东关清真大寺礼拜大殿正立面图

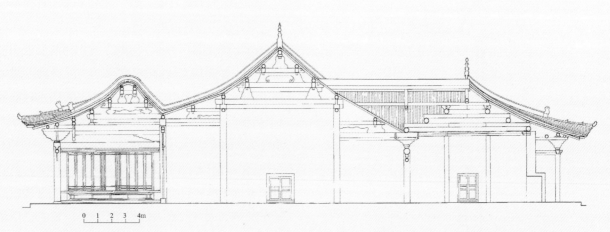

0 1 2 3 4m

图4-3-5 东关清真大寺礼拜大殿剖面图

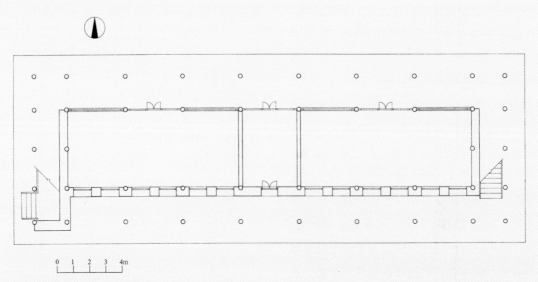

0 1 2 3 4m

图4-3-6 东关清真大寺南房平面图

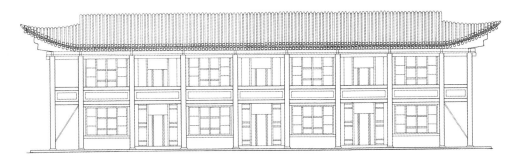

图4-3-7 东关清真大寺南房正立面图

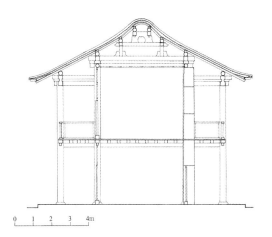

图4-3-8 东关清真大寺南房剖面图

图4-3-9 东关清真大寺宗教活动场面

图4-3-10 东关清真大寺鸟瞰

为海乙寺（即中心寺），培养造就了一大批伊斯兰教学者，是伊斯兰经学研究的最高学府。甘青近千座清真寺的开学阿訇，都由该寺选派或认可，声誉远扬（图4-3-10）。

二、街子清真寺

街（gai）子清真寺地处中国唯一的少小民族自治县——循化撒拉族自治县街子镇上。街子镇北靠黄河，西邻乌斯土山，撒拉语称"阿勒提欧里"，意为"祖莹之地"（图4-3-11）。相传700年前，中亚撒马尔罕一个曾有英雄业绩的部落乌古斯撒鲁尔中的一队人马，牵着一峰白骆驼，带了一本《古兰经》，为寻找新的乐土，他们沿天山北路，经嘉峪关、凉州（武威）、宁夏，到秦州（天水），折而向西，辗转到达甘肃夏河，而后来到街子，发现这里地势平坦、清泉纵流、黄河奔腾、川道秀丽，便留居于此。领队尕勒莽、阿合莽去世后，撒拉族民众为了纪念他们的丰功伟绩，就在走失骆驼的清泉边各建了一座四面留窗不盖顶的拱北，并建起了清真寺。

街子清真寺初建于明洪武三年（1370年），后经清代年间和民国20年（1931年）3次扩建，渐成循化地区的中心寺院，其礼拜殿面积达1000多平方米，可容纳1000多人排班礼拜，气势相当雄伟，可惜在"文化大革命"中被毁（图4-3-12）。

据记载，原街子清真大寺坐西面东，寺门为带前后廊的九间两层楼房，下层排设三道大门，上层为讲经室。寺门外正东是邦克楼，木结构，三层，高25米，六角攒尖绿色琉璃瓦顶。礼拜殿分前卷棚、正殿、后窑殿三部分，前卷棚面阔七间，间

图4-3-11　街子清真寺

图4-3-12　20世纪50年代街子清真寺

架颇大，单檐绿琉璃庑殿顶；正殿、后窑殿也面阔七间，单檐歇山式，两连勾连搭。殿内16根通天柱支撑着五间勾连搭式的木屋架。屋架采用彻上露明造，有土红、棕、青、绿、白、黑等色彩画。卷棚柱用朱红色，正殿柱用深红色，正殿与后窑殿之间柱则采用黑色，殿内墙壁上以青绿两色和阿拉伯文为主进行彩绘。所有门窗精雕细刻，别具一格。另有南北厢房各五开间。

老清真寺拆毁十余年后，1982年在群众集资、政府帮助下，仿照新疆喀什清真寺重新修建。新建的清真寺占地面积4050平方米，砖混结构，其中礼拜殿面阔七间、进深七间，呈正方形，井字梁楼盖支撑殿顶，面积1089平方米，可容纳1200人集体礼拜。大殿四角是23米高的宣礼塔，中间的大圆宝塔，由殿内四根大柱支撑，具有明显的阿拉伯风格（图4-3-13）。大殿前南北两侧是两栋学经楼，设有净水房和办公室。寺院对面是先祖阿合莽和尕勒莽的拱北（先贤墓冢），由雕有花卉图案的青砖围墙组成，长7.10米，宽6.25米，高3.3米。两棵枝繁叶茂的老榆树分别从两拱北长出，与清真大寺、骆驼泉浑然一体，成为撒拉族的圣地。

街子清真寺现为省级重点文物保护单位。

三、塔沙坡清真寺

该清真寺位于循化撒拉族自治县孟达乡南约4公里的塔坡村内，坐西朝东，依地而建（图4-3-14、图4-3-15）。始建于清乾隆时期，唤醒楼门上刻有"大清乾隆二十年"的字样。该清真寺是孟达清真寺的属寺。"文化大革命"时期宗教活动停止，礼拜大殿残损严重，直到1981年宗教政策恢复后，才开始使用。总占地面积1840平方米，中国传统式四合院式建筑，一条中轴线上依次排列着影壁、山门、唤醒楼、大殿，大殿前两侧是南、北配房（图4-3-16）。2013年国务院公布为国家重点文物保护单位。

1. 大殿

为歇山建筑后加后窑殿，彻上明造，面阔五间，进深四间，后窑殿面阔三间，进深三间，通面阔20米，通进深27.6米，高13.5米。前廊内作卷棚，廊心墙饰砖雕图案。大殿用五架梁，为了加大跨度，五架梁下两侧用单步梁和双步梁。后窑殿用抹角梁和井字梁层层叠起，呈庑殿顶式建筑，内用小木装修。整个大殿用七踩斗栱，前檐为重翘无昂，周围为重昂无翘（图4-3-17~图4-3-21）。

图4-3-13 街子清真寺大殿

图4-3-14 塔沙坡清真寺及周边村落全景

图4-3-15 塔沙坡清真寺全景

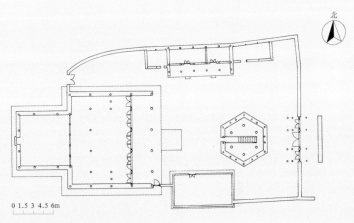

北

0 1.5 3 4.5 6m

图4-3-16 塔沙坡清真寺总平面图

图4-3-17 塔沙坡清真寺大殿

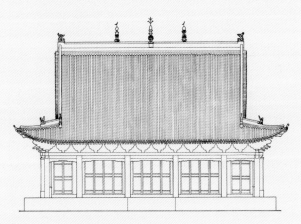

图4-3-18 塔沙坡清真寺大殿正立面图

图4-3-19 塔沙坡清真寺大殿纵剖面图

图4-3-20 塔沙坡清真寺大殿门扇

2．唤醒楼

为三层六边攒尖顶式建筑，开西门，底层用须弥座砖墙围护，每面砖墙上均饰砖雕图案，二、三层用木栏杆围护，二层斗栱为五踩，重昂无翘，三层斗栱为七踩，重昂无翘。楼顶内做六边形藻井，共分三层，每层斗栱均为七踩，重昂无翘，底边长9.3米，高15.6米（图4-3-22~图4-3-26）。

3．影壁

置于中轴线的最前端，为一字形硬山影壁，宽8.4米，高5.4米。壁心有砖雕图案，砖雕斗栱用五踩。

图4-3-21 塔沙坡清真寺大殿廊心墙砖雕

图4-3-22 塔沙坡清真寺唤醒楼

图4-3-23 塔沙坡清真寺唤醒楼正立面图

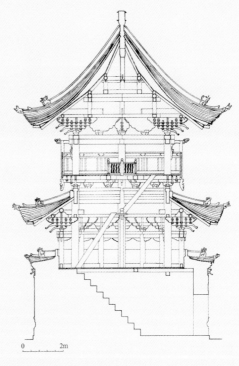

图4-3-24 塔沙清真寺唤醒楼剖面图

图4-3-25 塔沙坡清真寺唤醒楼内藻井

图4-3-26 塔沙坡清真寺唤醒楼砖雕

图4-3-27 塔沙坡清真寺山门

4. 山门

宽3.5米，高7.6米，为四柱三楼式的牌楼门。主、次楼均为庑殿顶，次楼用九踩斗栱，主楼用十一踩斗栱，每个柱子前后由戗支顶，每楼下各开两扇板门（图4-3-27～图4-3-29）。

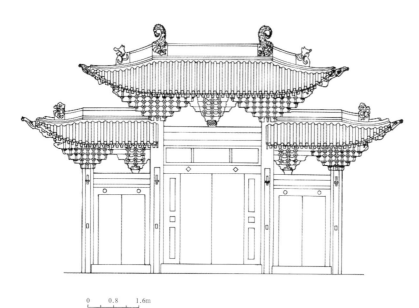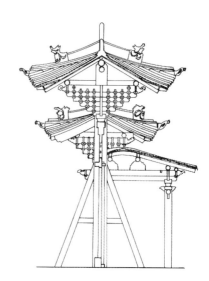

图4-3-28　塔沙坡清真寺山门立面、剖面图

图4-3-29　塔沙坡清真寺山门斗栱局部

图4-3-30　孟达清真寺鸟瞰

5. 南、北配房

面阔五间，进深二间，带前廊，单坡屋顶，面阔12.2米，进深5.68米，高5.8米。

四、孟达清真寺

位于循化撒拉族自治县孟达乡南约4公里的大庄村内，紧靠黄河孟达峡口，周围山清水秀，村庄环境朴素纯净（图4-3-30）。清真寺簇拥在一座座用柳编墙搭建的民宅中间（图4-3-31），寺前大树绿荫掩映，寺院坐西朝东，一条中轴线上依次排列着影壁、唤醒楼、大殿。影壁两边设左右山门，大殿前两侧为南、北配房。孟达清真寺占地总面积1344平方米，2013年国务院公布为国家重点文物保护单位（图4-3-32）。

图4-3-31　孟达清真寺周边柳编墙民居

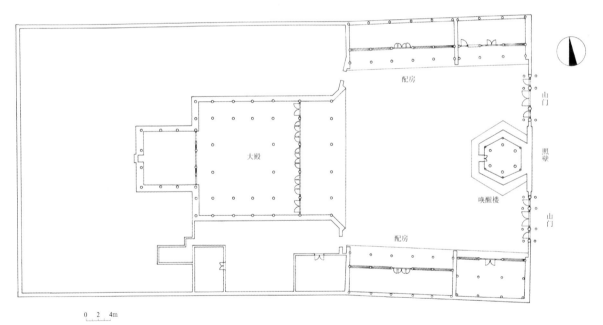

图4-3-32　孟达清真寺总平面图

1. 大殿

　　坐西朝东，由一卷一殿一后窑殿组成，彻上明造。卷棚和大殿面阔五间，进深六间，带前廊，前廊廊心墙饰砖雕图案。后窑殿面阔三间，进深三间，通面阔17.7米，通进深26.25米，高10.1米。大殿前加一卷棚，使前廊空间加大。大殿用五架梁，后窑殿则用井字梁和抹角梁层层叠加，使屋顶呈庑殿顶式。后窑殿墙壁用木板装修，整个大殿内和前檐雕梁画栋，均用油漆彩画，为"地方旋子彩画"风格。大殿用五踩斗栱，前重无昂，大殿和后窑殿为重昂无翘（图4-3-33～图4-3-38）。

图4-3-33　孟达清真寺大殿

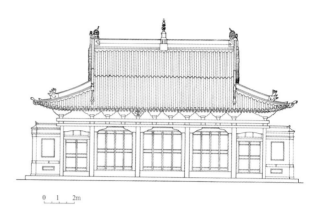

图4-3-34　孟达清真寺大殿正立面图

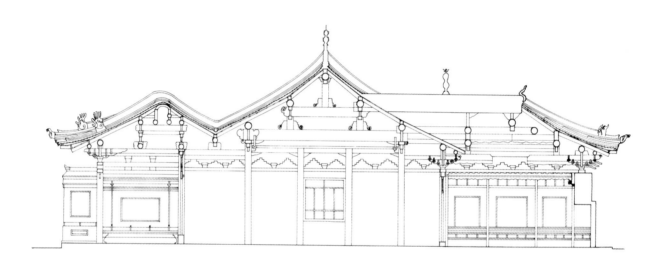

图4-3-35　孟达清真寺大殿剖面图

图4-3-36　孟达清真寺大殿前廊彩饰

图4-3-37　孟达清真寺大殿内地方旋子彩画

图4-3-38 孟达清真寺大殿屋脊局部砖雕

图4-3-39 孟达清真寺唤醒楼外景

2. 唤醒楼

为六边三层攒尖顶式建筑，底层用须弥座砖墙围护，外以栏杆围护，二层斗栱为五踩，重昂无翘，三层斗栱为七踩，重昂无翘。底宽11.1米，高14.5米（图4-3-39～图4-3-42）。

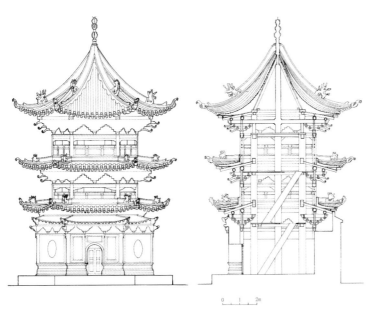

图4-3-40 孟达清真寺唤醒楼立面、剖面图

图4-3-41 孟达清真寺唤醒楼

图4-3-42 孟达清真寺唤醒楼砖雕

图4-3-43 孟达清真寺影壁

3. 影壁

在寺院最前面,紧贴唤醒楼,为一字影壁,宽7.6米,高3.0米。影壁壁心分成三块,每块上均砖雕图案,砖雕斗栱为五踩(图4-3-43、图4-3-44)。

4. 山门

立于影壁两侧,为四柱三楼牌楼式门,宽6.24米,高5.2米。四个柱子均有由戗支顶,用十一踩斗栱,重昂无翘(图4-3-45~图4-3-48)。

5. 南、北配房

呈对称式,面阔五间、进深二间,单坡屋顶,带前廊。面阔13.8米,进深5.7米,高5.1米(图4-3-49、图4-3-50)。

图4-3-44 孟达清真寺影壁砖雕

图4-3-45 孟达清真寺山门

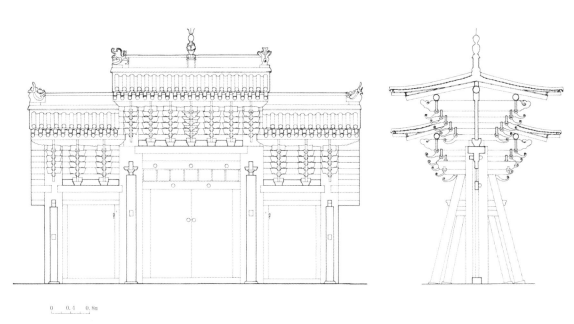

0   0.4   0.8m

图4-3-46　孟达清真寺山门正立面、剖面图

图4-3-47　孟达清真寺山门屋脊

图4-3-48　孟达清真寺山门斗栱

图4-3-49　孟达清真寺南配房局部

图4-3-50　孟达清真寺北配房局部

五、科哇清真寺

位于循化撒拉族自治县白庄乡南约4公里的科哇村内（图4-3-51）。清真寺周围绿树成荫，寺院为中国传统建筑形式，坐西朝东，一条中轴线上一字排列有影壁、唤醒楼、礼拜大殿，影壁两侧各有一山门，大殿前两侧是南、北配房，山门处还有宿舍、值班室等建筑（图4-3-52）。占地总面积约3080平方米，2013年国务院公布为国家重点文物保护单位。

1. 大殿

坐西朝东，歇山建筑，面阔五间、进深四间，后窑殿进深三间、面阔三间，通面阔17.9米，通进深32.7米，高12.5米。前出廊，内作卷棚。大殿用三、五、七架梁，七架梁下两侧用单步梁和双步梁，使大殿的跨度加大。明间、次间开四扇六抹隔扇门，梢间开两扇六抹隔扇门。为了增加后窑殿的空间，后窑殿用抹角和井字梁层层叠起，最上设一太平梁承接童柱。童柱上承接脊檩，使后窑殿呈庑殿顶。梁架饰沥粉贴金，绘地方旋子彩画。后窑殿用小木装修，大殿前平板枋和雀替上均雕有龙凤图案。整个大殿用五踩斗栱，重翘无昂（图4-3-53～图4-3-59）。

2. 唤醒楼

宽10.9米，高18.1米，六边三层攒尖建筑。底层前后各开一门，用须弥座砖墙围护，外墙面饰有

图4-3-51 科哇清真寺全景

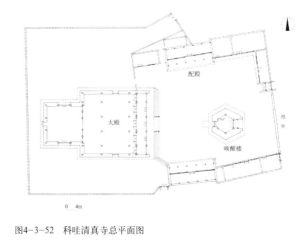

图4-3-52 科哇清真寺总平面图

图4-3-53 科哇清真寺大殿

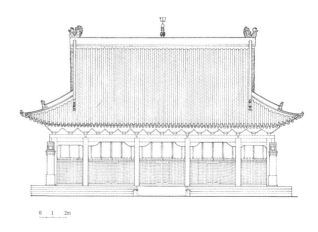

图4-3-54 科哇清真寺大殿立面图

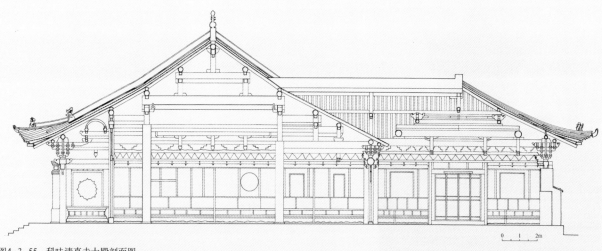

图4-3-55 科哇清真寺大殿剖面图

图4-3-56 科哇清真寺大殿后窑殿彩绘

图4-3-57 科哇清真寺大殿斗栱

图4-3-58 科哇清真寺大殿局部

图4-3-59 科哇清真寺大殿砖雕

图4-3-60 科哇清真寺唤醒楼

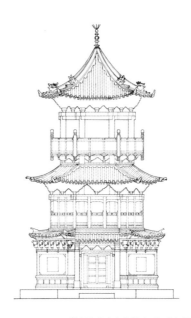

图4-3-61 科哇清真寺唤醒楼立面、剖面图

图4-3-62 科哇清真寺唤醒楼斗栱

图4-3-63 科哇清真寺唤醒楼砖雕

砖雕。一层为过厅，二、三层设天井、栏杆，二层用五踩斗栱，三层用七踩斗栱，重翘无昂。唤醒楼六个柱子，均为通柱，收分较大（图4-3-60～图4-3-63）。

3. 影壁

为一字影壁，由主壁和两个次壁组成，总长14.48米。主壁用庑殿顶，砖雕五踩斗栱，壁心雕刻龙凤图案；两侧次壁硬山顶，砖雕五踩斗栱（图4-3-64～图4-3-67）。

4. 山门

影壁两侧各开垂花大门，单檐两面坡，用五踩斗栱，开两扇板门（图4-3-68、图4-3-69）。

5. 南、北配房

南、北配房呈对称式，建筑结构均一样，面阔五间，进深二间，单坡硬山建筑（图4-3-70、图4-3-71）。

图4-3-64　科哇清真寺山门影壁

图4-3-65　科哇清真寺影壁

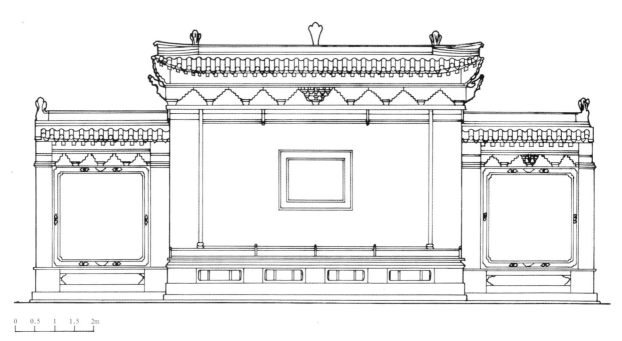

图4-3-66 科哇清真寺影壁立面图

图4-3-67 科哇清真寺影壁砖雕

图4-3-69 科哇清真寺山门斗栱

图4-3-68 科哇清真寺山门

图4-3-70　科哇清真寺南配房局部

六、清水清真寺

　　该寺位于循化撒拉族自治县清水乡南约4公里的河东上庄村内，坐西朝东，或由于用地原因，全寺中轴线上依次只排列着影壁、山门和大殿。北配房在大殿前的北面，唤醒楼在大殿前南侧约9米处，这种布局在青海省内的清真寺实为少见（图4-3-72）。该寺占地2800平方米，2013年被国务院公布为国家重点文物保护单位。

1. 大殿

　　坐西朝东，歇山建筑，彻上明造。面阔五间，进深八间，通面阔22.8米，通进深33.9米。前出廊，廊顶做内卷棚。大殿用三架梁、七架梁，五架梁用两个单步梁来代替，这种梁架结构一般不多见。殿前两侧有八字影壁，明间、次间开四扇六抹隔扇门。后窑殿用抹角梁和井字梁层层叠起，组成庑殿顶建

图4-3-71　科哇清真寺北配房木雕

筑。后窑殿墙壁和前檐用极其精美的小木装修装饰。大殿均为七踩斗栱，重昂无翘。前檐平板枋和雀替上雕花草图案（图4-3-73~图4-3-79）。

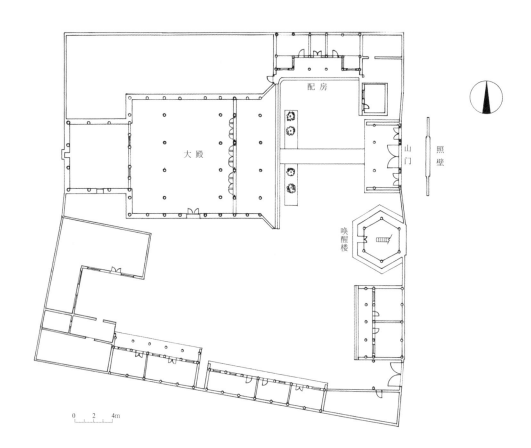

图4-3-72　清水清真寺总平面图

图4-3-73　清水清真寺大殿

图4-3-74　清水清真寺大殿前廊檐口

图4-3-75　清水清真寺大殿前廊转角斗栱

图4-3-76　清水清真寺大殿八字照壁

图4-3-77　清水清真寺大殿内景

图4-3-78　清水清真寺大殿内隔扇

图4-3-79　清水清真寺大殿内木雕

2. 唤醒楼

宽11.4米，高17.6米，为多边形三层攒尖式建筑。一层用须弥座砖墙围护，西面开门，每面砖墙均有砖雕图案，砖雕斗栱用三踩。二、三层用木栏杆维护，二层斗栱五踩，重翘无昂，三层斗栱用七踩，重翘无昂（图4-3-80~图4-3-85）。

3. 影壁

一字影壁，由主壁和次壁组成，主壁大式庑殿顶式建筑，次壁为小式硬山式，主壁壁心为砖雕花草图案，总长12米，高7.4米（图4-3-86~图4-3-89）。

图4-3-80 清水清真寺唤醒楼

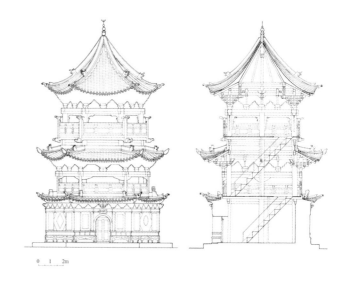

图4-3-81 清水清真寺唤醒楼立面、剖面图

图4-3-82 清水清真寺唤醒楼入口砖雕

图4-3-83 清水清真寺唤醒楼檐口

图4-3-84　清水清真寺唤醒楼栏杆檐口

图4-3-85　清水清真寺唤醒楼内部斗栱

图4-3-86　清水清真寺影壁山门

图4-3-87　清水清真寺影壁

0　　1　　2m

图4-3-88　清水清真寺影壁立面

图4-3-89　清水清真寺影壁砖雕

4. 山门

宽10.2米，高8.4米，为四柱三楼式的牌楼式门，主楼和次楼均用十一踩斗栱，重翘无昂（图4-3-90～图4-3-93）。

5. 北配房

面阔五间，进深二间，单坡屋顶，通面阔长14.2米，进深6.1米（图4-3-94～图4-3-96）。

图4-3-90　清水清真寺山门影壁

图4-3-91　清水清真寺山门

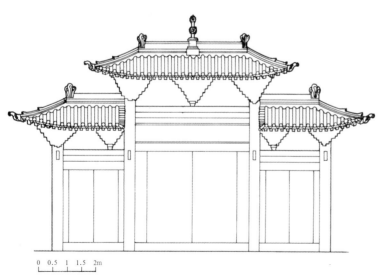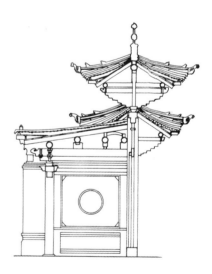

0 0.5 1 1.5 2m

图4-3-92　清水清真寺山门立面、剖面图

图4-3-93　清水清真寺山门旁砖雕

图4-3-94　清水清真寺北配房

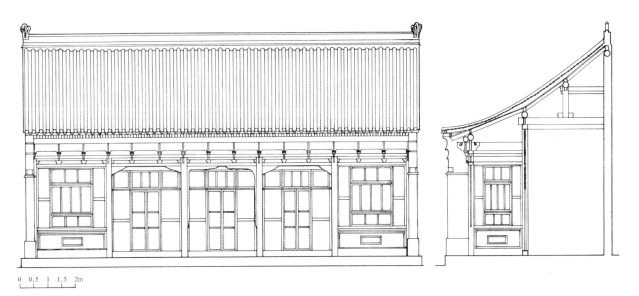

0　0.5　1　1.5　2m

图4-3-95　清水清真寺北配房立面、剖面图

图4-3-96　清水清真寺北配房木雕

七、张尕清真寺

　　该寺位于循化县白庄乡张尕村，始建于清代。占地面积3900平方米，四合院式建筑，坐西朝东，正方形布局，中轴对称，依次有礼拜大殿、唤醒楼、牌楼大门和照壁。大殿前两侧是南、北配房，照壁两侧是山门，整个建筑群为砖木结构（图4-3-97）。2013年4月被国家列为全国重点文物保护单位。

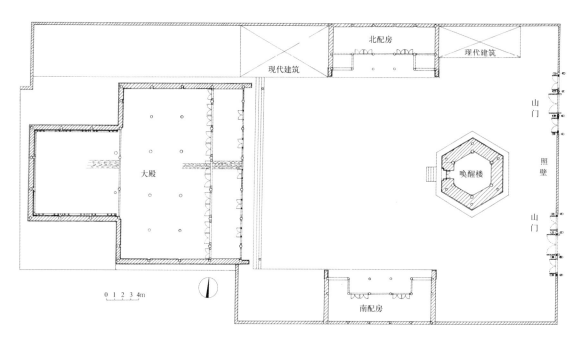

图4-3-97 张尕清真寺总平面图

1．大殿

歇山建筑，面阔前廊七间，大殿五间，进深四间，后窑殿面阔、进深各三间，彻上明造。大殿置中柱，中柱上设一横梁贯通大殿，明次间横梁上又设两根横梁，横梁中间有两个木制圆环相互套接。据当地人传说这两个圆环是撒拉族和汉族团结友谊的象征。横梁上又设两根横梁，横梁贯通大殿，这两根横梁置童柱，童柱下不用三架梁和五架梁，而是两侧用单步梁和双步梁。这种不用三、五架梁和用横梁的梁架结构不管是官式建筑或是地方建筑都很少见。出前廊，上做半个内卷棚，大殿周圈置七踩斗栱，前檐重翘无昂，其余重昂无翘。廊心墙用影壁式砖雕墙，大殿正面柱间设木花栅栏门五间。明、次、梢间开四扇六抹隔扇，尽间开两扇六抹隔扇。后窑殿面阔进深各三间，后窑殿用抹角梁和井字梁层层叠起，组成庑殿顶建筑，整个后窑殿墙壁和前檐用极其精美的小木装修装饰（图4-3-98～图4-3-102）。

图4-3-98 张尕清真寺大殿

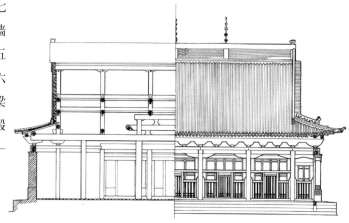

图4-3-99 张尕清真寺大殿剖面、立面图

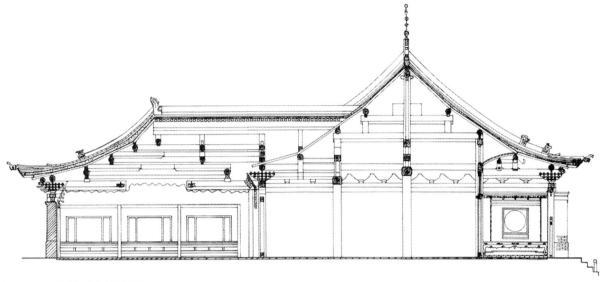

图4-3-100　张尕清真寺大殿剖面图

图4-3-101　张尕清真寺大殿前廊

图4-3-102　张尕清真寺大殿内梁架

2．唤醒楼

为六边形三层攒尖式建筑，高23米，一层用须弥座砖墙围护，西面开门，每面砖墙均有砖雕图案，砖雕斗栱用三踩。二、三层用木栏杆围护，两层斗栱均用七踩，重昂无翘（图4-3-103～图4-3-106）。

3．影壁

由主壁和次壁组成，主壁和次壁均为硬山建筑，壁心为砖雕花草图案，总长12米，高3米（图4-3-107）。

图4-3-103　张尕清真寺唤醒楼

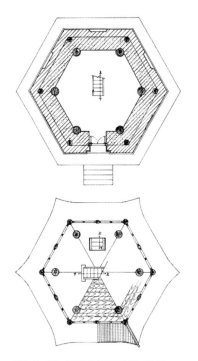

图4-3-104 张尕清真寺唤醒楼平面图

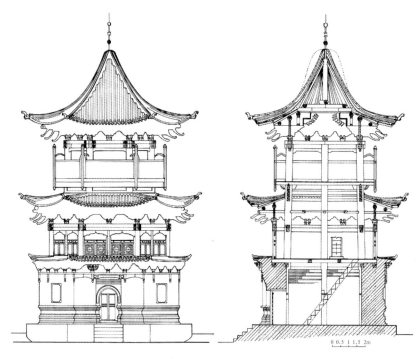

图4-3-105 张尕清真寺唤醒楼立面、剖面图

图4-3-106 张尕清真寺唤醒楼藻井

图4-3-107 张尕清真寺影壁

图4-3-108 张尕清真寺山门

4. 山门

山门为四柱三楼式的牌楼式门，悬山顶，主楼和次楼均开两扇板门，用十一踩斗栱，重翘无昂。宽10.2米，高8米（图4-3-108～图4-3-112）。

5. 南、北配房

面阔五间，进深二间，单坡屋顶，通面阔长13.9米，进深6.1米，高6.7米。

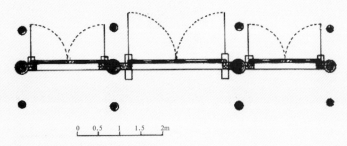

0 0.5 1 1.5 2m

图4-3-109 张㳇清真寺山门平面图

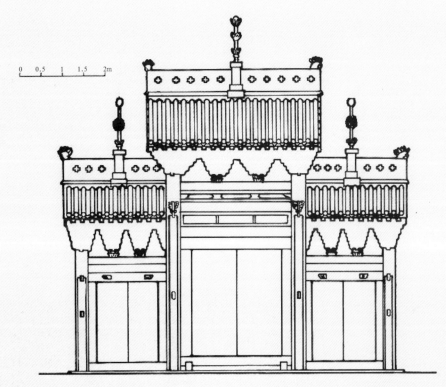

0 0.5 1 1.5 2m

图4-3-110 张㳇清真寺山门立面图

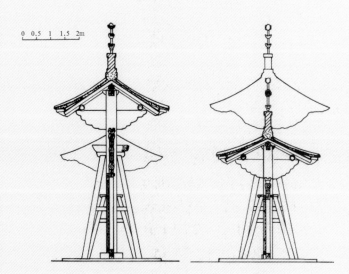

0 0.5 1 1.5 2m

图4-3-111 张㳇清真寺山门剖面图

图4-3-112 张㳇清真寺山门影壁

青海古建筑

第五章 道观、坛庙、牌坊

青海道观、坛庙、牌坊分布图

1 西宁北禅寺
2 贵德玉皇阁
3 湟源城隍庙
4 乐都城隍庙
5 乐都夫帝庙牌楼
6 威远镇鼓楼
7 西宁虎台

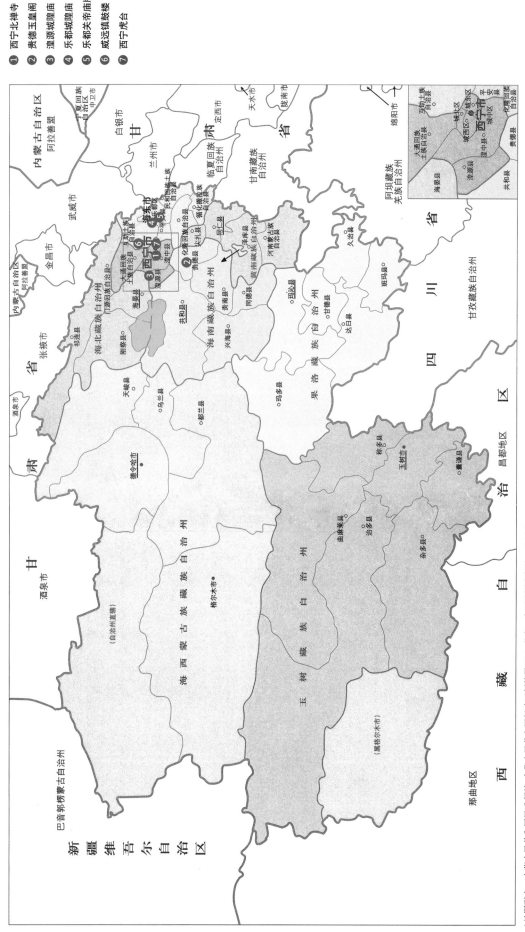

（地图引自：中华人民共和国民政部编. 中华人民共和国行政区划简册2014. 北京：中国地图出版社，2014.）

第一节　概述

　　同寺院相比，庙宇一般只供奉神佛或伟人，多是民间进行宗教活动的场所，没有寺院的讲经说法，也没有大规模的宗教人员居住。宗祠，则是供奉、祭祀家庭祖先神主的处所，多为家族祠堂。规模大于宗祠的，则称宗庙。青海河湟地区，民风淳朴，是庙宇、宗祠相对集中的地域，尤其在西宁、乐都、湟源、贵德、同仁等地，建城历史久，城内多有城隍庙、文庙、孔庙等。位于西宁北山的土楼观，是青海最早的集佛、道、儒三教于一体的宗教寺观。下面对青海著名的道观以及坛庙、牌坊等作一简单介绍。

第二节　实例

一、西宁北禅寺

　　《水经注》云："湟水东流，经土楼南，楼北依山原，峰高三百尺，有若削成，楼下有神祠，雕墙古壁存焉。"这里说的土楼，即指位于西宁北山边缘山崖之上的北禅寺，亦称土楼观。北禅寺占地面积约1平方公里，主要由土楼神祠、古洞群和露天金刚三部分组成（图5-2-1～图5-2-3）。《清和月雨后游土楼山记》称，"土楼山为湟郡之胜景，楼横列于山腰，鳞次而栉比者十有余间，其象虽不美丽，而天造地设，不假经营缔造之力，此也边地之奇观也。"

图5-2-1　西宁北禅寺全景

图5-2-2　仰望西宁北禅寺

图5-2-3　西宁北禅寺夜景

图5-2-4　西宁北禅寺土楼神祠

1. 土楼神祠

据历史记载，该祠建于东汉永乐四年（公元92年），是当地人民为纪念备受百姓爱戴的护羌校尉邓训而建立的"圣贤之祠"（图5-2-4）。东汉后期有僧人在山崖间修凿洞窟，塑佛像，转为佛教活动场所。明朝时山下建成铁佛寺。此后，此山又逐步转为道教活动场所。现北山脚下的宫观庙宇，是日后多次重建后的形象。

2. 古洞群

坐落在土楼神祠之上黄土覆盖的红砂岩断壁悬崖之中（图5-2-5）。这些洞窟，从西至东分为西、中、东三段洞窟，有禅洞、玉皇洞、城隍洞、圣母洞、关帝洞、金刚崖洞等"九窟十八洞"，细数有直洞39个，偏洞18处，大都自然天成，少有人工开凿。洞与洞之间劈古道、架栈桥，洞外就地建楼，傍山崖竖阁，阁内藏洞，洞中设佛堂或道观，殿堂、楼阁、洞府融为一体，故有"土楼观"、"北禅寺"双名和"中国第二大悬空寺"之称，历代香火不断。洞内壁画，多出于北魏、隋唐、五代、宋元时期，虽年久无修，但大致可辨出西段洞窟壁画为汉族佛教风格，东段洞窟为藏传佛教风格，其用色强烈，线条刚劲，人物形象生动，被誉为西宁的莫高窟（图5-2-6～图5-2-11）。

3. 露天金刚

是北禅寺、土楼山的一大景观。它坐落在中段和东段洞群之间，历经风雨冲刷而成，突出于山崖立面之上，形似塔，貌若神，当地人称它为从山崖里"闪"出来的"闪佛"（图5-2-12）。金刚原有两尊，西面一尊因自然坍塌只剩部分痕迹可寻。现存的东面一尊金刚，虽被风雨侵蚀，但雄姿傲然，千百年来俯瞰着西宁古城的变迁（图5-2-13、图5-2-14）。

图5-2-5　西宁北禅寺古洞群远景

图5-2-7　仰望西宁北禅寺古洞群2

图5-2-6　仰望西宁北禅寺古洞群1

图5-2-8　仰望西宁北禅寺古洞群3

图5-2-9　北禅寺古洞群洞外建楼

图5-2-10　北禅寺古洞群殿堂斗栱

图5-2-11　北禅寺古洞群殿堂彩绘

图5-2-12　远眺北禅寺露天金刚

图5-2-13　北禅寺露天金刚近景

图5-2-14　北禅寺露天金刚全景

二、贵德玉皇阁

贵德玉皇阁(古建筑群)位于贵德县河阴镇贵德古城内，始建于明万历二十年（1592年），由万寿观（其中有玉皇阁）、文庙、大佛寺、关岳庙、城隍庙、民众教育馆(现为图书馆)、古校场等建筑组成。该建筑群寺庙道观相互毗邻，坐落于贵德古城的北部区域，总建筑面积4915平方米，2001年国务院颁布为全国重点文物保护单位（图5-2-15）。

史载明洪武三年（1370年），征西将军邓愈率兵进占贵德，改贵德州为归德州。洪武九年（1376年）置必里卫，洪武十三年（1379年）归德城筑就，明廷从河州卫移民四十八户，免其赋税，责令守城。后又调集河州百户王献、刘庆、周鉴及族人，置王屯、刘屯、周屯为归德外围，成掎角之势。万历二十年（1592年）归德玉皇阁建成，时任归德游击、诰封怀远将军的结峰长略所撰《题归德创建玉皇阁万寿观碑记》碑文曰："昔我太祖高皇帝初基，命遣邓将军征讨西域，鼓蕃设站，建立城堡，调集河州卫中左千户所官兵屯马一千，守御兹土，谓之洮河藩篱，秦陇耳目，肱股至今，乃磐石之固也……择城中易地创建玉皇阁，以酬水土，答报恩宥，愿佑皇图永固，时岁亨昌。"清道光十七（1837年）玉皇阁扩建，现存《道光十七年玉皇阁重建工程告竣碑》为证。清同治六年（1867年），河湟回族反清，玉皇阁及文庙等被焚毁，光绪年间次第重建。20世纪50年代，玉皇阁、文庙、关岳庙被改为粮站，部分殿宇厢房被拆毁，重新装修，砌厚墙，安大门，改成粮仓。大佛寺及城隍庙先被改成民族完全小学，后被改成农机厂，大殿内神佛搬家，机器轰鸣，所幸的是建筑大木构架基本得以保存（图5-2-16）。

玉皇阁是明初特殊历史条件下修建的，"谓之洮河藩篱，秦陇耳目"。兹后嘉庆元年，玉皇阁之前建起了文庙。玉皇阁之东侧建起了关岳庙，俗称武庙，奉关帝、岳飞、马祖三尊神像。贵德是古兵戎之地，来此居官俱为军戎武将，以尚武守边为大业，故关岳庙成为戍边将士拜谒之所。玉皇阁之西侧为大佛寺，是汉藏信佛居士礼佛清净地。与大佛寺西邻的是城隍庙，相传城隍是保护城池之神祇，宋代之后奉地方忠烈廉吏为城隍爷。再西侧是民众教育馆，建于民国16年(1927年)，其藏书楼可谓青海最早的图书馆之一。文庙之前为通往南城门之正街，店铺鳞次栉比。文庙门前两侧，东有菩萨楼，西有文阁，均建在墩台之上，各为三间硬山小殿，形似汉代双阙。街西侧有关帝庙(亦称山陕会馆)和承公祠(纪念同治六年殉职之县令承顺)，东侧有县衙署河阴书院及官仓。

1. 万寿观

万寿观属道观，建筑包括山门、过厅、东西配殿和玉皇阁。山门为中柱式硬山建筑，明间中缝安通间门，两边砌墙，前后形成明廊。过厅亦为硬山建筑，面阔三间四柱，前后出廊，山墙前后均有干摆墀头，墀头做法与官式类似，也分下肩、上身和

图5-2-15　贵德玉皇阁全景

图5-2-16　贵德玉皇阁

盘头。盘头部分砖雕精美，是官式黑活中难以见到的。玉皇阁是整个建筑群之首，位于古城中轴最北端、万寿观正殿之位，通高26米，有凌空出世、昂首天外之感，被誉为"仙阁插云"。底面为正方形，底层台基高1.4米，台基上再砌高9.9米的砖包土筑正台基，上起三层楼阁。楼阁一层金柱通接二层檐柱，二层匝梁上坐三层檐柱，中间四根内金柱为三层通柱。三层平板枋上安二十四攒五踩斗栱。整个大木结构榫卯互锁，受力合理，承压均匀，结构严密。每层正面枋下均安通口龙凤花板装饰，一层门

两边有六幅雕刻细腻的草花砖雕，青瓦歇山顶吻兽齐全，正脊中间有三尊青狮白象驮宝瓶，显出北方古建筑的特点，加上富有地方特色的建筑彩画，整个建筑显得雄而不拙，端庄华美。玉皇阁台基高三丈六尺，寓意一年360天，底面24根立柱，寓意二十四节气。中间4根通柱，寓意一年四季，天数也。台基上建三层楼阁，顶层奉"天"，立玉皇神位；中层奉"地"，立土地神位；下层奉"人"，立皇帝牌位。玉皇阁后原有三清殿一所，现无存（图5-2-17～图5-2-22）。

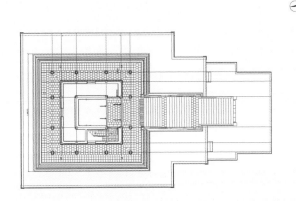

图5-2-17 贵德玉皇阁平面图

图5-2-18 贵德玉皇阁侧立面图

图5-2-19 贵德玉皇阁正立面图

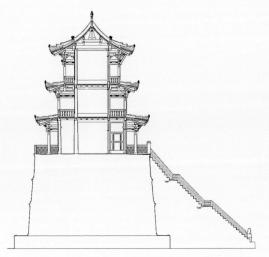

图5-2-20 贵德玉皇阁剖面图

图5-2-21　贵德玉皇阁柱头

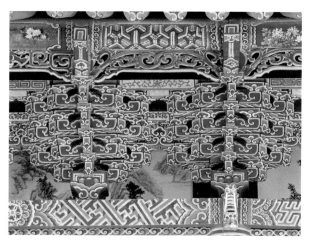

图5-2-22　贵德玉皇阁斗栱

2. 文庙

文庙建筑包括棂星门（牌坊）、泮池、戟门、乡贤祠、名宦祠、七十二贤祠和大成殿。其中，大成殿供奉儒家先师孔子之神位，历来为文人祭孔和集会的场所，是整个建筑群中体量最大的单体建筑。该殿九檩单檐歇山大木，面阔四间，分心四柱，甘青地方做法，柱径硕大，翼角高翘，前檐虽不施斗栱，用地方做法"平枋假猫儿头"替之，仍形成一个多层次的、高大的、华美的效果（图5-2-23、图5-2-24）。

图5-2-23　贵德玉皇阁文庙牌坊

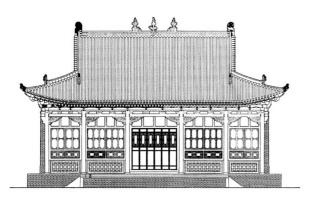

图5-2-24 贵德玉皇阁文庙大成殿立图

3.关岳庙

俗称武庙、马祖庙，建筑包括山门戏台、过厅、钟鼓楼、东西厢房和正殿，供奉关羽、岳飞、马祖三尊神像，是军旅、戍边将士拜谒的场所。关岳庙过厅体积较小，但极为精彩，单檐歇山建筑，面阔五间，分心四柱，檐下斗栱密致，木雕精美、彩画绚丽，是清代建筑中的上乘之作。关岳庙山门殿内侧为戏台，结构特别，山墙内侧仍有清代壁画两幅，共18平方米。

4.大佛寺

大佛寺原为藏传佛教，现仅存大雄宝殿，殿内供三世佛。清代曾设先农坛。

5.城隍庙

建筑包括过厅、十八层地狱廊、正殿、地藏王菩萨殿、后寝宫。其过厅及钟鼓楼与关岳庙相似，后寝宫为硬山建筑，殿内山墙上仍留有清光绪壁

画20余平方米。殿内原置巨床被褥，意为城隍下榻之所。

6.民众教育馆

民众教育馆建于1927年（民国16年），现为图书馆，院内现存藏书楼，因上层倾斜，20世纪50年代被拆除，现仅存下层。1945年抗日战争胜利后，建"抗日胜利纪念亭"一座，单檐八方亭，俗称八卦亭。亭内原有纪念碑一通，现无存。还有勤读轩、梨花亭、长廊等园林建筑，曲径通幽，画廊迂回，景色优美。

7.校场

亦称隍庙场，在城隍庙山门前，面积达8300平方米，为古时演武、训练民团之所。

三、湟源城隍庙

湟源城隍庙在湟源县城关镇中湟源古城内西北隅，庙宇坐北向南，三进院落，布局严谨，规模宏大，占地面积6000余平方米，总建筑面积2300平方米。中轴线上有大照壁、山门殿、过厅带戏台、牌坊、城隍殿（亦称鉴心殿）及后寝宫，东西两侧有钟楼、鼓楼、十王殿、配房等建筑（图5-2-25）。殿宇房舍无一例外为清代原构，院内台基踏步、卵石铺地均保持百年前原样，是青海省保存最完好的城隍庙。原为省级文物保护单位，2013年国务院公布为国家重点文物保护单位。

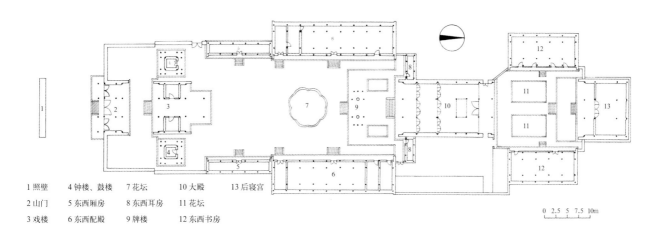

1 照壁	4 钟楼、鼓楼	7 花坛	10 大殿	13 后寝宫
2 山门	5 东西厢房	8 东西耳房	11 花坛	
3 戏楼	6 东西配殿	9 牌楼	12 东西书房	

0 2.5 5 7.5 10m

图5-2-25 湟源城隍庙总平面图

湟源城隍庙雍正六年（1728年）初建时规模很小，位于刚刚告竣一年、清代称丹噶尔的古城内。清代中后期，丹噶尔城渐成闻名西北的繁华商埠，商户云集，财力强盛，清乾隆四十一年（1776年）湟源城隍庙扩建。嘉庆、宣统年间，城隍庙踵事增华，锦上添彩，扩建增容、多次修缮，终成今天规模恢宏、气度非凡的古建筑群（图5-2-26）。

城隍，起源于古代对城的祭祀与崇拜。"城"的原义指挖土筑起的高墙，"隍"的原义指没有水的护城壕（有水则称城池）。古代战争频繁，刀兵带来无尽灾祸，为了保护城内百姓的安全，古人修建高大坚固的城墙、城门、城楼以及城壕，并将城和隍神化为城池的保护神。最早的城隍庙见载于三国赤乌二年（公元239年）建的芜湖城隍庙。

隋唐以后，凡有城池者，就有城隍庙。宋代，城隍之神开始人格化，将地方上忠烈廉吏、英雄名臣奉为城隍神，如北京城隍祀奉文天祥、苏州城隍祀奉战国时春申君，上海城隍祀奉秦裕伯、杨椒山，杭州城隍祀奉周新，西宁城隍祀奉汉护羌校尉邓训，贵德城隍则祀奉清代殉职县令承顺（见清史稿，柯劭忞等著）。

明王朝建立后，明太祖朱元璋对城隍推崇有加，相传朱元璋称帝前曾宿身城隍庙而幸免大难，登基后于洪武元年（公元1368年）下旨封开封、临濠、束和、平滁四城的城隍为监察司显佑王，职位正一品，与人间的太师、太傅、太保"三公"和左、右丞相平级。又封各府、州、县城隍为公、侯、伯，即府城隍为监察司氏城隍威灵公，职位正二品；州城隍为监察司氏城隍显佑侯，职位正三品；县城隍为监察司氏城隍显佑伯，职位正四品。重建各地城隍庙，规模高广与当地官署衙门相等，按级别配制冕旒哀服。

图5-2-26　湟源城隍庙鸟瞰

洪武三年（公元1370年）朝廷颁布专门祭祀城隍典章，封京都城隍为都城隍，统领天下城隍。其余称"某府、某州或某县城隍之神"，等级森严，尊卑有序。延续至清代。

在传统信念意识里，城隍是冥间统管地方的最高行政长官，是除凶剪恶、保国护邦之神，保佑地方平安、五谷丰登，并管领阴间的亡魂。城隍信仰在我国历史上源远流长，流行广布，认为城隍既是人间正义的主持者，又是生死祸福的主宰者。凡地方官员到任，先至城隍庙拜谒，以求城隍神护佑；百姓有冤屈，到城隍庙神灵前哭诉冤情；地方有争议不决之事，当事双方到城隍庙大殿台子拜神议事，城隍爷成为百姓心灵依靠。

1. 照壁

湟源城隍庙坐落于湟源古城内，山门殿临街，山门前隔街正对一字三开间砖雕大照壁，照壁阔约12米，高约5.5米，平面呈一字形，与面阔三间的山门殿相对配称。照壁立面分为三间，下肩部分做"琴棋书画、竹兰梅菊"等传统图案砖雕，共19块，明间布7块，两次间各布6块，照壁上身部分仅明间影壁心做"团龙"砖雕图案，四岔角做卷草图案，而两次间做素面无雕饰，上面通雕一路"万字不到头"，照壁盘头部分仿木结构做五踩斗栱，椽头、飞椽砖雕，做工精细，惟妙惟肖。明间正中雕一小匾额"明镜高悬"，遒劲楷书赫然在目。照壁顶仿筒瓦房顶，正脊筒雕镂空缠枝牡丹，显示富贵繁华。

2. 山门殿

城隍庙山门殿结构奇特，主体为面阔三间，进深三间硬山建筑。而前廊部分却改为两端出翼角，密致斗栱，以显示华丽高贵。前檐木结构留有藏式建筑特点，柱头做莲瓣雕刻，其上置雕有卷荷叶的短托木，其上横担雕有龙凤的拱形横梁（似月弓牙子），再上是藏式建筑常见的蜂窝雕刻，再上为断面呈"工"字形雕花横梁，做法近似藏式柱头结构，这种汉藏结合的做法增添了建筑新意和华丽精美。山门殿两侧接砖雕影壁墙，做工较照壁更为精细（图5-2-27）。

图5-2-27　湟源城隍庙山门殿

图5-2-28　湟源城隍庙过厅正面

3. 过厅带戏台

进入山门殿，前院狭小，十步开外便是过厅带戏台。过厅面阔、进深各三间，平面呈凸字形，正面为两面带廊的两层硬山建筑，后廊明间接两层十字脊顶戏台。戏台栏杆窗心做"步步锦"，寓意步步登高，柱间三面做圈口牙子，翼角梁出两层垂莲柱，垂莲柱接通口牙子和雕花板，显得玲珑剔透、繁花似锦。瓦顶做十字脊，正脊、垂脊、戗脊共18条，花脊纵横，兽头林立，檐牙交错，钩心斗角。戏台与正殿相对，逢年过节唱戏娱神，如俗话所说，"人高兴，神也高兴"（图5-2-28～图5-2-30）。

4. 钟楼鼓楼

过厅东侧为鼓楼，上层置一面巨鼓；西侧为钟

图5-2-29　湟源城隍庙戏台1

图5-2-30　湟源城隍庙戏台2

图5-2-31　湟源城隍庙戏台及两侧钟鼓楼

楼，上层挂一尊铁钟。钟楼、鼓楼平面呈正方形，两层，底层每面三间，上层收为一间，覆四角攒尖顶。按阴阳五行，东方属木，色青，谓之青龙，象征春天，鼓为木质，鼓声似春雷，所以东方置鼓；西方属金，色白，谓之白虎，象征秋天，主刑杀，钟为金属，所以西方做钟楼（图5-2-31）。

5. 城隍殿

过了戏台进入中院，空间宽绰，疏朗开阔。院内铺地就地取材，用河卵石铺成甬道和海墁，拼对成如菊如兰各式图案，古朴美观，具有鲜明的地方特点（图5-2-32）。正前方即为城隍殿（亦称鉴心殿、正殿），面阔三间，进深五间，一卷一殿，硬

图5-2-32 从湟源城隍庙戏台看城隍殿

山式建筑,即前廊做卷棚顶,后起正脊,使屋顶富于变化,增加整体进深跨度,所以正殿内空间深广,大木梁架,用材硕大。神龛装饰,木雕精美。彩画为地方杂式画法,前檐廊心墙砖雕做工考究。城隍殿为建筑群之最,殿内正中供奉城隍神像,形象威猛。两边山墙绘壁画,东侧为城隍出巡,西侧为城隍凯旋。殿内悬"明镜高悬"、"鉴察不爽"两块方匾。正殿后有后寝宫(图5-2-33~图5-2-35)。

6. 牌坊

正殿前月台上立一座四柱三楼牌坊,九踩斗栱,木作复杂,玲珑精致。檐口木雕,十分细腻华美,为中院建筑锦上添花。戏台的精巧和牌坊的华丽对映成趣,相得益彰(图5-2-36)。

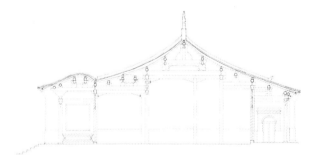

图5-2-33 湟源城隍庙城隍殿剖面图

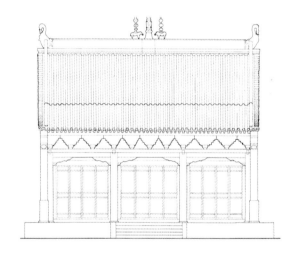

图5-2-34 湟源城隍庙城隍殿立面图

图5-2-35 湟源城隍庙城隍殿

图5-2-36 湟源城隍庙牌坊

7. 十王殿

中院两侧是十王殿，东西各面阔五间，进深二间，硬山建筑，两殿对称，规制无二，内供奉十殿阎罗王，每间后壁画一尊阎君，下部画十八层地狱、牛头马面、黑白无常，警示做人以善为本，若作恶不孝，必遭严惩。壁画笔墨流畅，技艺高超，为清代壁画不可多得之精品。

与十王殿相连有对称的配房，亦为东西各五间的硬山式建筑，比十王殿略小，上侧供奉土地爷爷、土地奶奶，中间塑鬼役，下侧塑神骏，东西相对，相传土地神祇属城隍下属，专在夜晚察访地方善恶事件，风雨无阻。东边地方爷爷慈眉善目，笑容可掬，手执灯笼；西边地方奶奶相貌狰狞凶狠，怒目切齿，手持菜刀。寓为神灵对善恶的两种态度，行善干好遭好报，作恶不孝下地狱。中间三间塑数鬼役，形态各异，公役打扮。下边东一间塑神骏，俗称赤兔马；西一间塑驯骡，俗称千里驹，鞍辔俱全，意在驰骋，是城隍出巡之坐骑。

8. 后寝宫

转过正殿，即为城隍后院，青松荫蔽，院落安谧。正中为后寝宫，面阔三间，进深三间，硬山大殿，是城隍休息起居之所。殿内正中供奉城隍父母坐像，西侧一间置巨床，床上被褥俱全，是城隍歇息卧室；东侧一间停有供城隍乘坐的轿子，旧时农历清明，举行庙会，抬城隍神轿出巡，以求来年风调雨顺，五谷丰登，地方平安，诸事昌顺。

湟源城隍庙是青海省保存最完好的城隍庙，历史悠久，文化积淀深厚，也是湟源商埠沧桑变迁的历史见证。城隍庙建筑精美，做工精湛，代表青海地方土木工程做法的高超技艺，展示地方能工巧匠的聪明智慧。城隍庙文化内涵蕴藏着中国古代"忠孝仁义"的儒家思想，寄托着百姓对执政者主持正义公道的殷切期盼，向往"风调雨顺，五谷丰登"的富足年景，子孙贤达、孝悌传世的良好风尚，以及社会安宁、奸邪受惩、行善济贫的太平盛世（图5-2-37～图5-2-39）。

图5-2-37　湟源城隍庙从戏台下远望城隍殿

图5-2-38　湟源城隍庙1

图5-2-39　湟源城隍庙2

图5-2-40 乐都关帝庙牌楼

图5-2-41 乐都关帝庙牌楼斗栱

四、乐都城隍庙

乐都历史悠久，文化积淀深厚。考古表明，四五千年前这里曾是新石器时代的繁荣之地。南北朝时，南凉主立国，曾定都乐都。唐开元二年（714年），置陇右节度使于鄯州，辖陇右十二州，乐都成为西北地区的政治、经济、军事中心。明设碾伯千户所。清雍正三年（1725年）改为碾伯县，民国18年（1929年）改称乐都县。城隍庙位于乐都县碾伯镇城中村中心、古城老街西段。该庙坐北朝南，由牌坊、歇马殿、两个山门、大成殿、药王殿、鉴心殿、百子宫、后寝宫组成。主体建筑鉴心殿面阔五间，进深三间，为三转五的砖木结构。该庙"文化大革命"期间破坏严重，现存药王殿、后寝宫均为明代砖木硬山建筑，面阔、进深各三间。歇马殿面阔三间，进深一间，加前后廊，为硬山式建筑，山墙出墀头，前檐施七踩斗栱，七架梁，木刻有龙、牡丹、佛手等。其余建筑为现代重建。2004年5月被青海省人民政府公布为省级文物保护单位。

五、乐都关帝庙牌楼

乐都关帝庙牌楼位于乐都县碾伯镇老街中部，始建于明代万历二十年（1592年），为六柱七楼三重檐庑殿顶式牌楼，当地人称之为八卦楼，也称"八卦绰楔"。整个建筑坐落在一个平面11.2米×7米、高0.5米的台基上，一层牌楼沿龙门枋两侧以四十五度角各撇出两个次楼，高7.5米；次楼下各有一次柱，二层置于龙门枋上，高9.5米；三层主楼庑殿顶，由前后平板枋上挑梁挑起两个悬柱支顶，高12.5米。两个主柱下面有抱鼓石，主柱前后各有由戗支顶，由戗下面置戗兽，各次柱下面均有夹杆石。此建筑结构精巧、造型奇特，通过双"Y"形平面布置的柱网，既增加了结构的稳定性，也给建筑造型带来了变化。牌楼原是关帝庙前的一个建筑，可惜庙宇已全部拆毁，剩下牌楼形单影只。1959年12月被青海省人民政府公布为青海省第二批省级重点文物保护单位（图5-2-40、图5-2-41）。

六、威远镇鼓楼

威远镇为互助县城所在地，宋时为"牧马营"、"牧马苑"，明嘉靖十四年（1535年）修城垣后定名"威远堡"，其城垣东西宽125丈、南北深118丈，城墙根厚2.4丈、顶宽1丈。后设"游击营"，又称"威远营堡"。1930年建县后改称威远镇。威远镇鼓楼位于镇中心十字，始建于明天启四年（1624年）。鼓楼为三重檐歇山十字脊建筑，一层最早是十字形券洞，因在十字路中心，是一过街楼，在20世纪90年代落架维修时，将基础抬高，十字形券洞已不复存在。鼓楼一层面阔、进深各五间，平面12.9米×12.9米，二、三层面阔和进深均三间，层层内收，三层均带围廊，每层用七踩斗栱，重翘无昂。钟楼高约14.6米，总高17.5米。2008年维修时台基提高3.4米，总高升到20.08米（图5-2-42～图5-2-45）。

图5-2-42 威远镇鼓楼

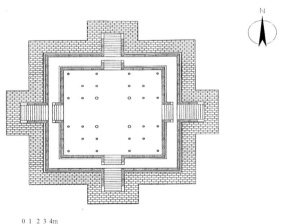

0 1 2 3 4m

图5-2-43 威远镇鼓楼平面图

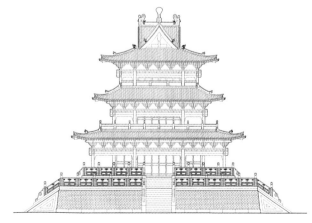

图5-2-44 威远镇鼓楼立面图

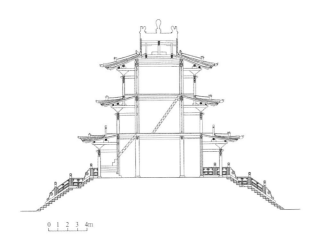

图5-2-45　威远镇鼓楼剖面图

七、西宁虎台

位于西宁市城西区的虎台遗址公园。汉魏时期，被称为河西鲜卑的拓跋氏一支由塞北迁到河西（黄河以西），至东晋十六国时期，秃发乌孤（秃发为拓跋的变音）在青海西宁、乐都建立了十六国之一的南凉国。南凉国存在时间虽短（公元397～414年），城池也毁，但在西宁市古城西边修筑的"虎台"却较好地遗存至今。《西宁府新志》记述，"虎台西去县治五里，有台九层，高九丈八尺。相传南凉王秃发傉檀子名虎台，或是其所筑也"。虎台为覆斗式夯土建筑，正方形，底边长138米，顶边长40米，高32米，考古调查时发现顶部有零星砖瓦碎片，说明原土台顶部有建筑物，一说为阅兵台、点将台，也有人疑与宗教活动有关。台地东面有4个数丈高的土墩，另有一些小土墩，不知用途如何。此建筑形制之宏大，在1700年前可谓雄伟无比，今日看去也甚为了得。1957年青海省公布为省级重点文物保护单位。2006年，西宁市将其辟为遗址公园，开辟大门，增设雕塑、花坛、凉亭、展室等，成为西宁古城一胜景（图5-2-46）。2013年被公布为国家级文物保护单位。

图5-2-46　西宁虎台遗址公园

青海古建筑

青海古建筑

第六章 府邸、书院、会馆

青海府邸、书院、会馆分布图

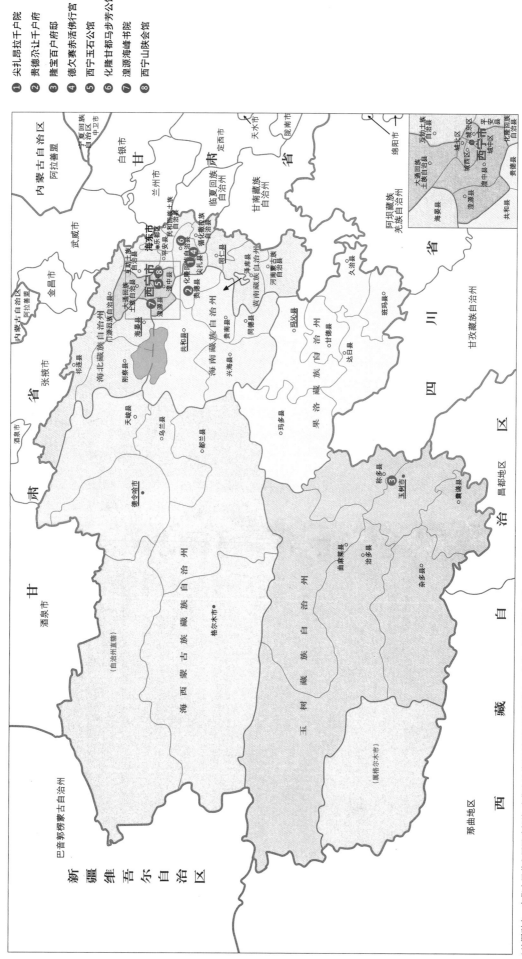

① 尖扎昂拉千户院
② 贵德尕让千户府
③ 隆宝百户府邸
④ 德欠赛赤活佛行宫
⑤ 西宁玉石公馆
⑥ 化隆甘都马步芳公馆
⑦ 湟源海峰书院
⑧ 西宁山陕会馆

（地图引自：中华人民共和国民政部编. 中华人民共和国行政区划简册2014. 北京：中国地图出版社，2014. ）

第一节 概述

府邸是历史上有地位的人生活、办公的宅院。青海府邸类建筑较多，一些明、清时册封的藏族、土族千百户和蒙古族的"扎萨克"（每旗旗长），其宅院宽大、住房精致，是府邸类建筑的代表；活佛的住所和行宫，为寺院常见的组成部分，按佛位大小规模不一，建筑十分精美，其建筑性质亦为府邸一类；再一类为民国时期遗存的行政要员官邸，如西北行政长官马步芳的公馆，建于西宁、化隆等地，集办公、居住为一体，做工精良。

书院、会馆青海较少，这与青海经济社会长期处于落后的发展状态紧密相关。唐安史之乱后至北宋数百年间，青海地区多战乱割据，地方文化教育发展艰难，有"文在寺院，学必僧人"之说。明清之后，青海历史上有了大规模的办学活动和儒学教育，乾隆时期以后在青海各地逐渐建起了书院。据载前后共修建了9所书院，它们是1738年建的大通三川书院、1761年建的乐都凤山书院、1785年建的西宁湟中书院、1820年建的贵德河阴书院、1829年

建的大通大雅书院（1874年改为崇山书院），以及光绪年间西宁府建的五峰书院、湟源海峰书院、大通泰兴书院、循化龙支书院。光绪三十一年（1905年），清廷下令废除科举制，将各地省会的大书院改为高等学堂，府、郡的改为中等学堂，州、县的改为小学堂，致使各书院相继拆改，面目全非，唯湟源海峰书院改成小学后未作大动而得以留存。

会馆是聚会、旅居、联谊之所，兴起于明初，盛于清代，在青海主要出现在河湟地区。川口东街的山陕会馆、西宁兴隆巷的山陕会馆是青海较早的会馆建筑，始建于光绪年间，是青海商业文化历史的见证。

第二节 实例

一、尖扎昂拉千户院

尖扎昂拉千户院位于青海省黄南藏族自治州尖扎县昂拉乡尖巴昂村内，是原居住在尖扎地区昂拉第七代千户的宅院，占地面积2440平方米（图6-2-1）。相传昂拉千户是吐蕃王朝赤热巴坚的后

图6-2-1　尖扎昂拉千户院内院鸟瞰（图片来源：网络）

代，1657年他的后代之一祖多杰被册封为昂拉千户。昂拉千户庄院坐北朝南，1948年续建，分前后、上下两院，为二庭两阶式院落。一进院较低，院内正房为面阔七间、进深三间、两层（后为一层）的木楼，两侧两层附房均面阔五间，带走廊与正房相连。二进院高出前院整整一层，由木楼楼梯拾阶而上，正对后院中间的大佛堂。大佛堂面阔五间、宽16米，进深四间、深8.5米，带前廊，用七架梁，歇山顶。两侧各有五间平房，后院东北角和西北角各设了一座角院（图6-2-2、图6-2-3）。千户院为典型的合院式建筑，外围的围墙高大厚重，高出屋面一到数米，从外面看，墙高屋低，除有一大门供人出入外，没有一扇窗户朝外，俨然是青海河湟地区的一个大型庄廓。千户院大门为砖木雕花门楼，面阔三间，宽6米，高8.5米，为两层、上下带廊、单坡歇山顶建筑，十分气派（图6-2-4）。门前置

砖雕照壁，形成完整建筑格局。该千户院为青海诸多旧宅中保存较完整的藏式庄院之一，1998年被列为省级文物重点保护单位（图6-2-5～图6-2-8）。

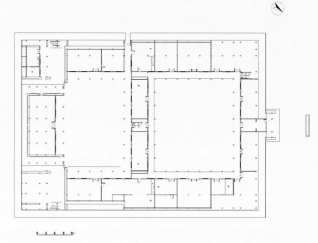

图6-2-2 尖扎昂拉千户院平面图

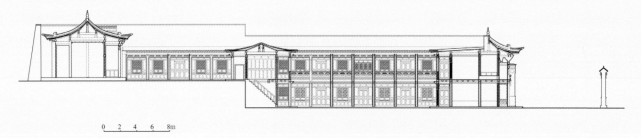

图6-2-3 尖扎昂拉千户剖面图

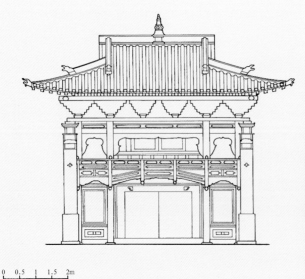

图6-2-4 尖扎昂拉千户大门立面图

图6-2-5 尖扎昂拉千户院屋顶

图6-2-6　尖扎昂拉千户院二进内院局部

图6-2-7　尖扎昂拉千户院一进院南立面

二、贵德尕让千户府

　　贵德尕让千户府位于贵德县尕让乡，该院背靠大山，坐北朝南，处于一地势很陡的向阳坡上，二进院跌落式布局，占地1400余平方米，是一所典型的河湟地区山地类庄廓建筑。据《清稗类钞》记载，"中惟贺加尔族有地界，余八族混在一处，每族百户一人，总属于尕让千户，千户名吉亥买尔多吉"，尕让千户府实际上是管辖四五十个村寨的千户居住和办公的地方（图6-2-9、图6-2-10）。

　　千户府由南向正中设置的门楼进入院内，一进院为方形，周以两层围廊式平顶建筑，每面面阔七间，进深三间。经过厅、楼梯进入二进院，二进院的地面明显高于一进院的屋面，正面面对着2米的高台，高台之上是经堂。经堂为硬山建筑，面阔五

图6-2-8　尖扎昂拉千户院入口（图片来源：网络）

间、13.7米，进深四间、7.5米，前带廊，用五架梁，突出了经堂在庄廓中的建筑等级地位。两侧东西厢房面阔各三间、进深二间。两角设小院，小院内布置有厨房（图6-2-11～图6-2-13）。

图6-2-9　尕让千户庭院

图6-2-10　尕让千户一角（图片来源：网络）

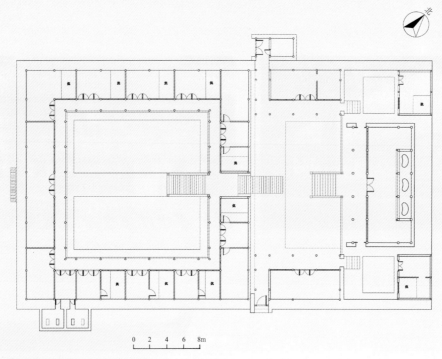

图6-2-11　尕让千户平面图

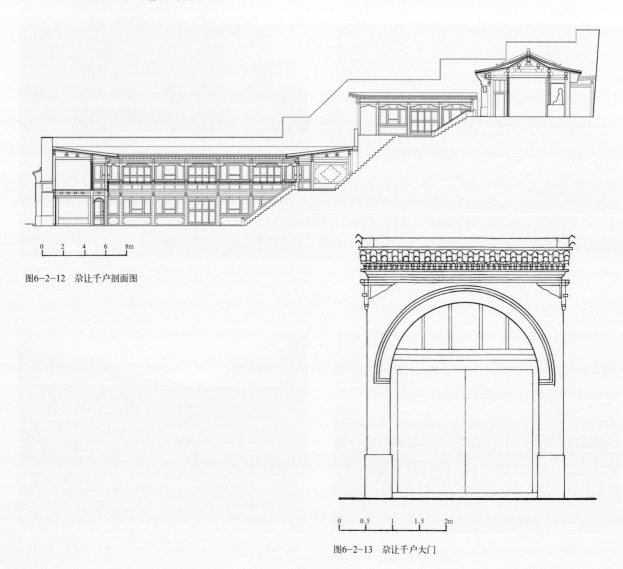

图6-2-12　尕让千户剖面图

图6-2-13　尕让千户大门

三、隆宝百户府邸

　　隆宝百户府邸位于玉树州玉树县仲达乡点达村格日社西70米处的山坡上，始建于清代，曾有六代百户在此居住、办公（图6-2-14）。建筑整体坐北朝南，由上、下两个院落组成，占地约1200平方米。上院由主体建筑和附属用房组成，占地面积约940平方米。主体建筑三层，局部四层，为石木结构的传统藏式碉楼，主要用于百户办公及日常起居。平面坐北朝南，略呈长方形，面阔八间、19.2米，进深五间、14.5米，高11.6米；一层为牢房，门向东开，中间是楼梯；二层南房为厨房，北房库房；三层北房是客厅，南房和东房住人；四层前为屋面，后有面阔三间、进深二间的放肉的辅房；屋顶设有煨桑台（图6-2-15～图6-2-24）。下院为管家、佣人用房，院门东向，由主楼、西配房和北配房组成，占地面积440平方米。

四、德欠赛赤活佛行宫

　　赛赤活佛源自甘丹寺第四十四任赤巴罗哲嘉措（1635～1688年）其转世罗桑丹贝尼玛（1689～1762年）曾获拉然巴格西学位，1734年应诏赴京，雍正帝赐"禅师"印，成为掌印喇嘛。清乾隆九年（1744年），奉命修建北京雍和宫，次年在雍和宫举行正月祈愿大法会，成立显宗、密宗、医学、声韵等4个经院。自他起，历代赛赤亦为清代八大驻京呼图克图之一，在京驻福祥寺。

　　德欠赛赤活佛行宫位于尖扎县能科乡西南500米的德欠村内，邻近尖扎地区最大的格鲁派寺院德千寺。该地周围青松环绕，农田层层，环境幽静舒适，风光秀丽如画。

图6-2-14　隆宝百户府邸全景

图6-2-15　仰视隆宝百户府邸主体建筑

图6-2-16　隆宝百户府邸主体建筑南立面

图6-2-17　隆宝百户府邸主体建筑西立面

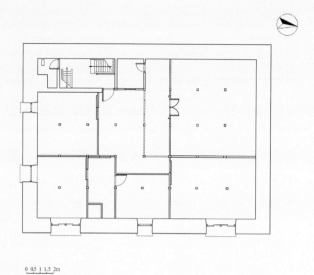

图6-2-18　隆宝百户府邸主体建筑三层平面图

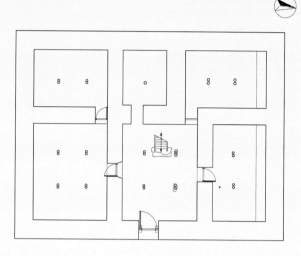

图6-2-19　隆宝百户府邸主体建筑一层平面图

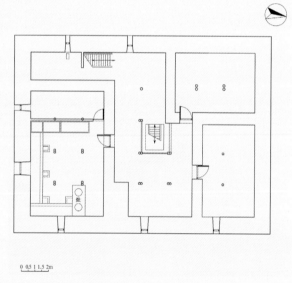

图6-2-20　隆宝百户府邸主体建筑二层平面图

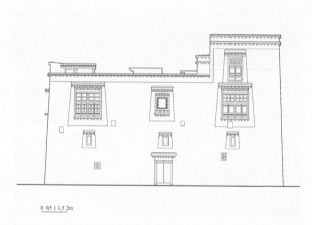

图6-2-21　隆宝百户府邸主体建筑立面图

图6-2-22　隆宝百户府邸主体建筑剖面图

图6-2-23　隆宝百户府邸室内彩绘

图6-2-24　隆宝百户府邸室内土灶

行宫坐北朝南，占地面积2200多平方米，为二进院庄廓式建筑。一进院较低，由东、西、南三面两层楼和处于两院之间的过厅组成，建筑均为平顶。由台阶、过厅上二进院，后院正中布置佛堂，其余为东西厢房和环廊。佛堂为藏式建筑，小坡屋顶，两侧带女儿墙，面阔七间、31米，进深四间、11米，高5.5米，用五架梁，梁上托五个檩，设中柱。建筑色彩外素内华，内部装饰端庄华美（图6-2-25、图6-2-26）。

五、西宁玉石公馆

玉石公馆，因为公馆里许多建筑的墙面镶有玉石而得名。地处西宁城东区周家泉，始建于1942年6月，为马步芳私邸，又名"馨庐"，是青海省保存最为完整的民国时期建筑，也是全国唯一一座用玉石建造的官邸，具有较高的历史文物价值和浓郁的地方民族文化特色，1986年被青海省政府确定为省级重点文物保护单位（图6-2-27）。

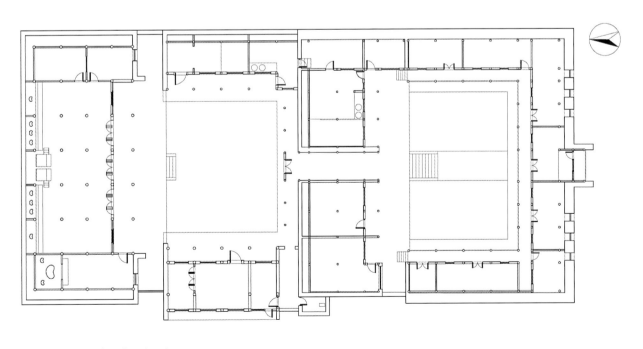

0　2　4　6　8m

图6-2-25　德欠塞赤活佛行宫平面图

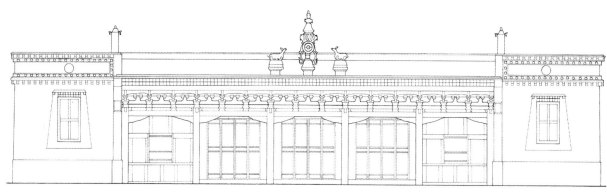

0 0.5 1 1.5 2m

图6-2-26 德欠赛赤活佛行宫立面图

花　园

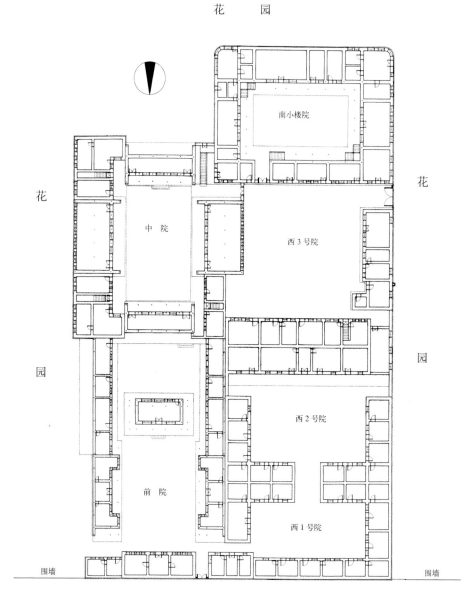

花

园

花

园

南小楼院

中院

西3号院

西2号院

前院

西1号院

围墙

围墙

图6-2-27 西宁玉石公馆总平面图

公馆保留下来的院落占地近3万平方米，建筑面积6800余平方米，共有房屋298间，分别由前院、中院、南院、西一号院、西二号院、西三号院以及后花园等7个独立而又联系的院落组成，供接待、办公、主人居住、女眷、佣人、警卫之用。各院和重要厅宅都有暗道相通，院落设计精巧，建筑古朴典雅，整个院落透出老宅的深沉、庄严和神秘的气息，现辟为历史博物馆。

玉石厅是公馆中最奢华的建筑，用来接待贵宾。建筑面阔五间、进深三间，四面柱廊。退后的实体部分房屋面积约96平方米，外墙选用青海当地称为"羊脑玉"的一种软玉砌筑到顶，勒脚部分用青海墨玉，质地坚实、色泽美观，与上部鹅黄色、半透明的羊脑玉墙面相互辉映、相得益彰。外圈深色的木廊柱，与四坡灰瓦屋顶十分相配，让玉石厅与整个建筑群融为一体（图6-2-28~图6-2-30）。

六、化隆甘都马步芳公馆

该公馆位于海东化隆县甘都镇牙路乎村，化隆第二中学内，为两栋中西混合式的楼房。两楼相距约30米，南北向，南楼平面呈凹字形，北楼略呈工字形，当地人把两楼称为"鸳鸯楼"。由于两栋楼房的样式采用了西洋新古典建筑的手法，在青海十分少见，故录之（图6-2-31、图6-2-32）。

南楼为两层洋楼，坡顶，尖山，对称布局。楼体东西长30.4米，南北宽25.7米，主楼高12.8米，大门朝南，东、西次楼为一层，主楼两层，二层前有阳台（图6-2-33~图6-2-36）。

北楼也为两层洋楼，坡顶，尖山，东西长34.9米，南北宽27.8米，高13米，大门朝南，其余每面均有边门，分主、次楼，西次楼二楼西面有阳台，东次楼二楼正面有半圆形阳台（图6-2-37~图6-2-40）。

七、湟源海峰书院

书院始建于清代。1920年9月，湟源知事、湖南人陈泽藩在遗存的海峰书院的基础上，仿岳麓书院改建为县立高等小学堂，陶行知题写校训，当时

图6-2-28　西宁玉石公馆玉石厅正立面

图6-2-29　西宁玉石公馆玉石厅后院

图6-2-30　西宁玉石公馆玉石厅室内一景

图6-2-31　马步芳公馆南楼

图6-2-32　马步芳公馆北楼（图片来源：网络）

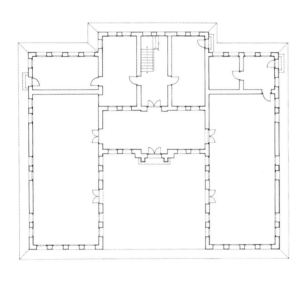

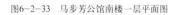
0 1 2 3 4m

图6-2-33　马步芳公馆南楼一层平面图

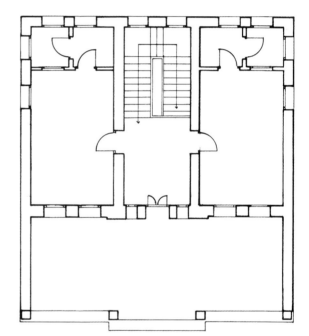

图6-2-34　马步芳公馆南楼二层平面图

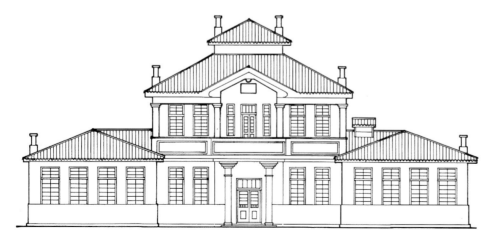

图6-2-35　马步芳公
馆南楼正立面图

图6-2-36　马步芳公馆南楼剖面图

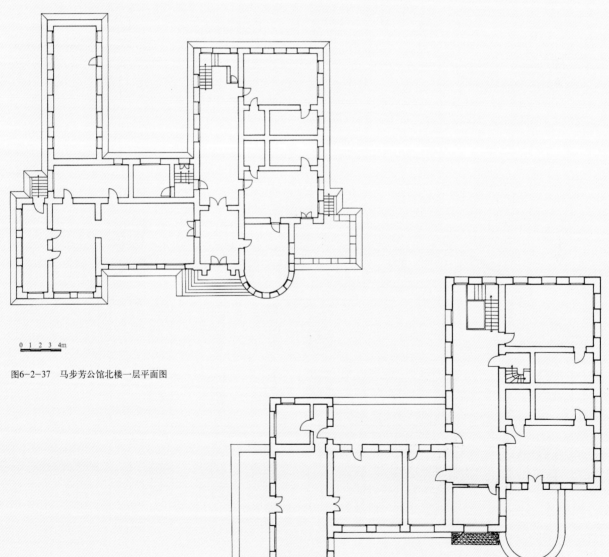

0 1 2 3 4m

图6-2-37　马步芳公馆北楼一层平面图

0 1 2 3 4m

图6-2-38　马步芳公馆北楼二层平面图

图6-2-39　马步芳公馆北楼立面图

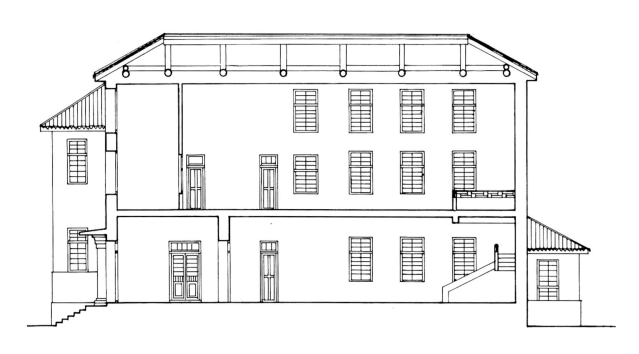

图6-2-40　化隆甘都马步芳公馆北楼剖面图

图6-2-41 湟源海峰书院入口

的甘肃教育厅长马鹤天看后大为赞许，也因此，湟源海峰书院大部分得以留存。近年改为中国当代著名诗人昌耀纪念馆，古建筑群落得到进一步修缮（图6-2-41）。

湟源海峰书院地处湟源丹噶尔古城中街的北侧，坐北朝南，西边紧邻文庙并有院门相通（图6-2-42、图6-2-43）。现占地1020平方米，整组建筑按中国园林建筑手法布局，当街的门户不大，进门后绕过照壁，先进入一个带有爬山廊的窄长形小院，小院东侧曾为小学的劝学所；由小院正对的影壁右拐进入书院正庭，正庭主体建筑现为一个五开间的前檐带坡的平顶建筑（屋顶似曾被拆改过），坐落在高高台阶之上（图6-2-44～图6-2-49）；西侧有通后院的圆门，据说书院原占地很大，后院曾有很多老建筑，改为城关第一小学校扩建时全被拆除，现在圆门之外只有建于民国7～9年（1917～1920年）的文庙了（图6-2-50）。

八、西宁山陕会馆

自古来青海运粮、贩茶、换食盐的内地商人甚多，不少人落籍西宁等地，累世为商，其中以山西、陕西籍人士居多，故有"先有晋益老（商号），后有西宁城"之说，尤其民国时期还有"山陕客娃半边城"的说法。清光绪十四年(1888年)，客居西宁府的山西、陕西籍商人，在今西宁东关大街路北捐资建"山陕会馆"，1895年7月遭焚。清光绪二十五年（1899年），山西、陕西商人再度筹资，在今西宁市城中区兴隆巷22号处重建山陕会馆。会馆由山门、钟鼓楼、戏台、排楼、香厅、关爷殿、三义楼、禅院、财神殿及厢房等组成，四进院落，占地面积约5600平方米，兴盛时聚会商家多达五六十家。这座有着一百多年历史、拥有清代民间风格的古建筑，见证了当时青海商业社会的发展状况，2008年被公布为省级文物保护单位（图6-2-51、图6-2-52）。

图6-2-42　湟源海峰书院入口
与相邻文庙

图6-2-43　湟源海峰书院相邻
的文庙入口

图6-2-44　湟源海峰书院内景

图6-2-45　湟源海峰书院走廊

图6-2-46　湟源海峰书院内院

图6-2-47　湟源海峰书院室内梁架

图6-2-48　湟源海峰书院砖雕1

图6-2-49　湟源海峰书院砖雕2

图6-2-50　湟源海峰书院相邻的文庙

图6-2-51 西宁山陕会馆入口

图6-2-52 西宁山陕会馆内院

青海古建筑

青海古建筑

第七章 民 居

青海民居分布图

❶ 保安古镇王化行故居
❷ 曾国佐将军故居
❸ 互助东沟乡苏先文族民居
❹ 互助五十乡土族民居
❺ 撒拉千户府邸
❻ 十世班禅故居
❼ 郭嘛日民居
❽ 古浪仓故居
❾ 化隆塔加民居
❿ 东仓家宅
⓫ 嘉松仓家宅
⓬ 班玛解卜着村古民居

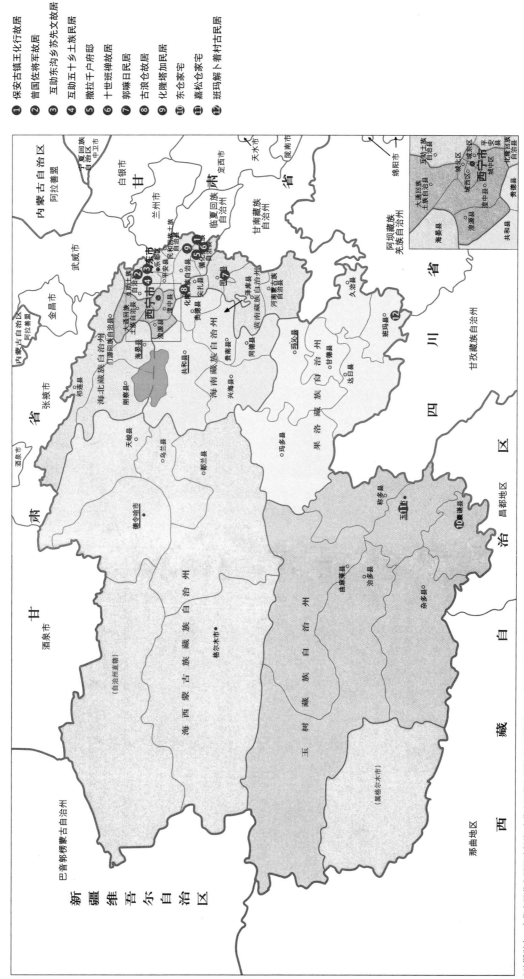

第一节　概述

　　民居是青海古建筑中数量最多、最具地域特点的建筑。河湟流域的民居以庄廓为主，三江源河谷地带的民居以碉楼为主，二者之间地区的民居既有庄廓味道又有碉楼特点，从结构和用材来看可归到碉房一类，藏语称为"康哇"。(图7-1-1)从类型上说，庄廓是中国北方最常见的合院式建筑的变体，墙高屋低，外圈的围墙成为具有防御功能的、最具建筑表征的构件；碉楼，一般不设高大的围墙，其自身厚重的石砌外墙就具有防御功能和强烈的建筑表现力；"康哇"则自由的多，布局随坡就势，材料或土或石，下层像碉楼，上面像庄廓，大大的晒台，三合的院子，与碉楼和庄廓在似与不似之间。除此之外，在青海果洛班玛地区，可以见到与川西干阑式建筑相结合的碉楼，在青海西部常见到简化版的庄廓，以及简陋的地窝子。帐篷是游牧民族必备的住宿用具，也是建筑的一种形式，藏族的黑牦牛毛帐房和白布帐房、蒙古族的蒙古包毡房，为草原平添点点生机和一抹炊烟。

一、庄廓

　　庄廓，也称庄窠，庄廓一词从村庄廓墙演绎而来，并与城郭有着传承联系，指一个完整的庄廓院就像一个微缩的城堡。青海方言庄者村庄，俗称庄子；廓即郭，字义原为城墙外围之防护墙。所谓内城外郭，合称城郭，如有护城河，则称城池。青海农村遗留了许多明清时期的堡子，俗称老庄廓，土筑围墙一般厚2米，高约7米，面积3～5亩，院内可住许多户人家，有很强的防御性。实际上堡子是缩小的城池，而庄廓则是缩小的堡子，进而专指一家一户这种类型的民宅。历史上河湟地区多战乱，所以就有了县有城池、村有堡子、户有庄廓的做法和叫法。后一种叫法"庄窠"，则指传统民居中空的

图7-1-1　藏式碉房

合院形式，似动物栖身的窠窟、人安居的窝棚，也有指庄院、庄园之意。《元典章·户部五·民田》有"或有庄窠房屋"的句子，元时套曲有"盖数橼茅屋，买四角黄牛，租百亩庄窠"的词句。

河湟地区多庄廓，其做法与其他类民居的最大的区别是先筑墙、后盖房，围墙用生土夯筑，房子则按常规立柱、上梁，然后砌墙。庄廓里面的房子虽然全都是周边布置，但与围墙贴而不连，是分开的两个结构体系。

庄廓一般呈正方形或长方形，占地面积1亩左右，外廓的院墙为了防御常常高达5米，下宽上窄，基宽0.8米左右，上端厚约0.4米，十分厚实。围墙上一窗不开，只设一进户门，就像一个封闭的方盒子。屋顶一般采用平顶，上房御敌，行走如平地，俗话"青海山上不长草，房上可赛跑"。条件好的大户人家或富商家宅屋顶正房有起脊挂瓦的，以显示身份（图7-1-2、图7-1-3）。

庄廓院一般坐北朝南，南墙正中辟门，院内四面靠墙建房，形成四合院，以南北中轴线左右对称，中间留出庭院种植花木。受中国传统文化中风水的影响，一般将北房作为正房，亦称上房，面阔五间或三间，单坡平顶，前出廊，土木结构。明间安四扇格子门，次间、梢间各安花格支摘窗，窗下砌砖雕槛墙。北房在建造时台基略高于其他房基。用料、装饰及规格上格外讲究，前檐木雕装修十分精美，内容有寿山福海、牡丹富贵、暗八仙等，支摘窗也有多种图案，如八卦套、步步锦、方胜扣

等，很有特点。进了正房门，明间靠墙摆条几、八仙桌，两边为官帽椅、墙上挂占训字画，条几上置古瓶、镜架和铜制供器，显得古香古色，颇有耕读传家遗风。左次间用木隔断（俗称板壁）另辟一室，供佛像和祖先神位及家谱。右侧梢间用花罩或碧纱橱隔断辟为寝室，做满间炕，炕侧靠后墙置炕柜和门箱，放置衣物被褥，炕上铺毛毡及栽毛毯。炕中间摆炕桌，炕头置火盆。北房是家中长者和客人用房。冬季火炕煨热，十分暖和。有客来访，便请上炕，火盆烧起木炭火，温酒煮茶，闲话桑麻。

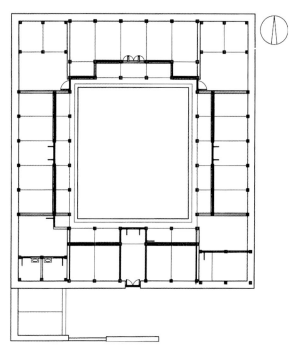

图7-1-2 河湟地区庄廓典型平面图

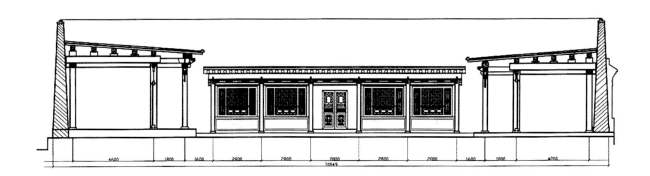

图7-1-3 河湟地区庄廓院纵剖面图

夏季待客，却在前廊下置一木板床，上摆小炕桌，请客上坐，木板床也是家人冬季晒太阳、夏季歇凉的地方。

东房是子媳的住房，以求家中嗣绪繁续，家道昌盛。东房也面阔五间，其建筑装饰与规格逊于北房，一般前檐不做木雕，支摘窗也是简单的"一马三箭"。东房靠北三间作子媳住房，靠南两间作厨房。也有的庄廓院在东南角建两间楼房，以崇其势。楼房作为孩子们的书房。

南房正中一间取大门，青海习俗称大门为财门，安大门有祭门庆贺之仪，以期招财进宝、兴旺发达之意，是一种美好的心理愿望。大门一般直接开在围墙上，简单装饰不做门楼。进了大门便是第二道屏风门，此门主扇一般不开，只有庆吊二事时开启，平常走左侧单扇小门进入院内。考究的大门有水磨砖雕墀头门楼，带兽环黑漆大门，一般大门也就是结实的双扇门，个别贫寒人家也有简易单扇大门。大门前十步外有照壁，以求藏风聚气辟邪。照壁有水磨砖雕的，十分精美，一般用土坯或青砖砌成。

东北方和西南方，房屋建筑十分简单，东北角房一般作为驴马圈，西南角房则为厕所，俗称茅坑，所谓用阴湿压毒火，且厕所门不能对正房，是一种讲究。

西房为住房或仓廪。大门两侧的南房作杂物农具储藏室。中间庭院，俗称院心，以中轴线做铺砖甬路，两侧辟成砖砌小花园，种植牡丹、丁香、箭竹等，以寓富贵丁旺，其实际目的是绿化。左侧花园内用砖砌一精巧燎炉，称中宫。逢年过节，早晨在中宫焚香，以敬神灵。

以上庄廓只是一般而言，有大户人家一进两院乃至三院，外院作骡马畜棚、草房等，内院俗称里院，北房也有建两层楼，砖雕墀头，雕梁画栋，十分豪华。有小户人家，生计艰难，庄廓内只建北房数间，向阳而居。由于人口发展，庄廓连庄廓，大门朝向也随地势道路，顾不了许多讲究。

庄廓选址一般喜门前有水渠环抱，取风水中的

图7-1-4　庄廓鸟瞰

"金带环抱"，东侧亦有流水，取象"青龙蜿蜒"，西侧有道路，暗合"白虎驯服"。

青海的庄廓院看着土气，甚至有些简陋，与北京四合院比少了些许华丽，与江南水乡民宅比，又显得朴拙，但它是在青海高原长期的历史条件下，漫长的高寒环境中磨砺出来的，是青海劳动人民长期赖以生存的居所，承载着青海的乡土文化。庄廓建筑，外朴内华，节能环保，适应环境，顺应自然，为百姓喜闻乐见的建筑形式，并成为高原上各类建筑参照学习、变形异化的蓝本（图7-1-4）。

二、碉楼与碉房

碉楼在中国分布很广，从广东开平的碉楼到西南地区广泛分布的碉楼，可谓类型繁多，有石碉、土碉、砖做的碉楼；有三至四层的、五至六层的，也有高达50米十余层的高碉。岷江上游的碉楼建筑根据文献记载和考古发现，至少已有2000多年历史。碉楼建筑的形式，《后汉书》称为："众皆依山居止，垒石为室，为邛笼，高者至十余丈"。碉楼的出现，一是与防卫有关，二是与碉楼所处的地区有关。无论是平原地区还是在大山河谷地带，房高既可以登高望远，同时这种建筑类型占地相对较少，特别适宜在地形起伏较大的地方采用（图7-1-5）。青海的碉楼主要分布在果洛班玛、玉树澜沧江上游扎曲和通天河的河谷地区，这些地方地

图7-1-5 藏式碉楼（图片来源：网络）

形破碎，石材很多，故石砌的碉楼成为当地藏族民居的主要形式（图7-1-6）。常见的碉楼三至四层的居多，百户家有五至六层，大都建在背风向阳、能防御侵袭的山坡地段。典型的三层碉楼平面呈方形，外墙用片石叠砌或块石砌筑，下宽上窄、里皮垂直、外皮自下而上向里收分，墙下部厚度在1米左右。内部采用木构做梁架，直接搭在外墙上，里边设柱，分成楼层。碉楼底层储物和养畜，二层住人，三层储物，房内最好的一间是佛堂，旁边是卧室和厨房。个别小碉楼的厨房和卧室共用一间，以节约取暖的燃料。屋顶做成平台，草泥面用石磙压光，可供打麦、晾晒及作户外活动之用。也有在碉楼向阳一侧用木柱搭出晒台的做法，比如果洛班玛解卜着古村落的碉楼就十分有特色，看外挂在二至三层的晒台，底下支着高高的立柱，很像干阑式建筑，与厚重的碉楼虚实对比之下显得十分漂亮和飘逸（图7-1-7）；而班玛玛可河畔的另一组碉楼，上部阳台和走廊按吊脚楼的做法全部悬挑，顶上用

图7-1-6 班玛玛可河民居碉楼（图片来源：网络）

图7-1-7 解卜着民居碉楼

两层圆木夹着出挑的椽子，下面是边麻做成的为阳台、走廊遮雨的雨披，与下部缩进去的厚重的石墙形成了另一种的虚实对比效果，远观形同一座雄伟庄严的寺院（图7-1-8），近看才让人明白：寺院建筑的基本形象源于民居，民间碉楼是藏传佛教寺院建筑发展演化的母本。

碉楼墙上开孔少，门窗洞也很小，外小里大，便于瞭望和射击，也有聚气、聚财之意。内部上下的楼梯仅是一根在上面砍出些许放脚位置的圆木，如遇有人或野兽偷袭，抽取圆木做的独木楼梯就安全了。

碉楼按其形式可分为碉楼、碉房、碉塔式碉楼和院式碉楼（房）等数种。

常见的碉楼一般为三至四层，方形平面，四周石墙高筑，上覆平顶。个别的上层做成凹形平面、曲尺平面或局部一字形平面，作为晒台和室外活动的场所。

图7-1-8 班玛玛可河民居碉楼

碉房一般二至三层，多建在山峦河谷较为平坦的地方。平面随地形和使用要求而异，二层以上的平面多变化为凹形、曲尺形或局部一字形。在居住集中的村落，这种碉房高低错落、层叠而上，组合出非常漂亮的立面效果。

碉塔式碉楼是在两三层碉楼之上局部突出两三个房间，多作为经堂、佛堂之用，其上做坡屋顶，形成塔状。它多是过去百户、千户头人的居所，以示威严。

院式碉楼（房）除了以碉楼或碉房为主体之外，前面起院或做成几进院落，分出主院、次院，分别布置棚圈、杂用房及佣人住房等。

在形成村落的地方，这种个头较高的塔式碉楼和规模较大的院式碉楼（房），自然成为一个地区建筑的高度中心和视觉中心。

碉楼、碉房在青南藏区适应性很强，特别是在人烟稀少、野兽出没和用地狭窄的地方，是较好的住居选择，同时有就地取材、建造方便等特点，故能被广泛采用和发展。碉院则为个别贵族头人、巨商的住所，标准高、建造难、投资大、数量少，现已很少见到（图7-1-9、图7-1-10）。

三、庄廊、碉楼、碉房的特点比较

1. 庄廊与碉楼

一是结构形式不同，庄廊围墙与里面的建筑是两个结构体系，碉楼外墙则是与内部梁柱共同作用的承重体。二是布局方法和空间组合不同，庄廊是合院式建筑，以院子为中心，四周围合住房；碉楼则只是一栋建筑，是以房子为中心的建筑。空间上两者一虚一实，庄廊外实内虚，碉楼外虚内实。三是外形上一个无窗一个有窗，视线上一个内向一个外向，可谓反例。四是材料和质感不同，庄廊以土为主，土墙、土坯、土顶，一身土色，碉楼以石为主，尽管都很厚重，但一石一土，差别明显，并由此打造了各自鲜明的性格和特色（图7-1-11、图7-1-12）。

图7-1-9 称多碉房

图7-1-10 解卜着村碉楼

图7-1-11 黄南西递宏村庄廓院

图7-1-12 藏式碉楼

2．碉楼与碉房的区别

从结构形式看，碉楼与碉房十分相似，因此不少专著对此不再区别，视为同一种类型的建筑。但在青海两者不仅外形区别很大，而且分布地区明显不同。藏语把碉楼称为"喀尔"，一般房子（碉房）称作"康哇"，说明二者不同。

一是两者高度有明显差别，碉楼一般在三层以上，碉房一般在两层上下，一层半或两层半。历史上的碉房多为一层半建筑，建于屋顶后半部的照楼俗称半层。

二是建筑平面和建筑形象差别较大，碉楼一般四四方方、平顶，碉房则以长方形、凹字形和曲尺形居多。由于碉房上部常常作退台处理，前者看上去更像注重防卫的碉堡，后者则是给人一种安逸感觉的住宅。

三是在建筑材料和建筑结构的选用上，碉楼相对比较单纯，石木为主；而碉房有下石上土、下石上木（上层为井干式等等）、砖木、土木、石木等种种，在结构上也有按庄廓房屋的做法先起木构再砌墙的。

四是在地区分布上，碉楼主要分布在青海临近四川、西藏的边远偏僻的山梁沟谷之中，或在偏远的通天河河谷，而碉房则更多地建在藏区人口稠密的中心地带和城镇乡村，比如玉树的结古及周边地区，可以见到大批的随坡就势、相互毗邻的碉房群。

五是碉房虽与碉楼有传承的血缘关系，但由于碉房大量出现的地区正处于庄廓和碉楼地区之间，碉房建设的方式方法受到庄廓类住宅的影响，比如下面实例中的嘉松仓家宅，不仅已有明确的前院，而且建房的方法已与河湟地区无大差别（图7-1-13、图7-1-14）。

碉院，是碉楼与庄廓相结合的典型，一般三层，局部四层，平面呈四合院式，中间的天井内院设花坛，四周以回廊、居室。石砌外墙全封闭，除了门洞，墙上只在上部开设少量小窗。底层为牲畜圈、杂用房；二层多为仓库、接待房、佣工房等；三层为卧室、厨房和粮仓、珍宝库；四层为经堂、经书库，是藏族地区少见且特殊的一种住房形式。

四、帐房

在广袤的青南牧场，点点的牦牛（毡）帐房和白（布）帐房，是最适宜游牧生活的建筑形式，也是藏族建筑中一种重要类型。由于游牧的需要，藏族、蒙古族的帐房由古至今一直存在着，即使在一些不需要放牧、已住进固定住所的人群中，家家也都存有帐房，供夏天郊游、参加赛马会等庆典时使用（图7-1-15）。

藏族帐房有冬夏、主次之分。由牦牛毛编织而成的"牦牛帐房"，由于大都用黑牦牛毛织成，所以也称黑帐房，是高原上抵御风寒的主要帐房。这种帐房看似笨重、土气，但牦牛毡帐房遇水膨胀，太阳下透气，防风保暖，非其他材料可比。黑帐房

图7-1-13　果洛碉楼

图7-1-14　藏式碉房

图7-1-15 加塘草原帐房

的样子一般为长方或正方形，也有多角形，面积12~20平方米左右，用立架或木柱支撑，内部净高1.6~2米。帐顶各角用牦牛绳牵拉，经帐外木杆斜撑后拉到地面的木桩或牛羊角桩上锚固。帐顶留有天窗，可通风、采光、出烟，雨天可以遮盖。帐篷不落地，距地50厘米，以防雨雪侵蚀。与地面的空隙间用草皮、土块、石块或装物口袋垒砌矮墙进行封闭。帐房内中间设牛粪为燃料的火炉，滚茶热奶，煮饭取暖。中后区摆立柜、设佛龛。左右两边铺上羊皮或地毯，白天起居，晚上休息（图7-1-16）。

夏帐篷，因为用白帆布、藏布织成，又称白帐房，为牧民外出时使用的一种轻便帐篷，同时也可作为主帐房不够用时的辅助住所。它的类型从小的

三角形到正方形、长方形，乃至双层顶的隔热帐篷，各式都有。白帐一般不做装饰，节庆用的有四周镶边，上面彩绘吉祥八宝等图案（图7-1-17、图7-1-18）。

蒙古族帐房，古称穹庐，又称蒙古包、毡帐、帐幕、毡包等。蒙古语称"格儿"。游牧民族为适应游牧生活而创造的这种居所，易于拆装，便于游牧。蒙古包呈圆形，四周侧壁分成数块，每块高1.3~1.6厘米，长2.3厘米左右，用条木编成网状，几块连接，围成圆形，锥形圆顶，与侧壁连接。帐顶及四壁覆盖或围以毛毡，用绳索固定。西南壁上留一木框，用以安装门板，帐顶留一圆形天窗，以便采光、通风，排放炊烟，夜间或风雨雪天覆以

图7-1-16 牦牛帐房

图7-1-17 节庆用帐房

图7-1-18　白帐房

图7-1-19　蒙古包

毛毡。蒙古包最小的直径为3米多，大的可容数百人。这种形式的帐房自匈奴时代起就已出现，一直沿用至今。蒙古包分固定式和游动式两种。半农半牧区多建固定式，周围砌土壁，上用苇草搭盖；游牧区多为游动式。游动式又分为可拆卸和不可拆卸两种，前者以牲畜驮运，后者以牛车或马车拉运（图7-1-19）。

第二节　实例

一、汉族民居

汉族民居在青海很多，分布很广，建筑形式以庄廓、四合院为主，也有三合院、两面房、一面房。房顶草泥小坡屋面居多，有条件的正房做双坡瓦顶，厢房做单坡瓦顶。建筑装饰习惯同其他地区

（图7-2-1）。

1.保安古镇王化行故居

故居位于同仁县保安镇古城内外村。王化行（1832～1901年），清道光年间生人，同治十年（1871年）在会试中考中进士，历任甘肃环县驯导等职。王化行中第后，清同治年间由陕甘布政史司按品级规格为其修建私宅，取名"覆盖堂"。该宅四合院布局，前店后宅，坐北朝南。北房为居住部分，硬山木结构建筑，面阔三间、进深二间。为显示正房的高大，正房屋顶明显高过其他房屋并高出庄廊墙2米。西房面阔三间、进深一间，东房面阔一间加前廊，南房邻街道为五间铺面，每间铺面开双扇大门。大门开在靠西的三间上，内设屏门。院落占地面积304平方米（图7-2-2～图7-2-4）。

图7-2-1　老宅门脸

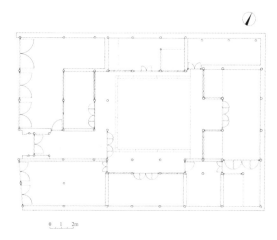

图7-2-2　保安王化行故居平面图

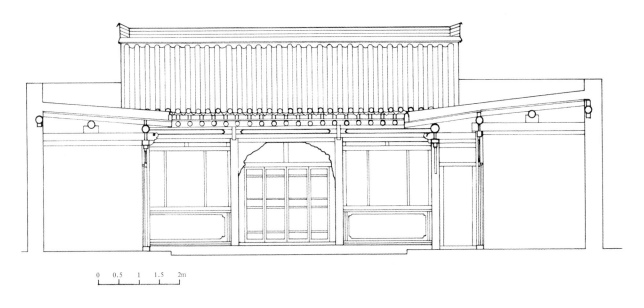

图7-2-3　保安王化行故居横剖面图

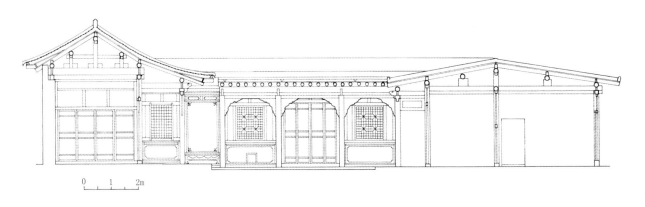

图7-2-4　保安王化行故居纵剖面图

2. 曾国佐将军故居

故居位于青海省互助县高寨乡曹家堡村九社火巷西侧，紧邻曹家堡东城墙内正中，地理坐标为北纬36°30′59.6″、东经102°01′40.5″，海拔2125.6米。曾国佐（1890～1945年），字伯勋，清光绪十六年（1890年）出生于今互助县曹家堡村，曾在兰州讲武堂、保定陆军军官学校学习军事。毕业后几经辗转追随冯玉祥将军参加国民革命军，在第二集团军第四方面军24军22师64旅任参谋长，1931年任37师109旅222团团长，1937年任110旅副旅长，参加了卢沟桥抗日战争，在七·七事变中，由于抗日有功，荣升为77军179师师长，授中将衔。1945年病故于宁夏中宁县新堡乡，终年55岁。

曾国佐故居为两进院落的传统庄廓式建筑，正房三开间，上起二楼，小坡屋顶。四周一层厢房，做法简化。南房中间设过厅，连接前院。该院老宅因年久失修，户主变动，损坏、拆改处较多，所幸主楼尚存，且基本保持了原有风貌（图7-2-5、图7-2-6）。

二、土族民居

土族民居大多为庄廊形式，建造方法与汉族大同小异，在房屋布局和大门设置上不对风口、路口，不取正南；在院落中讲求布置中宫，设煨桑炉，燃柏叶清净空气；在房屋建造中，百年老宅一般用料粗大、装饰简洁，不施油彩；室内喜欢采用灶连炕的做法，以节约燃料。土族信奉藏传佛教，家中在正房侧间或楼上清净之处设佛堂，在院子里设中宫，立嘛呢经杆，以示虔诚。

图7-2-5　曾国佐故居1

图7-2-6　曾国佐故居2

1. 互助东沟乡苏先文故居

故居位于互助土族自治县年先村四社。宅院南向开门，北屋、西屋为平顶土木结构平房，东为两层土木结构楼房，一楼面阔三间，进深一间，二楼利用地形，将房子盖在一楼后半部分土崖上。一楼次间有楼梯通向二楼，二楼面阔三间、9.3米，进深三间、6.5米，高6.53米。设前廊，木护栏为悬梁吊柱式样木雕，明间栏板有三组木雕，左为大象图案，中间为狮子滚绣球，右为龙图案，次间六组为暗八仙图案。明间为佛堂，供奉度母等，次间闲置，宅院南北宽19米，东西长25米。据调查，该故居建于清代（图7-2-7～图7-2-9）。

2. 互助五十乡土族民居

民居位于互助县土族之乡索卜滩村，为一套坐北朝南、四合院庄廊式建筑。院门南向，院门不平行于南墙，向外撇出20度左右。进院门3米处有一长2.5米、宽0.35米、高1.7米的土墙影壁，过影壁后是东、西厢房，厢房各三间。东房进深二间，带前廊，住人兼伙房之用；西房进深一间，用作库房。北房为平顶两层带前廊的建筑，面阔五间、长15.5米，进深二间、深5.5米，高5.8米。一层明间为客厅，次间为卧室，东面梢间是马圈，西面梢间

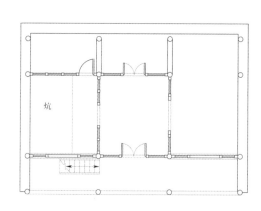

炕

0　0.5　1　1.5　2m

图7-2-7　互助县东沟乡苏先文故居平面图

放杂物并兼作楼梯间。二层明间为佛堂，东面次间、梢间为草房，西面次间、梢间放杂物。此建筑约有百年历史（图7-2-10～图7-2-12）。

三、回族庄廓

回族在青海数量较多，分布广泛，主要集中在河湟地区，其住房有以下几个特点：一是喜欢聚族而居，围寺建住房，形成了凡有回族群众居住的地方"村村皆有寺"的情况；二是住房大都喜用庄廓形式，庄廓墙高与住房，与回族群众藏而不露的生活习俗十分贴近；三是随着回族文化的发展，住房平面从原来与其他民族无大区别，逐渐注意考虑本民族生活起居的不同需求，比如在正房中设套房、在卧室里边设净手间等等；四是住房装饰常常喜用花草图案的砖雕、木雕（图7-2-13、图7-2-14）。

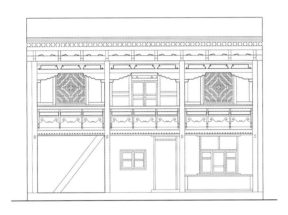

0 0.5 1 1.5 2m

图7-2-8 互助县东沟乡苏先文故居立面图

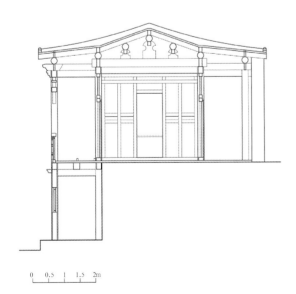

0 0.5 1 1.5 2m

图7-2-9 互助县东沟乡苏先文故居剖面图

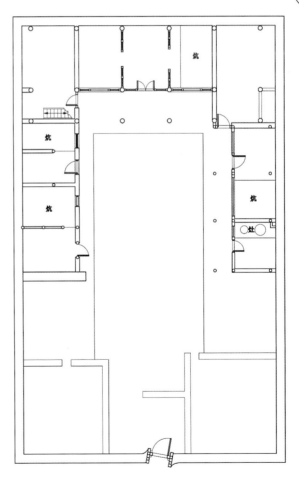

0 0.5 1 1.5 2m

图7-2-10 互助五十乡民居平面图

0 0.5 1 1.5 2m

图7-2-11　互助五十乡民居立面图

0 0.5 1 1.5 2m

图7-2-12　互助五十乡民居剖面图

图7-2-13　回族庄廓室内

图7-2-14　回族庄廓

四、撒拉族庄廓

撒拉族主要集中居住在青海东部循化地区。该地海拔较低，毗邻黄河，气候宜人，景色优美，民居很有特点。撒拉族的庄廓一般选择临近溪水的地方建设，传统庄廓的正房皆为三开间、平面呈凹字形，俗称"虎抱头"。其中不设隔断，两侧突出部分靠窗盘炕，中间凹进的区域作为室内与院子的过渡空间，用来乘凉、晒太阳。循化地区气候相对比较温暖，一般人家喜欢将房架做高，一来夏天凉爽，二来檐下空间较大，可多做几道"花子"进行装饰，喜欢木雕的人家最多将花子做到十道。正房与厢房相交的角房有的做满，有的在角房前留出小院以利通风。南房下常设地窖，存储果蔬。木构喜用杏黄色的清水油罩面，山墙收头（榫头）层层进退，并用砖雕进行点缀（图7-2-15~图7-2-22）。

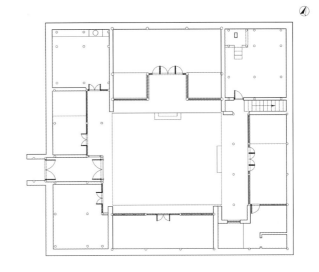

0 0.5 1 1.5 2m

图7-2-15　萨拉族庄廓平面图

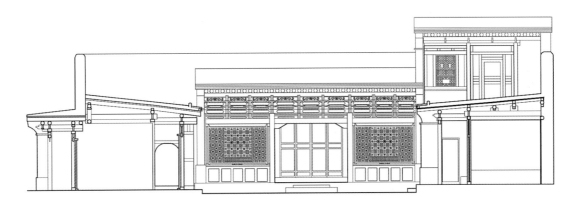

0 0.5 1 1.5 2m

图7-2-16　撒拉族庄廓剖面图1

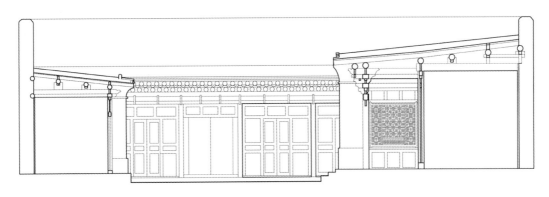

0 0.5 1 1.5 2m

图7-2-17　撒拉族庄廓剖面图2

图7-2-18　撒拉族庄廓

图7-2-20　撒拉族庄廓内门扇

图7-2-19　撒拉族庄廓门扇

图7-2-21　撒拉族庄廓窗户

图7-2-22　撒拉族庄廓局部

撒拉千户府邸

位于循化撒拉族自治县街子乡村内。占地面积361平方米，四合院式建筑，坐北朝南，门向西开。北房面阔、进深各三间，阔8.6米，深5.8米，高4.5米。"虎抱头"平面，两端突出部分分别在屋内设炕。庄廓东北角起楼，做诵经或读书之用。该建筑始建于清末民国初。

五、藏族民居

藏族在青海各地分布广泛，其民居类型具有多样性的特点。从建筑类型分，有庄廓、碉楼、碉房、帐房等多种类型；从规模上分，有一般民宅、百户、千户家等等。这里特别要指出的是，藏族住宅类建筑在样式上是完全不同于其他公共类建筑，在用色上住宅多保持天然建筑材料的本色和质感，土墙就是土色，石墙就是石头本色，至多按藏族的规矩把墙刷成意为纯洁的白色，或撒一些白灰浆；在建筑装饰手法和样式的选择上，一般不用边麻墙、铜镜等装饰构件，因为这是寺院等高等级建筑的做法；屋顶一般都是平顶，即使在三江源降雨较多的地区，百姓的民居不管什么类型都是平顶；在更细节的建筑装饰上也有规矩和等级之分，这将在最后一章《建筑营造技艺》中详述。总的说来，传统藏族民居是十分朴素的，现在出现的一些色彩鲜艳、甚至花里胡哨的住房，已是异化的结果，更多是有些人不懂传统规矩造成的（图7-2-23、图7-2-24）。

1．十世班禅故居（庄廓类）

十世班禅故居坐落在海东循化县城西南15公里的夏当山麓，文都乡麻日村。文都乡是一个人口不足万人，且98%以上为藏族人口的民族乡。在文都集镇以南5公里处的麻日村中央，一棵参天古树郁郁葱葱，高耸挺拔，半遮天空，树旁便是十世班禅大师额尔德尼·确吉坚赞的诞生地和故居（图7-2-25）。

图7-2-24 藏族民居2

图7-2-23 藏族民居1

图7-2-25 十世班禅故居入口

大师故居占地6亩（3735平方米），建筑面积约2552平方米，属于典型的藏式庄廓建筑，整个故居由内外院、四组庄廓组成。外院大门朝南，北边大树旁为后门。外院为停车场、杂物房、畜棚等；内院北侧两套庄廓分别为大师兄弟和堂弟的家院，其中东北角是大师家的老宅，老宅厨房靠柱子挂满哈达的地方，是班禅大师的降生地。南侧为两套庄廓，西边为存放杂物的庄廓院，东侧为正院。该院1983年扩建，为两层三面围合的藏式庄廓，底层"口"字形，656平方米，布置有手工作坊、老人卧室、粮库等。楼上"凹"字形平面，452平方米，南侧为经堂，东侧为会客室，北侧是大师卧室。该庄廓除雕梁画栋之外，装修上在外墙与后柱之间设置了大量的壁柜，不仅节约了空间，而且有利于保温。窗子双层，外层为传统的木格窗，内层选用彩绘实心木窗板，关闭后能起到保温和隔声的作用（图7-2-26～图7-2-33）。

2. 郭嘛日民居（庄廓类）

位于黄南同仁地区郭麻日乡郭麻日村堡内，占地面积121.5平方米，为四合院式的庄廓建筑，坐北朝南，门向南开，出门便是像胡同一样的高墙窄巷。庄廓内部平面简洁实用，进门左边是牛粪房，右边是廊道，廊道里面是灶台，东房为面阔二间、进深一间的平房，没有西房。北房为两层楼房，一层面阔四间9米，进深三间7.8米，带前廊；二层面阔四间、进深二间，带前廊和一层屋顶平台，二层屋顶为草泥平顶（图7-2-34～图7-2-37）。

3. 古浪仓故居（庄廓类）

古浪仓故居位于尖扎县坎布拉镇直岗拉卡村中心，为四合院式建筑，坐北朝南，大门为阁楼式，

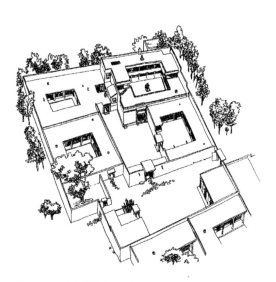

图7-2-26　十世班禅故居鸟瞰

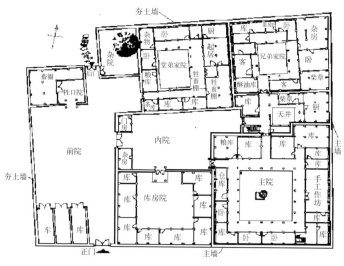

图7-2-27　十世班禅故居一层平面图

图7-2-28　十世班禅故居主院二层

图7-2-29　北眺十世班禅故居屋顶经幢

图7-2-30　十世班禅故居局部　　　　　图7-2-31　十世班禅出生的地方

图7-2-32　十世班禅故居内院一角　　　　　　　　　　　　　　　图7-2-33　十世班禅故居二层回廊

图7-2-34　郭麻日民居某入口局部　　　　　图7-2-35　郭麻日民居街巷

图7-2-36　郭麻日民居入口

图7-2-37　郭麻日民居围墙

进大门正对大佛堂，东、西房面阔各七间。佛堂为硬山建筑，面阔五间、16米，进深五间、17.5米，前出廊，用三架梁和单、双步梁，前檐斗栱为七踩（图7-2-38～图7-2-40）。

4．化隆塔加民居（混合类）

化隆塔加民居位于化隆县塔加乡塔加村，为两层四合院式建筑，坐西朝东，门向北开，北、东、南房均为两层楼平顶，上、下回廊，因建在山坡上，西房建在土崖上，带前廊，与南北房二层回廊衔接，下层主要用作羊圈、库房等，上层住人，具有典型的藏式建筑特点。西房是主房，面阔三间，进深三间，高5.25米，占地面积320平方米（图7-2-41～图7-2-46）。

5．东仓家宅（碉房类）

东仓家宅位于玉树囊谦县的东日村，北距县城

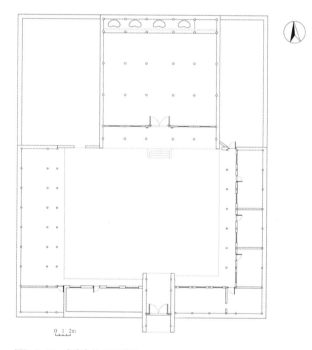

图7-2-38　古浪仓故居平面图

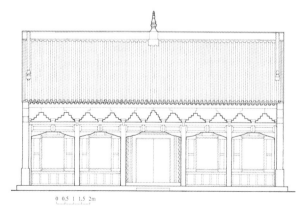

图7-2-39　古浪仓故居立面图

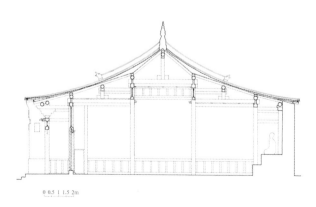

图7-2-40　古浪仓故居剖面图

图7-2-41　化隆塔加民居鸟瞰1

图7-2-42　化隆塔加民居鸟瞰2

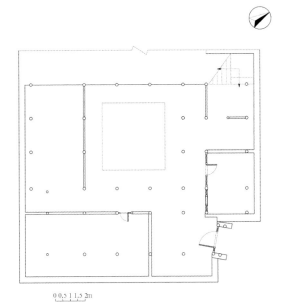

图7-2-43　化隆塔加民居一层平面图

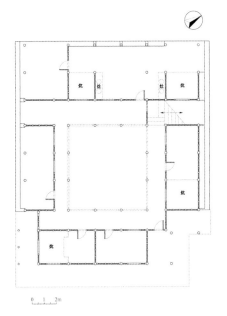

图7-2-44　化隆塔加民居二层平面图

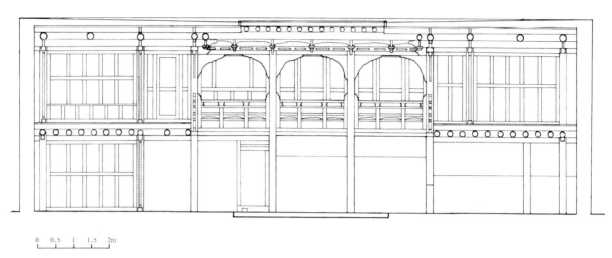

图7-2-45 化隆塔加民居剖面图1

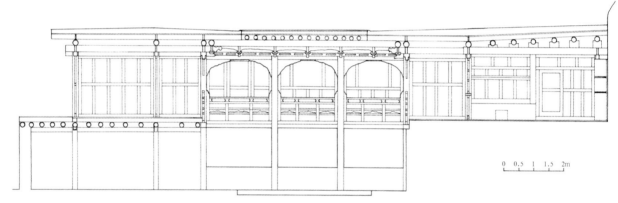

图7-2-46 化隆塔加民居剖面图2

26公里，海拔3600米，气候湿润，昼夜温差较大。西侧约2公里为214国道，并与一条小河并行自北向南穿过村界。整个村落位于东侧向西延伸至河沟前的一个二级台地上，地势相对平缓，南侧有一条山溪。该村现有大小院落20多个，其中东仓家宅位于整个聚落的东南角，视野相对开阔，位置也相对独立和突出，占地面积约954平方米（图7-2-47~图7-2-49）。

东仓家宅原有四层，为土、石木结构，下部墙体和院墙主要由夯土筑成，上部墙体采用土块（土坯），梁柱与墙体共同承载上部的荷载，是典型的藏族碉房式民居建筑。其"上居下圈"、"中殿外院"的功能空间布局，显示出其原居住者简单的生活功能需求，也反映出其为了延续、保护、传

承《东仓大藏经》而建经堂为中心布局的特点。根据玉树州文物管理所早先的调查统计，东仓家宅共有46间房屋。现位于东仓家宅中心靠东一侧遗存的

图7-2-47 东仓家宅所在村落卫星影像图

图7-2-48　冬日村东仓家

图7-2-49　东仓家宅遗址

经堂面积约110平方米，其下部有一层暗室，暗室上部还有一层佛堂，是整个家宅中最大、最高的建筑，反映出其地位的重要性。经堂西侧为平台，下面为牲畜圈，平台南北为夏、冬两季不同居住的房屋。整个建筑群西侧为一不规则的院落，院墙南侧开有院门，门外为一斜坡，有石阶向下与村道相连

（图7-2-50、图7-2-51）。

　　藏语"东日"，意思是"东姓家族居住的地方"。该家族的先祖传说是格萨尔王手下三十员大将之一的"东·白日尼玛江才"，其后人世代居住在此。据专家研究考证，囊谦东仓家族是藏族四大姓氏"塞、木、东、冬"之一，唐代属于强大的苏

图7-2-50 东仓家宅遗址局部

图7-2-51 东仓家宅柱头

毗部落。除了显赫的声名，囊谦东仓家族还让人称奇的是一部用金、银、墨、朱砂等材料书写的《大藏经》，传说是由东·白日尼玛江才收藏的，距今已有近千年的历史；《大藏经》不但有佛教教义，还囊括了几乎所有藏学学科内容。

曾经两次对《大藏经》进行鉴定的青海民族大学桑杰教授说，东仓《大藏经》年代久远，内容丰富，具有十分重要的研究价值，是难得的珍贵文化遗产。除了经卷之外，东仓家宅还有如意塔、转经筒、格萨尔王用过的弓箭、大将的宝座、奠基石、10万个嚓嚓佛像等。

6．嘉松仓家宅（碉房类）

嘉松姓氏的家族在藏区较有名望，且遍及藏区各大城镇和寺院。玉树嘉松仓家宅位于结古镇，历史悠久，规模较大，是老结古为数不多的民居古建筑。嘉松仓家族的历史可以追溯到藏族有族历史的源头，传说是格萨尔王大将嘉查的后代。该家族历史上出现过很多有名望和成就的堪布、活佛，属于有传承的文化家族。其家族古宅大约建于公元1660年前后，距今约350年。古宅位于结古古镇中心结古老市场旁，在当时为结古镇最豪华的建筑，它的功能除了自家居住外，还是历史上茶马古道上的重要客栈。古宅坐北朝南，用地不大，一院一房。正房为七开间、深四间的两层楼房，局部三层，一层东侧伸出一间附房。建筑结构类似庄廓，先立柱，

后砌外墙和表墙。山墙和后墙用土坯砌成后草泥抹面。前墙一层仍如法炮制；二层两侧为井干式，用横置的圆木装裱，中间五开间用木装板，其中三开间做凹阳台，外挂万字图案的木栏杆；三层墙体全用木材装板。屋面平顶，二、三层檐口用双层椽，一层用单层椽，其做法具有浓郁的藏式碉房风格。

该古楼在历史上住过许多历史名人，如萨迦法王、第十五世噶玛巴、九世班禅，以及国民政府九世班禅护卫队等。新中国成立后曾改为礼堂、人民公社的大粮仓、文化院。"文化大革命"结束后古楼又回到了嘉松仓后代的手中，成为其住房。玉树4.14地震中，古楼经历了灾难的考验，现仍毅然挺立在结古镇的中心。

7．班玛解卜着村古民居（碉楼类）

解卜着村，又称加不着村，属于果洛州班玛县灯塔乡要什到村（牧委会）的一个自然村，地处玛可河畔第二台地的向阳坡上。该村落始建于清代，占地12000平方米，现存21户民居，全是藏式碉楼。值得注意和记述的是这些碉楼与川西常见的干阑式建筑进行了完美的结合，建筑形式与使用功能自然、统一。

主体建筑是内部有2～3根柱子的三层石砌碉楼，底楼养畜，二层住人，三层放置粮草和杂物。为防止房基不均匀沉降和增加墙体的牢固性，石片砌筑的墙体中隔层交错放置了一些数米长的横

方木，这种做法的好处从现场照片可以看得很清楚，上百年的碉楼主体结构至今没有明显开裂或下沉的现象。碉楼的南侧或东、西、南三面设外廊和阳台，阳台一般设在东南角，全部采用木结构。外廊的木构很有特点，为控制每根木柱的荷载，每一层的外廊各用不同的柱子来支持，外廊一层比一层挑得多，在支撑二层外廊挑梁的底层柱外，有支撑三层外廊挑梁的柱子，再外还有支撑檐口雨篷的通天柱，碉楼的主立面形成了木构层层出挑、上大下小、柱子细密高耸的建筑形象。二层的走廊一般用柳条编织的篱笆墙围护，围而不死，里边的人透过柳编墙的空隙可以看到外面，而外面距房子一段距离就看不见里面。三层外廊的围护结构采用一捆捆的边麻外挂在檐下，一来做法比柳编墙简单，二来可以遮风避雨、防止飞鸟进入（也有似羌寨民居露明处理的）。在三层外廊的东南角，屋顶缩回露出宽大的阳台，阳台周边在立柱间捆上一两根横木作为栏杆，立一根独木楼梯通向屋面。草泥屋面上铺石片，人上去后可以瞭望，可以晾晒柴草。实例测绘了两个碉楼，1号民居：主体建筑呈方形，两层，

长12米，宽9米，高5.6米，一层为牛、羊圈，二层住人和放杂物；2号民居：主体建筑呈长方形，三层，长12米，宽8.8米，高13米，一层为牛、羊圈，二层住人，三层放杂物（图7-2-52～图7-2-58）。

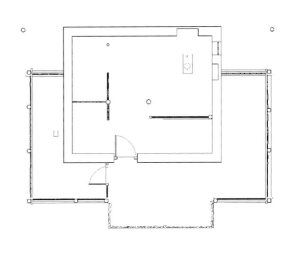

0　0.5　1 1.5　2m

图7-2-52　解卜着村1号民居二层平面图

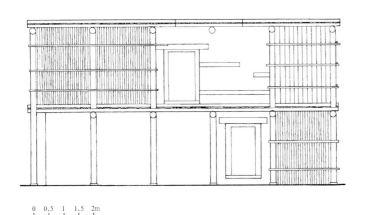

0　0.5　1　1.5　2m

图7-2-53　解卜着村1号民居立面图

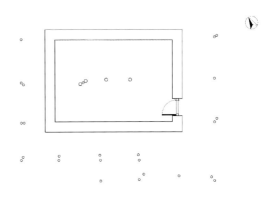

图7-2-54　解卜着村2号民居一层平面图

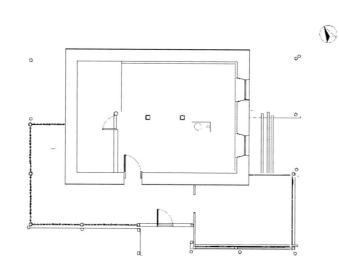

图7-2-55　解卜着村2号民居二层平面图

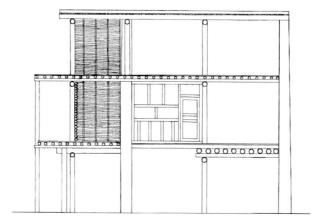

0　0.5　1　1.5　2m

图7-2-56　解卜着村2号民居立面图1

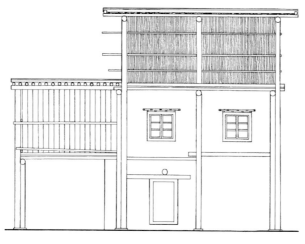

0　0.5　1　1.5　2m

图7-2-57　解卜着村2号民居立面图2

图7-2-58 解卜着村2号民居

青海古建筑

青海古建筑

第八章 塔、法幢、拉则、嘛呢、拱北

青海塔、法幢、拉则、嘛呢、拱北分布图

① 达那寺格萨尔三十大将灵塔
② 贵德也纳塔
③ 闪光铁山塔
④ 尕白塔
⑤ 阿什姜加贡巴寺塔
⑥ 藏娘佛塔
⑦ 羊头宝拉则
⑧ 新寨嘉那嘛呢石堆
⑨ 和日石经墙
⑩ 下马家拱北
⑪ 马尔坡山拱北
⑫ 凤凰山拱北

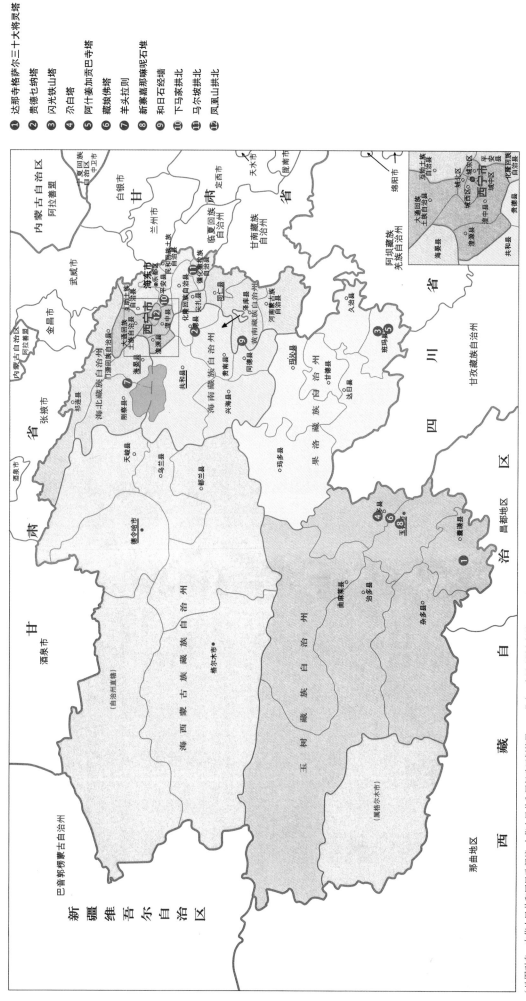

（地图引自：中华人民共和国民政部编 中华人民共和国行政区划简册2014. 北京：中国地图出版社，2014.）

第一节　概述

　　青海塔幢、拉则、嘛呢、拱北等建筑很多，尤其前三类建筑在藏区随处可见。比如塔幢类建筑，藏区凡寺必有塔，塔作为早期存放佛祖遗骨的建筑，已逐步演化为祭奠亡灵、祭祀佛祖、纪念盛事、祭拜神灵和大自然的具有多种复合功能的建筑。建筑的地点也由寺院走向各处，在大山的垭口、在山崖的顶端、在山水险胜之处、在广袤的草原上，都可以看到塔的踪影（图8-1-1～图8-1-3）。

　　塔起源于印度，是为了埋藏佛舍利供佛教徒礼拜而用。塔的结构分为地宫、塔基（塔座）、塔身、塔刹四个部分。地宫大都建在地面以下，用来埋藏佛舍利、佛经、珍宝等。塔基在地宫以上，是整座塔的基础。塔身是塔的主体，各种类型的塔主要是按照塔身来划分的。塔身内部分中空和实心两种，中空的不仅可以供奉神像，还可以登临远眺。塔刹是塔的顶部，大都经过精细的艺术加工。塔有佛塔、灵塔之分。佛塔多在室外，塔内安放佛经、法

图8-1-1　水边塔

图8-1-2　山下的塔

图8-1-3　草原上的塔

器等；灵塔多在室内，用以安置活佛、高僧的遗骸、遗物等。塔的形式以覆体式塔、金刚宝座式塔和多宝塔为主，其他楼阁式塔、密檐式塔、亭阁式塔、宝箧印式塔、五轮塔、无缝式塔等也有建造。塔的形状从简单的正方形、六边形、八边形、圆形，到复杂的具有寺院功能的塔寺建筑都有，类型极其繁多。建筑材料有土、石、木、砖、金属等。建造方法分砌、雕、铸等，单个的、规模不大的塔幢主体一般用夯土、砖石、片石制作，外抹白灰砂浆再刷白而成；大型的、复杂的塔，多用石木或者砖木建造，木结构起到骨架作用，外面除了抹灰、雕饰外，高等级的还有包金、包银的做法（图8-1-4~图8-1-8）。

"拉则"，藏语通常指大山的山顶，后逐渐变为对在山顶或边界等处由石头等材料堆成祭拜山神的构筑物的专门称谓（图8-1-9）。青海很多地区把拉则也称"鄂博"，"鄂博"是蒙古语。"拉则"原是氏族部落为狩猎、游牧方便而设立的路标，多设在高地、山口、交叉路口等处，一来祭山，二来示界，三有指路的功能（图8-1-10）。传说松赞干布时期在拉萨红山上修建了红宫，在宫顶插箭作为装饰，后来百姓在赞普住地插箭作为权威的象征，从此成为习俗。在大千世界、茫茫万水千山之中，多彩多姿的拉则成为青藏高原上人们

图8-1-4　果洛登布寺塔

图8-1-6　塔林

图8-1-5　果洛达日塔林

图8-1-7　白扎寺前白塔

过往的地标、旅途中慰藉心灵的场所。在分界线上插箭的拉则，还有与其他部族和平友好的含义（图8-1-11）。

拉则有几种做法，一种是用石块和土堆起，土在下、石在上，上插木杆或长箭，再向四面八方拉上经幡，悬挂哈达；另一种是用粗木料制作成高1.5米左右的双层"井"字形框架，四角木柱栽入地下，框架中间插数十根至上百根剥去皮、用红土染过的长木杆子（俗称拉则杆子），杆子顶端拴绑着羊毛、各色布条、丝织品飘带、哈达和白色经幡或插上长箭；还有一种是直接用牛、羊、马的头骨堆成，上拉经幡，系上哈达。几个拉则立在一起，用绳子连上后再系上五彩的经幡，从山顶一直拉到山脚，或成一条流动的彩带，或成漫山遍野律动的色彩，是藏族一种神圣的"大地艺术"（图8-1-12）。

"嘛呢"，也有写作"嘛尼"、"玛尼"的，来自梵文佛经《六字真言经》"唵嘛呢叭咪吽"的简称。

图8-1-8　查朗寺灵塔

图8-1-9　制作中的拉则

图8-1-10　成组的拉则

把"嘛呢"刻在石头上，叫做嘛呢石，人称写在大地上的经卷；把嘛呢石一块块堆起来，叫嘛呢堆，状若曼陀罗，藏语称"曼扎"；堆成墙，叫嘛呢石经墙；由嘛呢堆、嘛呢石经墙及其他建筑组成的综合体叫嘛呢石经城。前者是一种石刻艺术，在石块或石板上刻上文字、图案，赋予藏传佛教色彩和内容，是藏族群众祈福还愿、祭祀神灵的通常做法；后者，把一块块嘛呢石组合起来，则演化成一种建筑乃至建筑群，成为一个地区信仰藏传佛教民众的祭拜中心（图8-1-13）。

依照艺术风格手法，嘛呢石刻分阴刻、阳刻、线刻、面染、单色与彩色几种。嘛呢石刻较多的青海南部地区，艺术风格类似藏北地区，刀法遒劲、大刀阔斧，以阳刻手法为主；雕刻的内容有六字箴言、慧眼、神佛造像、各种动物和各种吉祥图案。（图8-1-14）大家把这些内容刻在山石上，叫"山嘛呢"（图8-1-15），刻在水中的石头上叫"水嘛呢"，玉树文成公主庙所在的勒巴沟，就是一处山、水嘛呢均有的去处；堆放到一起，就成了人们集体祈福许愿的圣地，往嘛呢堆上添一块嘛呢石或一颗石子，相当于念了一遍经文、为亲人祈福祷告了一次，是人们与天地、神祇进行对话和心灵交流的地方（图8-1-16）。嘛呢石刻不仅具有宗教意义，而且和经幡、唐卡、壁画一样具有重要的艺术价值，是整个藏民族艺术宝库的重要组成部分，一种活态的、不断生长的历史文化遗产。

"拱北"，阿拉伯语译音，最早形容拱形或圆拱形的伊斯兰教陵墓建筑，后扩展为以穆斯林传教师、门宦先贤、道祖的陵墓为中心修建的一种建筑类型。其做法是以先贤、道祖的陵墓为中心，附建若干如礼拜殿、坐静室、诵经室和居室等建筑，敬香、礼拜，以示对先贤、圣者的尊崇。拱北修建始

图8-1-11 插箭的拉则

图8-1-12 拉则与风马旗覆盖的山冈

图8-1-13 结古寺嘛呢石

图8-1-14 嘛呢石

图8-1-15 山嘛呢

图8-1-16 勒巴沟嘛呢石

图8-1-17 大通后子河拱北

于清乾隆、嘉庆年间，伊斯兰教苏菲派传入中国后，在西北地区回族、东乡族、撒拉族、保安族等民族中逐渐形成四大门宦，这些门宦及其分支的教

主或"老人家"去世后，信徒在他们的墓地或修道处修建拱北，其墓庐多为阿拉伯建筑圆拱墓盖的造型，附设的礼拜殿、坐静室、诵经堂和居室等则均为当时汉式传统砖木结构的建筑。近现代以来，在比较有名的拱北中，大多在墓庐上修建有六角形或八角形重檐塔楼，青砖灰瓦，雕梁画栋，更显庄严。由于拱北是教众拜谒道祖之地，是各门宦传教、管理教坊、举行重大宗教活动的中心，青海伊斯兰教四大门宦都有拱北，主要分布在西宁、大通、民和、化隆、循化、平安、湟中、门源、祁连等地区。现有80余处，大致分为4类：一类为阿拉伯传教士的拱北，如下文介绍的西宁凤凰山拱北，是伊拉克传教士的墓地，这类拱北在青海约有26处；二为门宦道祖、教主或老人家的拱北，如青海大通后子河拱北，始建于清同治十二年（1873年），为纪念七祖塔吉丁·杨保元道祖而修，较有规模，另如本章实例介绍的平安下马家拱北，省级文物保护单位，做工精美，是中国伊斯兰教四大门宦虎夫耶门宦的创始人鲜美珍（1661~1739年）三世教主鲜诚德的墓地，此类拱北约有25处；其余为门宦继承者、代理人、出家人及知名人士的拱北（图8-1-17）。

第二节 实例

一、达那寺格萨尔三十大将灵塔

三十大将灵塔位于玉树州囊谦县吉尼赛乡的达那寺西侧，北靠达那山，面向达那普（沟）。达那寺建于公元686年，是全国重点文物保护单位。格萨尔三十大将灵塔群位于寺院以西3公里、海拔5300米的达那山腰两处凹进处，据碳14测定年代为公元1045~1185年（北宋至南宋）。灵塔分为北区和南区，北区有大小灵塔24座，南区有大小灵塔7座。灵塔大小依地位尊卑而定，最大的为格萨尔王灵塔，塔身高5.5米，小的只有几十厘米。格萨尔王灵塔塔内藏有大量做工精细的"擦擦"（图8-2-1、图8-2-2）。

"擦擦"，藏语，指泥制的各种小型佛塔、佛像等泥塑，"擦擦"中有的还藏有古老的贝叶经文。此物属一种圣物，多流传民间，一般与嘛呢石、经幡形影不离，常出现在佛塔、神山洞窟、圣湖边、嘛呢堆和转经路上。制作擦擦的方法是将潮湿的泥土（有用糌粑的）放入凹型模具后经挤压、脱模、晾干而成，有的再经烧制或彩绘（图8-2-3、图8-2-4）。模具一般为铜、铁制成，也有木刻、陶制的，由于模具体积小，便于随身携带，加之制作"擦擦"不同于嘛呢石刻或印制经幡，不需要复杂技术和特殊材料，只要有一两个模具和泥土即成，所以"擦擦"在藏区是信教群众供奉神佛圣物中制作数量最多的。

2006年，国务院将该塔和达那寺列入第六批全国重点文物保护单位名录。

二、贵德乜纳塔

又称"米纳塔、弥勒塔、镇水塔"。相传塔的基部有辟水宝珠，经黄河千百年冲刷仍不坍塌。此塔初建于唐代，《安多政教史》根据当地口传记载，吐蕃赞普赤热巴巾（即赤祖德赞806~841年）曾北征到此，于汉藏交界处建成此塔，内贮其发辫。清嘉庆十一年（1806年），乜纳五世崔臣丹贝尼玛（1755~1817年）重建此塔并镏金。宝塔雄踞黄河南岸、贵德绿洲盆地之中，塔形宏伟壮观，方形基座边长各18米，5层，为土芯包砖。塔身青砖砌成，白灰抹面，上建有圆桶形佛龛。塔上竖13层柱状宝顶座，上装日月宝顶，塔高30米。据说建塔时仅宝顶镏金就用去黄金50两（宝顶残骸现存青海省博物馆），造型如北京白塔，故亦称"贵德白塔"，誉为"安多第一塔"（图8-2-5）。

三、闪光铁山塔（又名莲花宝殿）

闪光铁山塔位于果洛州班玛县江日堂乡白札寺的大土塚上，塔呈正方形，五层。一层中间为塔基，周围一圈嘛呢经筒廊，四面开门，门两侧各设两个窗户，底面边长30米。上面四层均内收，二层面阔、进深各七间，底面边长16米。三层面阔、进深各五间。四层面阔、进深各三间。二、三、四层

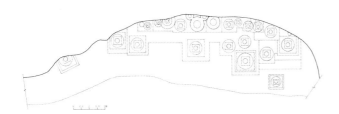

图8-2-1 达那寺格萨尔三十大将灵塔北区平面图

图8-2-2 达那寺格萨尔三十大将灵塔北区立面图

图8-2-3 糌粑擦擦

图8-2-4 泥巴擦擦

图8-2-5 贵德乜纳塔（图片来源：网络）

图8-2-7 班玛闪光铁山塔近景

图8-2-6 班玛闪光铁山塔全景

图8-2-8 班玛闪光铁山塔斗栱

平面仿佛教坛城规制均四出抱厦，顶为四角攒尖顶，总高30米。大塚根部有石经墙，周围一圈立大小108个喇嘛塔，与主塔相互辉映，形成一个规模宏大的塔群（图8-2-6~图8-2-11）。

四、尕白塔

尕白塔位于青海省玉树藏族自治州称多县拉布乡境内。尕白塔又称康区第一白塔，距寺院约3公里，是个非常殊胜的佛教圣地，也是密宗金刚乘的道场，此塔归属于附近的土登寺，为第七世噶玛巴

图8-2-9 班玛闪光铁山塔窗户

图8-2-10 班玛闪光铁山塔檐口

图8-2-11 班玛闪光铁山塔周围喇嘛塔

叶西娘吾诞生地纪念塔。噶玛巴活佛是藏传佛教史上历史悠久、很有影响的一大活佛系统，至今共转世十七世。尕白塔为藏式佛塔，塔基采用须弥座，边长9米，须弥座上有腹钵和十三层天，高15米（图8-2-12～图8-2-15）。塔四周围以周圈的转

经筒（图8-2-16）。

尕白塔既是一座文物建筑，同时又是石刻的"妥佛之所"。转经廊内的彩色石刻是佛教信仰文化鼎盛时期的实物例证（图8-2-17～图8-2-20）。

五、阿什姜加贡巴寺塔

阿什姜加贡巴寺位于果洛州班玛县江日堂乡三大队，北为大山，东西为河谷地带，南为玛柯河，相传建于元代至正二十七年（1367年），原为宁玛派（红教）寺院，后改宗觉囊派，面积上万平方米，由大经堂、坛城塔、伙房、转经房、灵堂和三个大型佛塔组成。"文化大革命"期间该寺遭到了严重破坏，1982年该寺宗教开放以后，重建了经堂、僧舍和佛塔（图8-2-21）。

阿什姜加贡巴寺佛塔共3座，从北向南排列，1号塔名度母塔，2号塔名尊胜塔，3号塔名金刚橛

图8-2-12 尕白塔远景

图8-2-13 尕白塔全景

图8-2-14 尕白塔塔顶

塔，亦名伏魔塔。三塔均实心，内装有许多佛经、佛像，并有印度、尼泊尔、我国藏区以及五台山等圣地的土、石、木、水等装藏，塔顶镶嵌有如意宝珠，造型别致，规模宏大，在果洛、阿坝藏区颇负盛名。

1号塔平面八角形，内设塔心柱。塔身一层四

面开门，一层上是五层密檐塔身，每层内收，再上是腹钵，有一圈廊。腹钵上是十三天和日月宝顶，楼梯为独木梯。2号塔与1号塔做法相同，形似一对姐妹塔。

3号塔平面四边形，内设塔心柱。塔身每面中间凸出，似佛教的坛城平面。每面开三门，一层上

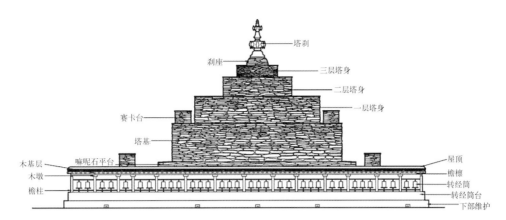

图8-2-15　尕白塔立面示意图

图8-2-16　尕白塔下转经廊

图8-2-17　尕白塔转经廊内的彩色石刻1

图8-2-18　尕白塔转经廊内的彩色石刻2

图8-2-19　尕白塔转经廊内的彩色石刻3

图8-2-20　尕白塔转经廊内的彩色石刻4

图8-2-21 阿什姜加贡巴寺塔

十余座、嘛呢墙、过拉路（转经路）等，使"藏娘佛塔"与后来建造的其他佛塔形制不同，成为更显古朴、简练、大气的古塔。2001年与桑周寺共同列为全国重点文物保护单位（图8-2-22～图8-2-29）。

图8-2-22 藏娘佛塔全景

是五层密檐塔身，每层内收，再上是腹钵，有一圈廊，腹钵上是十三天和日月宝顶，楼梯为独木梯。

六、藏娘佛塔

位于玉树州玉树县仲达乡歇格村，通天河畔。该塔全称"藏娘切旦巴吉伦波"，其意为"藏娘吉祥妙高塔"、"藏娘佛塔雄伟天成"，是1030年为纪念印度来藏弘法的高僧——班禅·弥底嘉纳而建造。塔身坐北朝南，与桑周寺遥望相对，建在距江面高数十米的一小山包上。塔基座为阶梯上收的正方形，底边边长27米，上坐腹钵，腹钵上开一小门，内有地宫和塔心柱，再上立十三天和日月宝顶，高28米。塔座四角设4个小塔，塔周后增建有3米余高的白塔

图8-2-23 藏娘佛塔近景

图8-2-24 桑周寺藏娘佛塔平面图

图8-2-25 桑周寺藏娘佛塔南立面图

图8-2-26　桑周寺藏娘佛塔北立面图

图8-2-27　桑周寺藏娘佛塔东立面图

图8-2-28　桑周寺藏娘佛塔西立面图

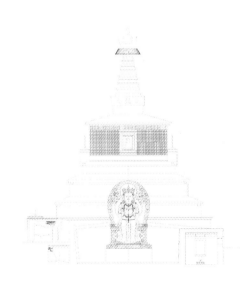

图8-2-29　桑周寺藏娘佛塔正立面图

七、羊头拉则

位于青海湖北岸刚察县哈尔盖镇旁湖滨草场上，由数千个羊头骨层层叠摞而成，信众意愿湖滨水草丰美、六畜兴旺。拉则底面有10余平方米，高6米，上拴经幡。该拉则建造年代不详，原来规模较小，后经周围牧民群众不断添加逐渐变得宏大。从青海湖湖心经羊头拉则向北拉一条直线，北面是著名的念青夏格尔神山，传说那曾是西王母居住过的地方。山上有许多神迹，山腰处有一座插箭的拉则，规模很大，建造年代久远（图8-2-30）。

八、新寨嘉那嘛呢石堆

位于玉树州玉树县新寨村，结古镇的主要入口处，由6个长方形的、分别代表"唵嘛呢叭咪吽"的嘛呢石堆排列而成。2010年玉树"4·14"地

图8-2-30 羊头拉则

震前，据统计该嘛呢堆东西长240~247米，南北宽61~73.6米，高3~6米，嘛呢石有25亿块之多。在占地约30亩的范围内，还有佛堂3座、大转经筒经堂3座、中转经筒10个、小转经筒506个，佛塔25座，由此2002年被吉尼斯组织认定为世界上最大的嘛呢石经城（图8-2-31）。

嘉那嘛呢石堆的称谓源于玉树的嘉那活佛，其第一世名多顶松却帕文，昌都囊同人，父亲旦正，母亲阿吉，青年时期于峨眉山、五台山等地居留20余年，精通藏、汉两文，有"汉地圣者菩萨"和"嘉那朱古"（内地活佛）之称。嘉那活佛多才多艺，在玉树原始卓舞的基础上，发展演化出100多种称为"多顶求卓"的舞蹈。晚年定居结古镇新寨村，在新寨东面山坡由刻有六字真言的嘛呢石垒成嘛呢石堆。随着历年添加，新寨嘛呢石堆体积越来越大，人称"嘉那嘛呢"、"世间第一大嘛呢堆"。玉树地震时，嘛呢堆坍塌，建筑受到破坏。震后恢复重建，嘛呢石数量迅速增加，并添建了观景台等设施。2006年，国务院按近现代重要史迹及代表性建筑列入全国第六批重点文物保护单位名录（图8-2-32）。

图8-2-31 新寨嘉那嘛呢石堆

图8-2-32　新寨嘉那嘛呢石堆雪景

九、和日石经墙

　　位于黄南藏族自治州泽库县和日乡境内，距县府所在地75公里。石经墙宽3米，长200米，由刻着经文、图案的石片垒砌而成，石片约达3000立方米，嘛呢石上的经文字数20多亿，佛像、图案、人物等石雕品达5000余件。据考证，石经墙的文字及佛像均由寺僧和民间艺人自1923年至1951年，历时28年完成。目前，健在的艺术家们依然传授着石经工艺技术。1982年被考古人员发现，1984年被列为省级第四批文物保护单位，2004年至2005年，前瑞士驻华大使舒爱文先生捐资维修复原（图8-2-33、图8-2-34）。

图8-2-33　和日石经墙全景

十、下马家拱北

　　又称凤凰川拱北，位于海东市平安县巴藏沟乡清泉村下马家，是伊斯兰教苏菲派四大门宦之一的虎夫耶鲜门门宦创立者、宗族传教大贤鲜美珍的祭祀陵墓。鲜美珍（1661～1739年），祖籍江苏南京，中国伊斯兰教虎夫耶鲜门创始人，讲求在家隐居修道，教内称其为"柱子太爷"，道号阿勒夫·考亥勒。他于1689年在青海西宁创立了中国伊斯兰教虎夫耶鲜门门宦并开始传教，先后把虎夫耶鲜门传到全国十几个省（市、区）。鲜门三世教主鲜诚德（川里太爷），临终前其教徒遵嘱到兰州、宁夏、河南、江苏、青海等地筹资，建造了平安下马家拱

图8-2-34　和日石经墙局部

北。三年后鲜诚德教主去世，灵柩安放在此拱北内。下马家拱北两进院，坐北朝南，现存院落占地约300平方米。一进院山门开在西南角，门前立一字照壁。进门右侧有一排平房建筑，已拆毁，东北

角开角门。二进院大门为门楼式建筑，歇山顶，门楼两侧立百花图案照壁，照壁两侧各置边门，二进院大门进去正对拱北大殿，里面作诵经之用。大殿歇山建筑，坐落在一高70厘米的凸字形台基上，前出一方形盝顶的抱厦建筑作为入口门楼，主体大殿面阔、进深各五间，平面边长12米，周围廊。东、西、北三院墙正中各置一庑殿顶的大式照壁，墙上皆砖雕图案，北照壁上端雕有"餐霞碧落"的砖雕匾额，其余墙体均由小照壁组成。该拱北为省级文物保护单位（图8-2-35～图8-2-40）。

十一、马尔坡拱北

坐落在循化撒拉族自治县清水乡距县城东边 10公里的马尔坡山梁上，是一位阿拉伯传教士的墓地，现留存八卦亭一座，其余房屋已遭毁坏。八卦亭典雅秀丽，八角攒尖顶，亭身雕梁飞椽，砖木雕刻花卉千姿百态，鸟狮龙鱼栩栩如生，雕刻技

图8-2-35 下马家拱北

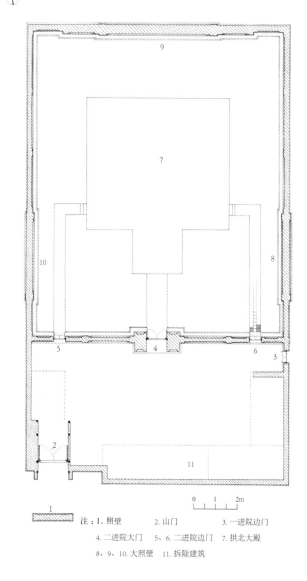

注：1. 照壁　　　2. 山门　　　3. 一进院边门
4. 二进院大门　5、6. 二进院边门　7. 拱北大殿
8、9、10. 大照壁　11. 拆除建筑

图8-2-36 下马家拱北总平面图

图8-2-37 下马家二进院大门正立面图

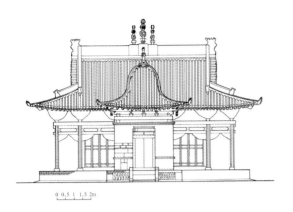

图8-2-38　下马家拱北大殿正立面图

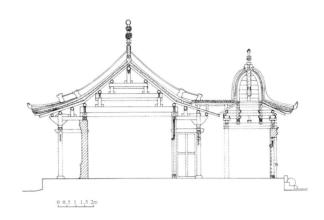

图8-2-39　下马家拱北大殿纵剖面图

图8-2-40　下马家拱北庭院

图8-2-41　马尔坡拱北

艺高超，是中国古建筑中的杰作，显示出清末民初地方建筑工匠的较高水平（图8-2-41）。

十二、凤凰山拱北

凤凰山，也称西宁南山，拱卫着西宁古城数十里，是西宁古八景之一。凤凰山拱北位于西宁南山主峰一侧，是中国伊斯兰教苏菲派传教师陵墓，据拱北碑文记载，该拱北创建于元代，至今已有700余年。13世纪后期，有波斯阿拉伯布花喇诸国"贤哲"40余人随成吉思汗西征军来到中国，其中一位伊拉克巴格达人，据说是阿拉伯穆罕默德第二十五代孙、巴格达先贤胡赛尼伊玛目（宗教上层人物）之子，名叫古土布·兰巴尼·阿布都·拉赫曼（也有分开译为道号叫固图布·兰巴尼，名字叫哈什目·尔卜敦勒咳麻尼）的伊斯兰教先贤，先到云南

后率徒至西宁传播伊斯兰教，对伊斯兰教传入青海起到了重要作用。他在青海西宁传教中复命归真殁于西宁南山，"信徒闻风来归者不计其数，殁后追踪步尘代不乏人"。元朝镇守西宁王速来蛮"感真主大恩"，首倡在凤凰山修建清真寺，在古土布墓地修建起拱北，并"树碑勒铭，备述圣迹天德源流，以示崇仰"，称他为"天方圣裔"。从此，这里成为青海历史上伊斯兰教第一个正规的活动场所。拱北下方左侧，还有四座小墓，据说是埋葬着当时跟随他及以后来此的传教者。元末拱北首遭劫掠，明初镇守甘青宁边境的大将沐英在兴建西宁东关清真大寺的同时，奏请皇帝批准后依旧制恢复凤凰山清真寺和拱北，增修经阁一处。经阁墙壁绘有西域三十六国志谱，信徒宋祥植柏八株势成擎天奇观。洪武皇帝赐御碑两座，细述源流。一对石雕麒麟雄

视山门，雄壮秀丽。

　　凤凰山拱北历史上几经损毁，又多次重建。清
乾隆二十一年（1756年），清真寺拱北年久失修，
面目颓废，掌教李国柱（属虎夫耶门宦）集资重新
维修；民国时期先为拱北增建了围墙、大门、洗浴
水塘和部分辅助用房，后又重新修建了清真寺大厅
五间，修葺了拱北；中华人民共和国成立后凤凰
山拱北一度关闭，1986～1987年间信众建起拱北
主体建筑八卦厅。八卦厅是砖混结构，高三层、32
米，底层内径9.9米，中央为古土布·兰巴尼·阿布
都·拉赫曼的墓拱，高1.5米，长2米。整个拱北现占
地约5000平方米，院内除八卦厅外，还建有上下各八
间的转角两层楼一幢和部分附属用房。由于多次重
建，原始的建筑风貌和宝贵文物已所剩无几，但凤凰
山拱北的盛名至今仍吸引着青海、新疆、甘肃、四
川、云南、陕西的大量信徒前来祭拜（图8-2-42～
图8-2-46）。

图8-2-43　凤凰山拱北二进门

图8-2-44　凤凰山拱北配殿

图8-2-42　凤凰山拱北鸟瞰图

图8-2-45　凤凰山拱北八卦厅

图8-2-46　凤凰山拱北全景

青海古建筑

青海古建筑

第九章　营造技艺

第一节 概述

青海古建筑的营造技艺是中国古建筑营造技艺的重要组成部分，源远流长，内容丰富，从建筑选址、结构选型、材料选择、构筑方法、装饰手法、基础设施配置、环境绿化美化到建筑艺术特点，既有"五十六个民族是一家"的大同之处，也有"一方水土养一方人"的差异。青海当地特殊的地理气候与地质条件、可选择的建筑材料和资源禀赋情况以及地方经济文化的发展历史，使青海古建筑具备了许多"可识别、可记忆"的特点，它不同于毗邻的甘肃，也不同于西藏，是典型的"本土建筑"。下面分技术与艺术两个层面，着重从特点和差异方面作一介绍。

一、基本类型

如前文所述，青海民居上的本土建筑分庄廓、碉楼、碉房三大类型，并由此衍生出寺院等其他建筑类型。

由于青海与众多不同建筑类型的地区和文化区搭界，故古建筑受其他类型区影响的现象也十分明显。比如，与甘肃毗邻的河湟地区，受中原文化的吸引和影响，遗存下来的历史建筑大都具有中国北方建筑的特征；与西藏毗邻的青南地区，特别是靠近西藏的玉树的一些古寺院，依稀可以见到西藏寺院建筑的影子；靠近四川的果洛班玛碉楼，因受川西建筑的影响，出现了碉楼与吊脚楼和干阑式建筑相结合的形式；而在青南大部地区，多种样式的碉房和碉房式的寺院，深受青海东部河湟地区传统庄廓建筑的影响，结构似碉楼，平面变化已吸收了庄廓建筑的元素。

二、结构形式

与一些木构建筑发达的地区不同，青海多数地区木材匮乏，就地取材，多用土、石成为建筑的特色。如青海河湟地区的传统庄廓建筑，土顶、土墙、夯土院墙，将黄土用到了淋漓尽致的地步；碉

楼和碉房，则以石为主，将江源地区的块石和片石用到极致。

传统古建筑的结构，河湟地区以土木为主，条件好的、规格较高的则做成砖木，围墙多为生土夯筑而成；青南地区以石木为主，兼有土石混用。

结构的基本形式分为两大类，一类是庄廓，先起木构再砌表墙，外墙自承重，属于现代概念的全框架结构；再一类是碉楼，直接将外墙作为承重墙，梁和檩担在墙上后不再设暗柱，相当于通常的内框架结构。碉房类介于中间，属于"混合结构"。

三、结构的通常做法

梁架体系也分两大类，一类"汉式"，一类"藏式"，前者即古建筑中的抬梁式木结构，后者为柱上托木结构。在民居中，由于青海大部地区多采用平屋顶（小坡屋顶），梁架结构简化，制作的重点主要集中在前檐部分。寺院等大型建筑，汉传佛教寺庙多为汉式甘青地方做法，藏传佛教寺院的主体部分为类似碉楼的藏式做法，上架的坡屋顶大都与汉式做法基本相同。清真寺院以汉式为常见，个别也有采用藏式托木结构的。

结构类型做法有一个发展演化的过程。河湟地区早期的古建筑结构形式大都为汉式，比如塔尔寺的大经堂，后期重修时才出现了藏式托木结构；西宁东关清真大寺原为中国传统的大屋顶结构，直到20世纪90年代才在原有建筑前面加建了有中东伊斯兰建筑风格的大门与唤醒楼。同样，随着时代的更迭和民族传统文化的发展，传统建筑结构也在发生异化。如青海河湟地区可以见到许多近代的清真寺和藏传佛教寺院，其屋顶举折很大、四角高翘，已不见北方传统古建筑的厚重；一些民居，为显示富裕，梁架越做越高，用料越来越大，已成肥梁胖柱。受甘肃河州建筑的影响，青海古建筑多带有明显的河湟风格，如在塔尔寺大金瓦殿、瞿昙寺中院至前院的一些殿堂，大木结构和木装修为甘青地方手法，尤其是小钟楼、小鼓楼及四座小配殿的前檐木结构，均是典型的青海地方做法，俗称"平枋加

猫儿头"，亦称"栱檩悬牵"（图9-1-1）。而洪水泉清真寺礼拜殿则采用的是藏式结构，与栱檩结合也十分精美。

古建筑的基础很朴实，基础埋深主要看地基土壤的含水量。民居的房基一般仅50～60厘米深（人

膝盖的高度），干旱少雨的柴达木地区，则只在地面上挑个槽就开始盖房子。碉楼和寺院的自重较大，基础相对厚重一些，地质条件较好的情况下深度在1米左右，条件不好的采用深基础。在遇到地下水较多的地方，为防止高原地基冻胀，传统的办法是在地槽内先抛入一些大石头，缝隙灌砂，形成下部的透水层和缓冲层，然后再在上面垒石砌墙。为防止地基不均匀沉降造成墙体开裂，有的地方在墙体中夹砌数层长方木，或添加拉结的植物，效果十分明显。

归纳青海古建筑的营造特点，一是因地制宜，就地取材，形成了土石为主的建筑体系；二是讲求适用，注意节约，建筑风格朴实、厚重；三是兼收并蓄，不拘一格，各民族、各地区相互学习借鉴建筑技艺的情况十分普遍。

四、建筑装饰

这是营造技艺的重要组成部分，从建筑色彩、窗饰、门饰、檐饰，到砖雕、木雕、石刻和壁画，青海几个主要的少数民族喜好各不相同，为传统古建筑显示出不同的色彩。

古建筑用色上公共建筑和民居有明显差别，各民族又有不同做法。

先看民居，各民族群众居住的民居用色都十分朴素。比如汉族的民居，几乎全部保持土木或砖木建筑材料的原色，这源于汉族传统的建筑等级制度；回族、土族大多与汉族居住的地域十分靠近，故形成一样的习惯做法；撒拉族民居的庄廓，从外面看与汉族也几乎没有区别，只是喜欢将内部的木构、木雕略微用杏黄色刷亮一点；传统藏族民居的外观大多保持原有土石材料的颜色，个别有刷白的，因为在藏族的心目中白色代表着纯洁、忠诚、正义和吉祥。藏族民居用色的重点多显现在窗口上，比如出挑的窗檐常施以彩色、窗套涂成黑色、窗扇用本色或暗红色、椽子刷成蓝色等等。蒙古族的民居，用色基本与藏族相同。

公共建筑做坡屋顶，梁架施以彩色，是中国古

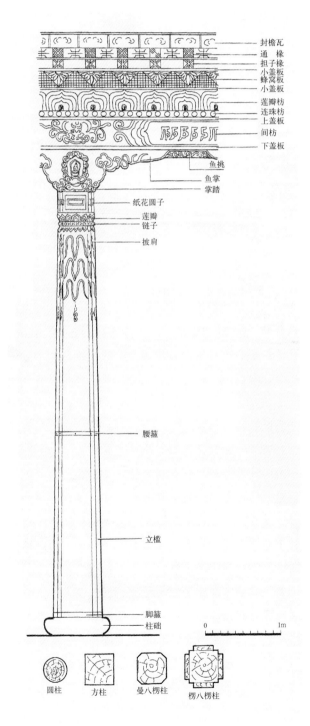

封檐瓦
通　椽
担子椽
小盖板
蜂窝板
小盖板
莲瓣枋
连珠枋
上盖板
间枋
下盖板
鱼挑
鱼掌
掌踏
纸花圆子
莲瓣
链子
披肩

腰箍

立槛

脚箍
柱础

0　　　　1m

圆柱　　方柱　　曼八楞柱　　楞八楞柱

图9-1-1　塔尔寺梁枋柱式

建筑的一般规矩。汉族、藏族、土族、蒙古族的寺院喜好雕梁画栋，回族、撒拉族清真寺一般不施彩色，但也有像西宁东关清真寺大殿施彩、平安洪水泉清真寺礼拜殿前檐柱廊和大殿局部施有彩色的。

寺院等公共建筑的墙面色彩有很多讲究。一般公共建筑的外墙如同民居一样也是素色的，保持天然材料的原始质感，只是做工、质量好于民居。汉族的重要建筑如城隍庙等，墙面要刷成红色。藏族，包括土族、蒙古族的藏传佛教寺院，外墙面根据建筑的性质和等级涂成红色、黄色或白色。在藏族人心目中，红、黄色是法衣的颜色，红色代表威严，因此大经堂、护法殿等建筑必须刷上代表最高等级的红色，矗立在每座寺院建筑群的中心位置；黄色代表富庶和权力，扎仓（经学院）等殿堂则刷成黄色。活佛府邸多选用黄色和白色，这些建筑再配上色彩厚重的檐墙（边麻墙，也称边玛墙、蜈蚣墙，主要用金露梅、银露梅枝做成），远远望去似为大屋顶建筑檐下的阴影，为不出檐的、碉楼形式单调的立面增加了变化和独有的"面孔"（图9-1-2）。

汉族寺庙的屋顶全部灰瓦。回族、撒拉族清真寺的屋顶也采用灰瓦，但有"灰瓦绿剪边"和绿琉璃脊的做法，正面屋顶的中上部有做类似"回"字

的菱形绿色或黄绿色琉璃图案。藏传佛教寺院屋顶用材丰富，平顶草泥苦背、上铺石板，坡顶上灰瓦、琉璃瓦、金瓦均有采用。由于金瓦贵重，历史上只在地位显赫的寺院的重要殿堂屋顶上使用。

在雕饰方面，河州砖雕在青海、甘肃、宁夏一带久负盛名，被广泛应用到青海河湟地区的寺庙、园林和民居建筑中，装饰部位有影壁、障壁、门楼、券门、墀头、墙垣、脊饰和山花等处。砖雕技艺分捏活和刻活两种，雕塑手法又分浮雕、平雕、半圆雕、圆雕、透雕、镂空雕等等。雕塑题材广泛，多以苍松、翠柏、梅兰竹菊、卷草、花饰等花草图案为主，兼有松鹤、柏鹿、喜鹊、蝙蝠、松鼠、龙凤等图案，还有仿木斗栱、雀替、檩椽等建筑构件，为建筑增色不少。

木雕广泛分布在青海各地各民族的建筑中，汉族、回族、撒拉族民居的木雕以素色为主，藏族民居木雕多施彩色。题材上，回族、撒拉族以花草为主，其他民族则花鸟鱼虫、飞禽走兽、人物故事皆有。雕法多为圆雕、半圆雕、透雕，装点的部位多在建筑外立面的枋间、柱头、随梁、雀替、托木、花牙子板、垂花和门窗镶板上。大户人家室内也做木雕，从间壁、垂花门一直延展到家具上。寺庙建筑的木雕多施彩色，与梁枋间的彩画共同形成富丽堂皇的装饰效果。

壁画是建筑艺术的一部分，同时从壁画的内容中可以比建筑更直接地传递出地方民族历史文化的信息。青海藏传佛教寺院有近千座，汉传寺庙上百座，其中绝大多数都有壁画。壁画的做法分直接在墙上绘画和先画在布上再裱到墙上两种。绘画采用矿物颜料，绘画的内容多为宗教题材。从历史跨度上看，有西宁北山土楼观北魏时期的壁画、文成公主庙唐代的壁画、乌兰吐蕃古墓中发现了游牧民族居住的穹庐旁绘有唐式建筑的墓砖板画；从文物价值上看，有瞿昙寺珍贵的明代宫廷壁画；从民族文化发展史上看，壁画是与唐卡、酥油花并称为"三绝"的藏族艺术，为古建筑增添了厚重的一笔历史记忆（图9-1-3）。

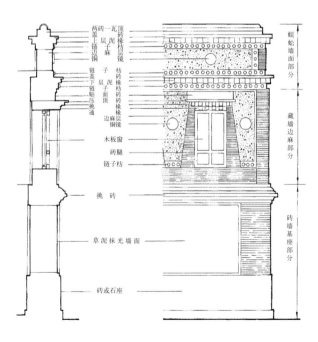

图9-1-2　蜈蚣墙及藏式窗做法

图9-1-3 唐代乌兰吐蕃古墓
彩色壁画

青海古建筑的装饰有"一多一少"、"一浓一淡"、"一地一色"的特点。"一多一少",即青南藏族地区古建筑装饰在公共建筑中彩绘用得多,墙面、顶棚、天花、藻井、檐口、梁枋等处均施彩色,砖雕、木雕用得少,这与青海地区缺煤、缺少黏土烧砖和缺少木雕工匠有关。反之,河湟地区砖雕木雕盛行,不仅公共建筑普遍采用,而且民居中也广泛应用。彩画(包括在墙上涂色)在河湟地区只出现在庙宇和园林建筑上。"一浓一淡",指青南地区建筑用色浓艳、大胆,反映了该地区热情奔放的民族性格和文化传统,而河湟地区除个别寺院庙宇外,用色都十分清淡。"一地一色",则指一个地区流行一种做法。比如同属青南地域的玉树、果洛、黄南地区,由于分布区域广袤,历史文化传承略有差别,反映到建筑装饰上也有差异,相比之下玉树地区的建筑装饰用色更多、更艳丽,另外两个地区用色少但很浓烈。如果再观察甘青河湟地区的藏传佛教寺院,其边麻墙以下的墙身部分涂色已变得淡雅,除最主要的殿堂涂以红色外,黄色、白色、土黄色被广泛应用。另外,在建筑技艺的传承

中,地方文化传统的影响力十分强大,各民族在建筑、装潢时在一个地区相互借鉴的情况十分普遍,洪水泉清真寺就是一个典型的实例。

第二节 汉藏传统建筑的基本做法

汉式传统建筑做法各地大同小异,本章实例中将以庄廓为例进行详解,在此不作叙述。

藏式传统建筑一般为土(石)木混合结构,由内外承重墙以及柱子、托木、梁、楞木、檩等大木构件共同承载及传递荷载,承重墙内一般不设柱子,托木、梁直接搭在承重墙体上,但也有在墙体内设柱子的,如塔尔寺的大经堂隐藏在墙体内60根柱子,其梁则搭在暗柱上。柱子是藏式建筑中最重要的构件,无论建筑规模大小,一般室内都会设有柱子,这既有结构及使用功能上的需求,同时也是藏族特有的建筑文化符号。柱子承担着上部的荷载,同时又要将荷载传递到基础,肩负着整个建筑的结构安全与可靠性。藏族也自然地将一家之主比喻成顶天立地的柱子,柱子也被比喻成通向极乐世

界的天梯，告诫今世要多行善事，否则将随着杆子落入地狱。因此，很多藏族家庭的客厅柱头上都会挂有哈达、氆氇等吉祥饰物，将珍贵的佛像挂在或绘在柱头之上，来表达大家对"柱子"的敬意。也因此，"有几根柱子"成为人们衡量建筑大小的标准。

柱子上撑有一构件，称之为托木，因其形似弯弓，藏族称其为"弓木"，其目的是增大柱头部位与梁底的承接面，从而保证梁、柱结构的稳定性。托木与内地的抬梁式、穿斗式木构建筑中的雀替略有区别，托木是介于柱与梁之间的构件，自然要起到承载并传递全部荷载的作用，而雀替则是为了加强梁柱交界处的稳固性，起承载传递部分荷载的作用。可以看出，这小小的变化与不同，反映出建筑体系的朴实与简单，也成为藏式传统建筑的典型特征。托木构件一般由上下两个构件组成，下边的构件要短一些，长度是柱径的1.5倍，而上面的构件长度约是柱径的3.5~4.5倍，托木构件中间靠近柱头部位较厚，两边做卷草逐渐变薄，整体就像一张弓。

寺院殿堂或一些讲究的民居，梁上设有几层垫板、短椽，层层叠涩，从而加大最上一层垫板宽度，便于搭设楞木。梁一般沿面阔（纵向）方向搭设，楞木（檩）则沿进深（横向）方向铺设，楞木一端靠近内外承重墙时，直接搭在墙体上。这种由梁、柱、托木及墙体共同承重的结构体系，构件大小适中，建造步骤较为简单，平面布局灵活，便于建造组合大小、高低不同的建筑。通过增加平面柱子的数量，可随意增大建筑的面积，如塔尔寺大经堂内有108柱，可以容纳上千僧人同时诵经。也可以通过加大墙体底部的厚度，逐渐收分至顶部较薄的女儿墙，并分层加柱、梁等大木承重构件，建造九层或几十米高建筑。《旧唐书·东女国》中就有记载东女国（今昌都、甘孜、阿坝以及玉树南部地区）："其居所，皆起重屋，王者九层，国人至六层"。另如青海玉树贡萨寺旧址的强巴佛殿遗址底层墙厚达到3米，残墙高约15米，推测佛殿当年总

高有三十多米。由于梁、柱、楞木等木构件长度有限，一般柱跨间距在3米以内，梁端头搭设在柱中托木之上（图9-2-1），靠近墙体处搭有半截托木，其上再搭设梁。一般建筑的层高也在3米左右，藏传佛教寺院一些重要的殿堂一层高度可达到4.5米左右，而殿堂中空部位设通高柱，亦称通天柱，高度可达到十几米。

在青海玉树南部等靠近林区的地方，由于木材充足，一些建筑采用半圆木层层叠砌木墙，与梁柱、楞木共同承重，形成井干式混合结构体系。其基本原理与土（石）木结构体系相似，墙体采用井干式建造，梁一端则直接搭在木墙上。由于空间不大，室内一般设一根柱子。如青海玉树县小苏莽乡江西村的然格寺佛学院僧舍，就是用这种结构体系建造的（图9-2-2）。

藏式传统建筑主要由基础、墙体、楼地面、大木、小木、屋顶、油饰彩绘七个部分组成：

1. 基础

基础有石墙基础和石柱基础（石墩）两种，一般埋深至冻土层以下，并根据现场地质条件进行调整，如尽量将基础直接砌筑在地下岩层之上。基础砌筑时要选用较为规整、大小合适的石块，并保证石质要有足够抗压强度。有时也在基础底部做一道河卵石垫层，加强地基的承载力。墙体下为石砌的条形基础，柱基为石砌的独立基础，基础都要做放大角，以保证基础底面与地基面有足够的接触。柱基之上有柱顶石，其主要起稳固木柱的作用，讲究的柱顶石顶面有卯口，木柱底面榫插入其中，以增加连接的稳固性（图9-2-3、图9-2-4）。

地垄墙是藏式建筑的特点之一，也是山地建筑中常常需要采用的一种建筑基础构造类型。建造于山坡上的殿堂，由于地势坡度的限制，为了找平建筑的室内地面，需要从较低的位置开始砌筑地垄墙，同时起到护坡加固和保护房心土的作用。地垄墙的做法还见于早期佛塔塔基，不仅可以节约材料，同时也起到防潮的功用，藏族匠人认为这是让佛塔"延年益寿"的建造做法。

图9-2-1 东存寺大经堂托木

图9-2-3 然格寺僧舍（井干式混合木构建筑）

图9-2-2 建造中的然格寺僧舍

图9-2-4 然格寺僧舍正立面（井干式混合木构建筑）

2. 墙体

夯土墙起于石墙基，讲究一点的在墙基上再砌筑30~60cm石块，俗称"石架"，之后再夯筑土墙。夯筑土墙时用长木板做好模板，将生土倒入模板内分层夯实，并在分层处放入柏木条或石片加强夯筑墙体的强度（图9-2-5）。

石墙砌筑所需的石料包括片石、条石、块石三种。

片石砌筑的墙体较为简单，片石朝外一面较平直。条石砌筑的墙体，其石料分为天然和人工两种，其中天然条石是砌筑墙体的最好石料。条石墙体砌筑时，长短结合，上下条石错缝砌筑，并将较为平整的条石面向外。块石砌筑所选用的石料大多规格大小差异不大，上下块石之间用片石补缝。

土坯墙在藏式建筑中应用较为广泛，由于多数地区可就地取材，制作方便，被大量用于民居建筑墙体砌筑，以及面积较大殿堂的室内隔墙砌筑。土坯做法通常选用当地优质黄土，掺入切成小段的青

图9-2-5　苏莽夯土墙

图9-2-6　贡萨寺旧址强巴佛殿遗址——土坯墙

稞秸秆，拌水搅拌后置入土坯模板内，晾晒干燥后便做成土坯砖。其大小根据使用的需求调整，一般长宽厚的尺寸比例为4：2：1。用于砌筑佛塔覆钵的土坯砖，大多为梯形，其短边在内，以适应圆形覆钵的砌筑（图9-2-6）。

　　牛粪泥土墙是藏区独有的、很有特色的一种墙体做法，主要用于房屋的隔墙。具体做法是先用牛粪与泥混合搓成以牛粪为主的泥条，再将泥条切成与墙厚等宽，分层用泥垒砌即成，或用模子捣成土坯形状砌筑。由于自重轻、强度高、保温好，表面抹灰后很快就能建成漂亮实用的墙体，缺点是耐水性比土坯稍差。

　　柳编泥土墙主要用于附属建筑的外墙或室内隔墙，其做法是在隔墙处立木棍，将还未完全干燥的柳条纵横编织，之后用泥巴抹面。

　　墙体收分是藏式传统建筑最显著的外在特点。石砌或土筑的承重外墙，其墙厚自下而上逐渐减薄、收束，主要是为了减轻墙体的自重，以及加强建筑整体的稳定性。墙体收分主要在墙体朝室外的一面，室内一面则不作收分。墙体底部墙厚可超过3米，顶部墙厚一般不小于0.6米，墙体收分比约为十分之一。

　　建筑收分墙体顶部的"边麻墙"是象征藏式传统宗教建筑等级的装饰墙，其实用功能体现在减轻檐口墙体的自重。"边麻"是一种高原灌木，藏语边麻，学名为金露梅和银露梅。该植物长度约50～90厘米，一般在初春时节采集，去皮晒干后切成30厘米左右长。之后，用去毛的生牛皮将边麻扎成直径8厘米左右的小捆，晾晒一段时间，待牛皮干后被捆扎的边麻草就绑紧了。所需砌边麻墙的边麻草捆中，要留出约10%～20%没有切割的边麻草捆，分插在边麻墙内，以便后段压在内侧的女儿墙内。

　　砌筑边麻墙十分讲究，不仅要保证边麻草捆压实紧密，同时也要保证边麻墙外侧面平直。通常做法是在砌筑边麻墙内垂直及水平方向间隔插入柏木钉，增强边麻墙的整体稳固性。边麻墙用柏木枋收边，上部檐口处用1～2层短椽叠涩挑檐，并在顶面以石片压顶。边麻草捆砌筑前，要将朝外的一头浸入用红色矿物颜料、牛胶等制作的涂料内，草捆头浸涂长度不小于10厘米（图9-2-7）。

　　3. 大木构件

　　藏式建筑大木构件包括柱、栌斗、托木、梁、楞木、椽等。

　　柱子一般有圆柱、方柱、八角柱、多楞柱（8～24楞）、瓜楞柱（束柱）等截面形式；

图9-2-7　然格寺普巴护法殿——边麻墙

图9-2-8　然格寺普巴护法殿内木构（红色为楞木）

多楞柱见于高规格的殿堂，是建筑等级的象征，楞数越多，等级越高。

藏式木柱顶部均留有榫头，与托木底部的卯口相连。托木与木梁之间则用暗梢，木梁之间用企口连接。托木形式差异较大，其中在等级较高的殿堂内，托木形式比较复杂，线角较多。

楞木，多为方形，也有六角、圆形的，类似不出头的椽子，通常用于楼地面承重（图9-2-8）。

4. 小木构件

藏式建筑檐口、门窗上口椽头或叠涩短椽的做法，是藏式建筑的一大特点，藏族匠人称其为"波檩尕仓"（音译），直译就是封闭椽间空隙的"椽木间板"。普通民居建筑檐口处，"波檩尕仓"为一层，即将圆椽伸出室外一面做成方形，并在其侧面切45度凹槽，再将间隔板插入其中。"波檩尕仓"的层数是建筑等级的象征，等级较高的层数越多，但一般不超过3层。"波檩"（短椽）上下对位，主要用于高等级的殿堂（图9-2-9）。

圆柱加工最容易，即将原木去皮后，用斧头修成圆柱。较早期建筑中也有直接用原木的圆柱，不需要加工修型。

方柱应用最为广泛，并主要用于藏传佛教寺院的殿堂内，其界面并非正方，而是随梁方向一面略长。方柱自下而上有明显的收分，并在柱头部位刻有线角装饰。

图9-2-9　隆宝百户窗户——"波檩尕仓"　　　图9-2-10　然格寺容巴护法殿内门廊木构细部——"边麻确藻"

　　藏式宗教建筑门窗一般有"边麻确藻",即"莲花叠经"的线角装饰,主要用于宗教建筑物(图9-2-10)。

　　5. 屋面

　　屋面自下而上一般分为五层做法:第一层为楞木(椽),主要起承载和传递屋面荷载的作用。第二层为栈望,根据材料有栈棍、柴栈、藏柳条、石板等。其中,栈棍即为圆木棍,以45度角并排满铺在楞木(椽)承重层上,讲究的会在底部可见面涂蓝色或其他矿物颜料;柴栈则是将木材(松木、柏木)劈成长约35厘米的木柴棍,并排满铺在楞木(椽)上;石板(石望板)是将大小不一的片石分两层满铺在楞木(椽)上,其尺寸较为随意,但片石不厚,一般不超过8厘米。第三层为黏土卵石垫层,主要是填补栈望层的缝隙,并同栈望层一道形成一个较为稳固的基垫层,有些地方也会加入柏木树皮,起到对栈望层防潮耐腐的作用。第四层是屋面土基层,一般分两层上灰泥背,每层厚度约15厘米左右,分层赶光、压实、晾干。其上再铺一层草泥灰背,压实晾干。第五层为屋面面层,为了防水的需要,最后铺一层当地有一定黏性、并有一定防水能力的优质土,用木制工具夯实整平。这种土在青海玉树地区称之为"特萨土",西藏布达拉宫、大昭寺屋面的"阿嘎土"也属于"特萨土"的范

畴。讲究一点的在建筑"特萨土"表面涂抹天然胶类及油脂增加表层的抗水性能,使夯制的表面光洁如初(图9-2-11)。

　　楼面做法类似于屋面,但相对简化。楞木担在墙上,上铺望板,望板上直接铺木地板,或上铺设栈望层,做土楼面或砖地面。

　　6. 金顶

　　青海藏式传统建筑的屋面形式主要为平屋顶,只有少数寺院在主要殿堂的屋面上加建金顶。由于加建的金顶多为歇山式屋顶,故藏区匠人指金顶即是指歇山形式的屋顶。

　　高规格的金顶有重檐的形式,其面层材料讲究,一般为铜皮镏金,在檐口仿琉璃瓦做滴水莲花,屋脊有吉祥图案及梵文经咒装饰。金顶由于大多是加建在平屋顶上,其实用功能相对次要,除为下层采光通风外,主要是象征殿堂的规格等级。藏式歇山顶由于大小及功用不同,屋架做法也同内地一般建筑略有不同。带斗栱的歇山顶一般为三檩或五檩屋架,其屋架体系为斗栱直接搭木梁,梁上立蜀柱支撑脊檩和金檩,之间用斜撑加固,在檩上铺椽子。藏式歇山顶屋顶举架的特点是脊步架很陡,其中三檩屋架最为明显,五檩屋架的脊步架与檐步架相对平缓,但也比内地歇山顶要增陡一些,这种做法的好处是让处于寺院平屋顶上搭建的金顶更易

图9-2-11 桑周寺大经堂屋面

图9-2-12 塔尔寺大金瓦殿金顶

于人们从下面看到（图9-2-12）。

7. 油饰彩绘

藏式传统建筑无论是寺院殿堂，还是府邸民居，都会在柱、托木、梁、垫板短椽等大木构件，以及门窗等小木构件上油饰彩绘。其中，在柱头、托木、梁等构件上根据建筑的等级、功用饰有内容风格迥异的精美彩绘，比如寺院重要殿堂在托木上绘有狮（虎）头或佛像等象征殿堂权威和历史的内容，而普通的民居建筑则以卷花、彩云或吉祥八宝等民俗图案装饰。梁上绘有龙、凤或吉祥图案，梁垫板、短椽（包括间板）饰有"卍"字符、莲花等彩绘图案，层层叠叠，重复、精美，形成藏式建筑内部丰富华丽的装饰特质。另外，门窗也是油饰彩绘的重点部位，在这类小木构件上叠涩椽木间板（波檩尕仓）、莲花叠经（边麻确藻）等构件并加以彩绘，十分提气、漂亮。一些殿堂的主入口如塔尔寺大金瓦殿大门的装饰则更为讲究，设有多道莲花叠经，上饰金粉或贴金，更显金碧辉煌。

藏式传统建筑除了以上7个主要内容外，还有很多铜镏金的装饰构件，如歇山式屋顶（金顶）屋檐四角端头铜制镏金摩羯头饰（在藏区摩羯特征与古印度的摩羯有所区别，有狮子的前爪、马鬃、鱼鳃、龙须以及鹿角）；金顶屋脊正中一般为铜制镏金法幢；殿堂主入口上檐正中有铜制镏金祥麟法轮（代表佛陀释迦牟尼在鹿野苑初转法轮）；殿堂屋顶四角是铜制镏金法幢；边麻墙上饰铜制镏金宝镜、"十相自在"等。另外，藏传佛教寺院里供奉的铜制佛像、泥塑佛像，镶嵌有金银珠宝的灵塔，唐卡、堆绣以及民居建筑里的土灶、铁炉、木质家具等，都是塑造藏式传统建筑特色风貌的重要组成部分。

第三节 实例

一、庄廓

青海河湟地区农村建庄廓，通常村里邻里相帮，先起墙（围墙），后盖房，俗称打庄廓。具体做法是先沿着宅基地的外圈挑墙基，将宅院固定化和最大化。墙基宽度70厘米左右，一般不深，挖（挑）个60厘米左右深度的地槽即可。如遇到地质条件不好的情况，基础适当加深，或往基槽里抛些石头。基底夯实后，栽夹杆，安墙板，墙板一般25～30厘米高，在墙把式（专门打墙的技工）的指挥下，将潮湿的黏土均匀撒入墙板槽内，由数人光脚行走踩踏，更换墙板，逐层打上去，这也是为什么叫打庄廓的原意。庄廓墙下大上小，上宽30～40厘米，墙高3～5米，分地区环境高度有所不同，在人口稠密、民族成分构成复杂的地区墙高一些，在

图9-3-1　互助百年老庄廓

人口稀少、构成单一的地方庄廓墙则低一些。用生土打墙，就地取材，省工省料，简便易行，晾干后墙体十分坚固，其做法的源流可以追溯到青海新石器时期的建筑（图9-3-1）。

围墙打好，庄廓院雏形就有了。方正敦实的庄廓围墙上不设任何窗户和孔洞，大门是庄廓外形上唯一的"门面"和"虚空"，因而开启位置和做法都很讲究。一般以北房为主房的庄廓大门留在庄廓南侧角部，也有因为地形所限留在其他方向的；大户人家的大门一般设在南墙正中，有的外面还设有影壁。大门不宽，以走架子车为准，有1.5米左右。大门口外立砖壁柱，上挑砖做榫头，再上搁梁或檐檩，摆椽，做屋顶，内立木柱、门框、镶门档。大户人家院门做得十分漂亮和气派，门不仅比一般人家宽大高爽许多，用材、做工以及彩画也都不一样。

庄廓内的住房均周边布置，先起木构，后做表墙，再安门窗。正房坐北朝南，厢房东西布置，根据用地大小和地方传统习惯，平面三间、四间、五间的，一字形、曲尺形（俗称钥匙头）、凹字形（俗称虎抱头）的都有。

以面阔五间、进深二间的房子为例，正房按每间面阔2.8米、前廊深1.8米、里间深5米的尺寸先做房基，立柱。前后柱顶承接大梁，大梁下为随梁，大梁上安垫墩横置五路檩条，檩条砍方，两端用燕尾榫连接（俗称银锭卯）。檩下垫墩由后向前依次递减高度，以利排水。平顶屋面坡比约为7%，小则排水不畅，大则雨水冲走黄泥苦背。前檐是木雕集中的部位，檐柱顶承接平板枋，上为匾梁（类似挑尖梁）。匾梁头做雕饰，前端承接挑檐檩，柱中心线上承接正心檩。挑檐檩下置假梁头安装木雕花板，平板枋下置木雕花墩，花墩下为小额枋（俗称扯牵），檩条上钉椽子。檐椽椽径和间距一般均为15厘米，大户人家的椽子大、间距小，穷苦人家反之，由此可以判断出庄廓主人的家境情况。椽上钉望板，或铺细劈柴，称踏柴。上面用泥团按搭接顺序密密压上，再上二道麦秸泥苦背，屋面算是完工。东西房前檐木结构简化。檐柱顶直接承檐檩，下为花墩、小额枋。以上这种大木作法是河湟地区普遍流行的地方做法（图9-3-2）。

图9-3-2 贵德典型庄廓纵剖面图

二、碉楼

以玉树称多县的一座三层方形碉楼为例，石砌外墙，平顶泥背，一、二层平面为正方形，第三层平面呈"凹"字形，南向中间开放成小阳台。墙体材料就地取材，从山脚下风化的石崖上采集搬运而来，大小石块不做修凿，砌筑时将石块较平整的一面冲外，用草泥坐稳石块，掌握收分，注意石块搭配牵拉，石块之间的缝隙用碎石片楔牢，等草泥干透就十分坚牢。墙体外有收分，里面垂直，砌筑时基本不用线锤，主要凭经验把握收分角度及是否垂直（图9-3-3）。

碉楼一层为羊圈畜棚和储备干草、柴薪、农具的库房，无窗户，只在石墙上留出数个用小木门可启闭的透气孔，南向正中安有结实略显窄小的单扇大门。二层是子女们的住房，阳面外墙开有窗户，窗户较小，用粗方木做成十字形藏式窗。窗上带有窗檐，可防止雨雪打入窗内。三层楼中间三间开放

为阳台，阳台后为三间小屋，正中一间辟为小佛堂，两侧房屋为家中老人和家长的住房。楼内木结构十分简练，柱梁略做砍刨，有简单榫卯，梁的外端直接搁在外墙上。三楼阳台三间木结构做成藏式柱梁形式，屋顶布椽取走水，椽上盖以薄石板代替望板，石板上苫2～3道草泥苫背，檐口砖和排水槽也用石板砌成。三楼背面及两面留有通风孔，实际也是瞭望孔，历史上亦可作射击孔。三楼阳台是晒奶酪、晾衣服、夏天纳凉的地方。碉楼上下用独木楼梯相连，用圆木砍出踏步而成。碉楼的建材只有三样——土、石、木，建造时取之自然，最后还可以回归大自然（图9-3-4）。

果洛班玛的碉楼为增加墙体的牢固度，在墙内错层放置了一些木方，至今未见墙体有开裂现象。为方便使用，二、三层阳面做外挑的木构外廊，大大丰富了碉楼的形象。

图9-3-3 玉树称多碉楼

图9-3-4 藏式碉楼

青海各族庄廓建筑比较　　　　　　　　表 9-3-1

民族	宗教信仰	建筑形式	建筑结构	院落形式	庄廓墙	大门	装修色彩	正房木雕	庭院、景观
汉族	儒道佛文化	庄廓	土木结构（砖木或砌体）	四合院或多进院	版筑土墙或土坯墙	木雕砖雕精细有照壁	木材本色	暗八仙 文房四宝	中宫、照壁、院心花园
撒拉族	伊斯兰教	庄廓	土木结构（砖木或石砌体）	独院或里外院	版筑土墙或土坯墙	木雕砖雕精细	木材本色	花卉图案	院心花园
回族		庄廓	土木结构（砖木或砌体）	独院或多进院	版筑土墙或土坯墙	木雕砖雕精细	木材本色	花卉图案	院心花园
土族	藏传佛教	庄廓	土木结构（砖木或砌体）	独院或多进院	版筑土墙或土坯墙	木雕砖雕简洁	木材本色	八宝图案	中宫、煨桑炉、经幡
藏族		庄廓	土木结构（砖木或石砌体）	独院或多进院	石砌墙、版筑土墙或土坯墙	木雕简洁	木材本色	八宝图案	煨桑炉、经幡
蒙古族		庄廓	土木结构（砖木或石砌体）	独院或多进院	版筑土墙或土坯墙	木雕简洁	木材本色	八宝图案	煨桑炉、经幡

三、洪水泉清真寺的砖雕与木雕

洪水泉清真寺是一个规模不大但做工十分精美的寺院，位于寺院南门外的仿木青砖照壁，正面雕刻了250多组形态各异的花卉图案，据说来源于当地民间月饼的花饰，有"百花图"之称。照壁背面雕刻有一组寓意"凤麟呈祥"的砖雕。

在山门、唤醒楼和礼拜殿的砖雕上，能看到"凤尾挑梁"、"龙凤呈祥"等精美的砖雕花脊，有寓意招财进宝的"貔貅送福"，多子多孙的"老鼠偷葡萄"屏壁砖雕。在唤醒楼和礼拜殿的墙壁上雕刻有"菊竹梅兰"、"兔守白菜"、"猫跃蝶舞"、"琴棋书画"、"五蝠（福）捧寿"等寓意吉祥如意的砖雕。这些砖雕均技艺高超，令人为之赞叹不已（图9-3-5～图9-3-9）。

图9-3-5　洪水泉清真寺砖雕1

图9-3-6 洪水泉清真寺砖雕2

图9-3-7 洪水泉清真寺砖雕3

图9-3-8 洪水泉清真寺砖雕4

图9-3-9 洪水泉清真寺砖雕5

图9-3-10　洪水泉清真寺木雕

图9-3-11　洪水泉清真寺木雕门扇

图9-3-12　洪水泉清真寺木雕细部

　　该寺的木雕亦非常出名，不仅在门窗和厢板上可以见到十分精美的雕刻，而且在天花、藻井上进行了创新性的发挥。巧夺天工的八角藻井、装饰豪华的空中楼阁，尽现了当时工匠的高超技艺。雕刻的题材多样，有道教风格的"暗八仙"、佛教常用的"吉祥八宝"等，都雕刻得惟妙惟肖（图9-3-10～图9-3-12）。

四、瞿昙寺明清壁画

瞿昙寺的建筑壁画、彩画和石雕十分精湛，堪称艺术三绝。壁画总面积上千平方米，其中明代早期壁画占79%，余为清代壁画。敦煌壁画闻名世界，年代从北魏至元代，而瞿昙寺壁画正好弥补了明清时期的空缺，故有学者题词，"前有敦煌，后有瞿昙"，认为瞿昙寺壁画使中国西部壁画艺术接续成一个完整的历史画卷。绘制于明宣德二年（1427年）的隆国殿内墙壁画级别最高，内容分三世佛及藏密欢喜佛，画面高达5米的巨幅佛像全部沥粉帖金，绘制精美，色彩艳丽，估计出自藏传佛教绘画高手之笔。大钟楼南廊和大鼓楼南廊明代壁画又别具风采，内容为佛本生故事，人物造型准确，形象优美，线条流畅而柔中含刚，是地道的钉头鼠尾铁线描。人物所持器皿，如玉碗、熏炉、提壶、兵器均为宫廷所用，仅宫廷团扇就有9种之多，人物服饰为宋代中原打扮或宫廷装束，每幅画题有七言诗一首，这段壁画应出自宫廷画工之手。指挥使田选、太监孟继奉旨监督修寺，调遣宫廷匠师，包括木工、石工、画工。这些能工巧匠远征千里、呕心沥血，留下了他们各自的绝活。

大钟楼北廊和大鼓楼北廊壁画为清代壁画，是甘肃凉州平番（今甘肃永登县）民间画工孙克恭及其子弟所为，设色艳丽，线条细腻，保存较好。匠人利用画中屏风巧妙地留下了姓名。还有小鼓楼北三间殿内墙壁画，佛教题材，画中人物服饰为蒙古族打扮，画风迥异。

瞿昙寺的建筑彩画分官式和地方两种类型，保存较好的内檐彩画800余平方米，丰富而精美，与壁画有着同等价值，是研究明代早期彩画的珍贵实物资料。隆国殿及大钟楼、大鼓楼皆有建筑彩画，其彩画在外檐脱落严重，内檐保存较好，均绘一整二破旋花图案，枋心留空，用色以黑、绿、白三色为主，以晕色和相互串色增加层次。隆国殿内檐彩画石榴旋花心以黄色代金，级别较高。这部分彩画色调统一，图案严整，与北京地区明代早期官式彩画同出一范。中院金刚殿、小钟楼小鼓楼及两廊彩画，应绘于明永乐十六年（1418年）宝光殿建成后，其特点是找头用大如意头，一整二破图案，更简练明了，是瞿昙寺最早的明代彩画。瞿昙寺殿彩画是清代维修增建时重绘的，纹饰繁杂，色彩冷暖兼用，无统一规制，有着明显的地方特点（图9-3-13～图9-3-16）。

图9-3-13　瞿昙寺明清壁画1

图9-3-14　瞿昙寺明清壁画2

图9-3-15　瞿昙寺明清壁画3

图9-3-16　瞿昙寺明清壁画4

五、塔尔寺的堆绣、壁画和酥油花

被人们称为"三绝"的塔尔寺的堆绣、壁画和酥油花，是藏族寺院建筑艺术重要的组成部分，其中以酥油花最为有名。酥油花是用酥油塑制而成的。酥油晶莹洁白，松软细腻，容易调和各种颜料，塑成花红叶绿的百花异草、千姿百态的珍禽异兽、景色壮丽的山水图画、小巧玲珑的亭台楼阁、栩栩如生的人物故事，集雕塑艺术之大成（图9-3-17、图9-3-18）。

壁画，见于各个殿宇墙壁，大多绘于布幔上，也有直接绘于墙壁草泥面上和栋梁上的。壁画的染料采用天然石质矿物，色泽鲜艳，经久不变。塔尔寺的壁画属藏传佛教的画法，内容多属密乘教义，画面构想巧妙，色调和谐沉稳，手法精湛细腻。

堆绣，是藏族独特的艺术门类之一。它是用各种色彩艳丽的绸缎剪成各种佛像、人物、花卉、鸟兽等，然后以羊毛或棉花之类填充其中，再绣在布幔上，因此有明显的立体感，看上去层次分明，栩栩如生。内容大都取材于佛教故事和宗教生活等（图9-3-19、图9-3-20）。

图9-3-17 塔尔寺的酥油花

图9-3-18 塔尔寺的酥油花局部

图9-3-19 塔尔寺的堆绣

图9-3-20 塔尔寺的堆绣局部

六、五屯藏传佛教壁画艺术

　　五屯位于黄南藏族自治州同仁地区，分指包括隆务寺在内的五屯上庄寺、五屯下庄寺、年都乎寺、郭麻日寺和所在村庄。该地区聚居着大批从事美术活动的民间艺人，在17世纪中叶，五屯地区两大寺院规定：凡本地区的男孩，从8岁始必须进寺院，一面学藏文经典，一面学绘画与雕塑艺术。到15岁后入寺儿童可还俗，也可继续留寺当僧人。他们经过10年左右的学习，基本掌握了绘画、雕塑技艺，除部分留寺当僧人外，大部分则成为专业艺人，长年在外从事绘画、雕塑、传艺，足迹遍布青海、西藏、四川、云南、甘肃、蒙古、新疆等信仰佛教的地区，有的还走出国门到印度、缅甸、尼泊尔等国。也正因为如此，他们有机会接触到印度、缅甸等国的佛教艺术和西藏的绘画与雕塑、甘孜木刻、敦煌壁画以及其他兄弟民族的绘画艺术，再经综合、实践、提炼，从而形成了独具特色的"五屯艺术"，出现了一大批享誉国内外的艺术大师。"五屯艺术"又因同仁一带在藏语中称"热贡"，故又称为"热贡艺术"（图9-3-21、图9-3-22）。

　　五屯艺术的品类有彩画（壁画、唐卡、布制卷轴画）、雕塑（木雕、砖雕、泥塑、油塑）、木刻、堆绣（绸缎剪堆画）和建筑彩绘等，其中以绘画、建筑彩绘为最。内容大多取材于佛教故事的神话传说，绘画技巧源自藏传佛教艺术与中原工笔重彩技法的结合，其特点是色彩艳丽，线条工整，笔法细腻，作品造型完美生动并富于装饰性。后期使用金粉、金箔渐多，技巧独到，为作品增加了华贵与辉煌（图9-3-23、图9-3-24）。

图9-3-21　五屯艺术雕塑

图9-3-22　五屯艺术雕塑细部

图9-3-23　五屯艺术彩绘1

图9-3-24　五屯艺术彩绘2

附录

古建筑摄影人员名单

蔡　征　王琦辉　杨金花　曹生渊　张永良　李　军　克　桑

扎　西　贾江洪　汪晓刚　田小英　李大国　郑爱军　杨少英

毕安社　卜建平　张爱民　邹小庆　路生贵　杨玉哲　赵成锴

刘晓阳　缪伯泰　韩明录　吴术布　王　磊　张峻青　金荣芳

姚正武　马成云　朱明玉　虎仁山　吴忠雄　贺凤龙　陈有钧

薛　洲　郭玉伟　才让当周　韩少军　图登华旦　张爱民　张胜邦

周静泉　李书海　柯岩斌　雷启荣　陈　煜　樊光明　石　径

封希声　李华年　陈　鹏　马志庆　张绍军　陈勇峰　迈仓扎西

焦生福　李大国　吕建民　李河清　沈传立　王新康　李　凌

张秉礼　熊九龄　吴文中　许明远　赵时春　马延虎　徐春潮

张纪元　刘建平　马建新　马光辉　扎西江措　李　伟　刘山青

冯　武　黄剑平　扎　西　徐　浩　房步礼　付　洛　高　峻

冯　焱　董力妤　官　群　黄永明　郑云峰　孙长宾　孙鸣生

贾鸿键　军镁扎西　徐惠文　李　群

青海古建筑地点及年代索引

序号	类型	名称	地点	建成年代（变化情况）	材料结构	规模	文保等级
1	藏传佛教寺院	塔尔寺	湟中	1379 年～1577 年	砖木、土木	占地 600 余亩，建筑面积 10 余万平方米	国保
2		瞿昙寺	乐都	1392 年～1427 年	砖木为主	占地 52 亩，建筑面积 8446 平方米	国保
3		佑宁寺	互助	1604 年始建	土木、砖木	极盛时有 2000 多个庄院，后多次被毁	国保
4		丹斗寺	化隆县金源乡	始建于公元 9 世纪后期	岩洞、土木	依山而建，有殿堂、僧舍 200 余间	国保
5		夏琼寺	化隆县查浦乡	始建于 1349 年	土木、砖木	原占地 300 余亩，殿舍 4100 多间，20 多万平方米	国保
6		白马寺	互助县红崖子乡	始建于公元 10 世纪后期	崖寺	建筑面积 4516 平方米	省保
7		广惠寺	西宁大通	始建于 1650 年，1732 年重建	砖木为主	曾有殿舍 600 余间	国保
8		却藏寺	互助南门峡	始建于 1649 年，1765 年重建	砖木、土木	原占地近 800 亩，多次被毁	国保
9		安多四宗					
		（1）阿琼南宗寺	黄南尖扎	始建于 1685 年	土石木结构	据石窟而建	省保
		（2）夏宗寺	平安县寺台乡	始建于 18 世纪中期	木结构	建于山顶，曾有殿舍 400 余间	省保
		（3）央宗寺	乐都县中坝乡	17 世纪	石窟		
		（4）赛宗寺	兴海县桑当乡	建于清末	土石木结构	现有 200 多院僧舍	国保
10		文都寺	循化县文都乡	始建于元代	土木结构	占地 80 余亩，殿堂 10 座，僧舍 220 院	国保
11		珍珠寺	循化县河东乡	始建于南宋	砖木	正殿二层 6 间	国保
12		隆务寺	同仁县隆务镇	元、明时期	砖木、土木	占地 380 亩，大小殿堂 31 座，僧舍 303 院	国保
13		五屯上下寺	隆务镇上、下庄	上寺建于 1385 年，下寺约 300 多年前始建	土木、砖木	分别占地 80 亩，殿堂、僧院若干	国保
14		德欠寺	尖扎县能科乡	建于清康熙二十一年	砖木、土木	占地 200 余亩，曾有经堂 2 座、佛堂 26 座，僧舍上百院	省保
15		智和寺	尖扎县马克唐镇	始建于唐，清代形成规模	石窟加木结构	占地约 100 亩	省保

序号	类型	名称	地点	建成年代（变化情况）	材料结构	规模	文保等级
16	藏传佛教寺院	文成公主庙	玉树州结古镇	始凿于公元642年左右，公元653年完成	石窟	占地面积约为350平方米	国保
17		结古寺	玉树结古镇	约建于1398年	土石建筑		省保
18		拉布寺	称多县拉布乡	建于明清时期	土石木构	曾有殿堂21座，僧舍120院	省保
19		然格寺	玉树县小苏莽乡	建于明清时期	土石木构	现存殿堂	省保
20		土登寺	称多县拉布乡	约700年历史	土石木构	曾有殿堂4座，僧舍42院	省保
21		达那寺	囊谦县吉尼赛乡	公元1188年建	土石木构	百柱经堂，格萨尔王及30位大将灵塔群	省保
22		桑周寺	称多县仲达乡		土石木构	其藏娘塔十分著名	国保
23		拉加寺	玛沁县拉加乡	始建于1763年	土木、土石	占地700余亩，多次重建	省保
24		白玉寺	久治县白玉乡	1857年创建	土石木构		省保
25		智钦寺	班玛县智钦乡	1527年始建帐房寺，后改建为石房寺	石木结构		省保
26		查朗寺	达日县西北	1913年由帐房寺改为土房寺	土木		省保
27		仙米寺	海北浩门仙米乡	始建于明末	土木	多次损毁	
28		都兰寺	海西都兰铜普乡	建于清乾隆年间	土木	曾有经堂数座，僧舍200间	
29	清真寺	清真寺	平安县洪水泉乡	始建于明代	砖木	占地5000平方米，建筑1600平方米	国保
30		东关清真大寺	西宁市东关	建于600年前	砖木	占地1.19万平方米	省保
31		街子清真寺	海东循化县街子乡	始建于1730年前后	砖木		国保
32		塔沙坡清真寺	循化县孟达乡	始建于1755年	砖木	占地1840平方米	国保
33		孟达清真寺	循化县孟达乡	始建于1755年	砖木	占地1344平方米	国保
34		科哇清真寺	循化县白庄	始建于1755年	砖木	占地3080平方米	国保
35		清水清真寺	循化县清水乡	清末	砖木	占地2800平方米	国保

序号	类型	名称	地点	建成年代（变化情况）	材料结构	规模	文保等级
36	佛、道、儒三教合一	西宁北禅寺	西宁北山	始建于东汉	石窟加砖木	占地约1500亩	省保
37	城楼与寺庙融合	贵德玉皇阁	海南贵德河阴镇	始建于1592年	砖木为主	占地61亩	国保
38	佛教	文成公主庙	玉树勒巴沟	始建于唐初	土木、石木		国保
39	道教寺庙	湟源城隍庙	湟源县城	1728年初建	砖木	占地6000余平方米，建筑2300平方米	省保
40		乐都城隍庙	乐都县碾伯镇	清代	砖木		省保
41	钟鼓楼	威远镇鼓楼	互助县威远镇中	清	木构		省保
42	点将台	西宁虎台	西宁市城西区	宋、元	夯土		国保
43		昂拉千户院	尖扎县昂拉乡	清代、民国	土木	占地2440平方米	省保
44		尕让千户府	贵德县尕让乡	民国	夯土、砖木		
45	府邸	隆宝百户府邸	玉树州玉树县仲达乡	清代	石、木	占地1200平方米	
46		赛赤活佛行宫	尖扎县能科乡德欠村	民国	土木、砖木	占地2200平方米	
47		玉石公馆	西宁市城东区	民国	砖木	占地3万平方米，建筑6800平方米	省保
48		马步芳公馆	化隆县甘都镇	民国	砖木		
49	书院	湟源书院	湟源县城内	清末	砖木		
50	会馆	西宁山陕会馆	西宁市城中区	清代	砖木		
51	民居	保安古镇民居	黄南同仁保安镇	清代	砖木土墙	304平方米	
52		曾国佐将军故居	互助县高寨乡曹家堡村	清代	土木		

序号	类型	名称	地点	建成年代（变化情况）	材料结构	规模	文保等级
53	民居	东沟乡民居	互助县东沟乡	清代	土木、砖木		
54		土族民居	互助县五十乡索卜滩村	清代	砖木土墙		
55		回族庄廓					
56		撒拉族千户家	循化县街子乡	清代	土木	占地 361 平方米	
57		十世班禅故居	循化县文都乡麻日村	始建于民国	土墙、木构	占地 3735 平方米，建筑 2552 平方米	国保
58		郭麻日民居	黄南同仁郭麻日村	民国	土木	占地 121 平方米	
59		古浪仓故居	尖扎县坎布拉镇直岗拉卡村	民国	土木		
60		塔加民居	化隆县塔加乡塔加村	民国	土木为主	宅院 320 平方米	
61		东仓家宅	囊谦县				
62		玉树碉楼	称多县				
63		班玛碉楼	果洛班玛县灯塔乡解卜着村	清代	石墙木构	占地 1.2 万平方米	省保

[1] 崔永红等.青海通史[M].西宁:青海人民出版社,1999.

[2] 青海省第三次全国文物普查领导小组办公室.青海省第三次全国文物普查资料精选[M].西宁,2010.

[3] 谭其骧.中国历史地图集[M].北京:中国地图出版社,2003.

[4] 刘敦桢.中国古代建筑史[M].北京:建筑工程出版社,1980.

[5] 梁思成,林洙.中国古建筑图典[M].北京:北京出版社,1999.

[6] 王绍周.中国民族建筑[M].南京:江苏科学技术出版社,1999.

[7] 佚名.西宁府新志[M].西宁:青海人民出版社,1988.

[8] 李智信.青海古城考辨[M].西宁:青海人民出版社,1995.

[9] 蒲文成.甘青藏传佛教寺院[M].西宁:青海人民出版社,1990.

[10] 任晓燕.青海省明长城资源调查报告[G].北京:文物出版社,2012.

[11] 谢佐.瞿昙寺[M].西宁:青海人民出版社,1998.

[12] 杨治平.丹噶尔厅志(湟源县志办公室标注本)[M].西宁:青海人民出版社,1989.

[13] 程起骏.虎符石匮"工"字考辨[J].西宁:青海社会科学,2002,(06).

[14] 强卫.关于促进青海文化大发展、大繁荣的讲话[R].西宁:2012.

[15] 青海省住房和城乡建设厅.青海历史文化名村资料[Z].2013.

[16] 青海省民族事务委员会.综述·伊斯兰教[OL].青海:www.qhsmzw.gov.cn.[2014-02-20].

[17] 李兴华.循化伊斯兰教研究[J].回族研究,2009,(1).[2012-07-17].

[18] 塔尔寺修缮工程办公室.塔尔寺修缮工程报告[R].青海,1998.

[19] 徐珂.清稗类钞[G].梦远书城－www.my285.com.[2011-10-17].

[20] 陈耀东.中国藏族建筑[M].北京:中国建筑工业出版社,2007.

[21] 刘致平.中国伊斯兰教建筑[M].北京:中国建筑工业出版社,2011.

后记

终于到可以写后记的时候了，想记录的事情特别多，大家一个共同的感觉就是干这件事太不容易了。

首先，要感谢支持本书编写的领导和有关单位。原青海省常务副省长徐福顺先生一直十分关心本书的编写，省人大曹文虎副主任、省政协鲍义志副主席以及省文化新闻出版厅曹萍厅长、省住房和城乡建设厅贾应忠书记、匡湧厅长等领导十分支持本书的编写，省文物局副局长郭红女士、省考古研究所所长任晓燕女士和副所长贾鸿键先生，以及省住房和城乡建设厅马成贵、白宗科、衣敏、熊世博、丁彩霞、李青等处室领导对本书成稿给予了多方面的大力支持。青海省房地产业协会和青海恒建投资集团有限公司为本书编写提供了资金支持。

其次，要感谢直接参加本书编写的各位同仁。青海省文史馆名誉馆长、原青海省党校副校长、省政府参事谢佐教授一开始就对本书的章节设置、布局谋篇进行了指导；青海省考古研究所的孙鸣生先生率他徒弟小杨跑了大半个青海测绘有关古建筑图纸，后期为资料的完整性又增补了许多图纸和文字；青海省摄影家协会主席蔡征先生组织会员为本书提供了大量精美的照片，亲自为本书下乡补拍照片、编辑文档；省考古所张君奇先生毫不吝啬地拿出自己的书稿供我随意删改使用；省职业技术学院王俊英老师为本书提供了许多有关古建筑的教学资料；省住房和城乡建设厅的孙强写了"古城和古聚落"的初稿，孙鸣生先生写了"清真寺院"的实例部分；清华规划院的军镁扎西先生撰写了第九章"营造技艺"汉藏传统技艺部分和第三章"藏传佛教寺院"中的三个重要的实例，并参与了审稿；青海省房地产业协会秘书处和青海省职业技术学院的许多年轻人参与了本书编写的部分工作。

特别感谢为本书审稿把关的两位老先生。一位是原青海省政协副主席、省社会科学院副院长、省文史馆名誉馆长、省政府参事蒲文成先生；一位是前文已提到的谢佐先生。两位在青海不仅是学富五车的前辈，而且是著作甚丰的学者，包括有关古建筑方面的书籍。他们牺牲节假日时间，逐字逐句地对文稿进行了认真的审阅批改，为本书成稿、确保基本质量起到了关键性的作用。

还要专门感谢清华规划院的徐惠文女士。在成书的最后阶段，在"一地鸡毛"、书稿满天、图片乱飞的困难时刻，是她出手厘清了编辑中的混乱局面。

中国建筑工业出版社和《中国古建筑丛书》编辑部的领导和责任编辑一直对本书编写十分关心，并给予了多方面的指导和鼓励，在此一并表示深深的感谢。

写到这里回头看，过去对古建筑的调查研究和资料整理还是太少了，如果再有些时间，全书将会多一份丰厚、少一点遗憾。

也因此，这本书的价值不在于、也不可能做到"大而全"，而是通过比较研究，对青海古建筑的构成提出了一些新的观点看法和研究方向，希望读者对此提出宝贵意见。

李群

2015年3月于西宁古城

主编简介

　　李群，祖籍广东梅州，客家人，1952年生于重庆。早年毕业于清华大学建筑学专业，后在同济大学、美国波特兰大学进修城市规划。曾被聘为4所大学的客座和兼职教授。在青海工作四十余年，熟悉青海的山山水水、乡土人情和城乡建设。曾任青海省建筑勘察设计研究院院长，青海省建设厅总工程师、副厅长，青海省住房和城乡建设厅巡视员，玉树震后重建规划委员会常务副主任。现为高级建筑师，国家一级注册建筑师，青海省人民政府参事，中国房地产业协会、中国城市规划学会、中国建筑学会、中国风景名胜协会常务理事，中国传统村落保护委员会专家，青海省房地产业协会会长。20世纪八九十年代曾对地方民居做过大量调查，作为分册主编主持编写了《中国民族建筑》青海篇，参与编写了《当代中国的青海》的小城镇篇，指导设计了青海省诸多重要建筑，其中西宁市虎台公园获中国六十年建筑设计大奖，参与指导的玉树重建规划获中国城乡规划一等奖。